2026 선재국어

쉽고 빠르게 익히는

수비니겨
공문서와
문법 독해

이선재·선재국어연구소 편저

머리말 INTRO

문제는 시간 단축이다
최소 시간을 투자하여 최대의 효과를 내는 방법

앞으로 공무원 국어 시험을 치르기 위해 필요한 가장 중요한 능력은 무엇일까요. 2025년도 국가직과 지방직 시험은 우리에게 그 해답을 알려 주고 있습니다. 출제 기조가 전환된 첫해에 치러진 이 시험들은, 결국 가장 중요한 것은 **독해력을 바탕으로 한 언어 능력과 순발력 있는 상황 판단**임을 여실히 보여 주고 있습니다. 이때 많은 수험생들이 가장 어려움을 느끼고 있는 것은 바로 시간 부족의 문제였습니다. 이제 **국어 시험에서의 시간 단축은 국어 과목뿐만이 아니라, 타 과목의 성적에도 영향을 미치는 중요한 변수**로 떠올랐습니다.

그렇다면 어떻게 풀이 시간을 단축할 수 있을까요. 빠르고 정확하게 독해를 하기 위한 훈련은 필수적입니다. 그리고 이와 함께 시간을 최대한 줄일 수 있는 영역과 문제 유형을 선별하여, 이를 철저히 대비해야 합니다. 공문서와 문법 독해는 바로 이러한 역할을 담당해야 하는 영역입니다. 이 유형의 문제에서 시간을 줄여서, 독해를 비롯한 변별력 있는 문제를 풀 수 있는 시간을 확보해야 하는 것입니다.

《2026 수비니겨 공문서와 문법 독해》는 이러한 목적을 위해 제작된 책입니다. 이 책은 가장 빠르고 효율적인 방법으로 특정 영역을 학습하여 결과적으로 시간을 단축할 수 있도록, 압축적인 자료와 양질의 문제로 구성되어 있습니다.

공문서 수정하기
— 문장 구조부터 어휘까지, 국어와 관련된 모든 내용이 출제되다

공무원 국어 시험은 1번 문제인 '공문서 수정하기'로 시작됩니다. 이 유형의 문제는 공문서를 작성할 때 반드시 알아야 하는 기본적인 한국어 문법을 문장형으로 제시하여 출제됩니다. 올바른 문장 구조를 비롯하여, 사동 표현과 피동 표현의 쓰임, 중의적 의미와 잉여적 의미의 수정, 외래어 표기의 순화, 그리고 한자 어휘의 올바른 사용까지, 국어와 관련된 모든 내용이 '공공 언어 바로 쓰기'라는 형태로 출제되는 것입니다. 결국 시험은 '올바른 한국어의 사용'이라는 포괄적인 지식을 측정하기 때문에, 우리는 이를 문장형으로 다양하게 훈련하는 것이 필요합니다.

이 유형의 문제가 처음 발표된 때부터 선재국어연구소는 이미 이와 관련된 국립국어원의 자료를 모두 분석하여 문제 형태로 제작한 바 있습니다. 《2026 수비니겨 공문서와 문법 독해》는 이를 바탕으로 한 엄선된 자료와 문제들로 구성되어 있습니다. 수험생들은 이 책을 통해 가장 빠르고 완벽하게, 실용 문서를 올바르게 작성할 수 있는 능력을 익히게 될 것입니다.

선재국어 수비니겨 공문서와 문법 독해

학습 동영상 gong.conects.com | 카페 cafe.naver.com/sjkins
인스타그램 @sj_ssam | 유튜브 선재국어TV

문법 제재 독해
― 독해로 풀 수 있다. 그러나 문제는 풀이 시간이다

　인혁처의 예시 문제를 비롯하여 2025년도 국가직과 지방직 시험까지, 이제 문법은 '문법 제재 지문을 제시한 독해 문제'로 출제됩니다. 그렇기 때문에 기존의 공무원 시험처럼 지엽적인 문법 지식을 달달 암기할 필요가 절대로 없습니다. 즉 문법 제재 지문을 읽고 지문의 내용을 정확히 파악하는 훈련으로도 충분히 문제를 풀 수 있도록 출제되는 것입니다.

　그런데 문제는 바로 풀이 시간입니다. 문법 제재 지문을 읽기 위해서는 독해에 필요한 필수 개념어들을 공부해야 합니다. 이 핵심 개념을 익히지 않으면 지문의 내용을 빠르게 읽을 수도, 정확히 이해할 수도 없습니다. 따라서 문법 독해는 주요 개념을 학습한 뒤, 지문을 근거로 하여 정답을 빠르게 도출하는 독해 훈련이 필수적입니다. 핵심 개념을 바탕으로 하여 지문을 읽고 빠르게 정답을 찾는 방식으로 시간을 단축해야 하는 것입니다.

질 좋은 문제로 훈련하라
시간 단축을 목표로 훈련하라

　우리가 선택한 전략의 목적은 명확합니다. **정확하게 풀면서도 시간을 단축하라.**
　이제 공무원 수험생들은 지엽적인 문법 내용을 외울 필요도, 긴 시간 동안 문법과 규범 강의를 들을 필요도 없습니다. 지금 우리에게 필요한 것은 빠르게 문제를 풀기 위해 갖추어야 할 최소한의 핵심 내용과 양질의 문제들입니다. 이 책은 최소 시간을 투자하여 최대의 효과를 볼 수 있도록 구성되었습니다. 가장 효율적인 방법으로 여러분의 노력과 땀이 합격의 기쁨으로 바뀌도록, 선재국어연구소는 앞으로도 최선을 다해 좋은 자료와 문제를 제공하겠습니다.

2025년 6월, 노량진 연구소에서
이선재 씀

커리큘럼 CURRICULUM

개념의 최소화, 문풀의 일상화
선재국어 훈련형 커리큘럼

기본
- 수비니겨 독해
- 수비니겨 논리
- 수비니겨 공문서와 문법 독해

기출 & 문제 풀이
- 예상 기출서 _기출과 실전 훈련_

파이널
- 실전 동형 모의고사
  - 출발선 · 결승선 · 최우선

핵심 유형
이렇게 나온다 공무원 국어

전 영역
개념과 문제 풀이를 한 번에
한 권 올인원

Daily 문제 풀이
하프 모의고사
매일 국어

Daily 독해 훈련
신유형 독해야 산다
1일 1독

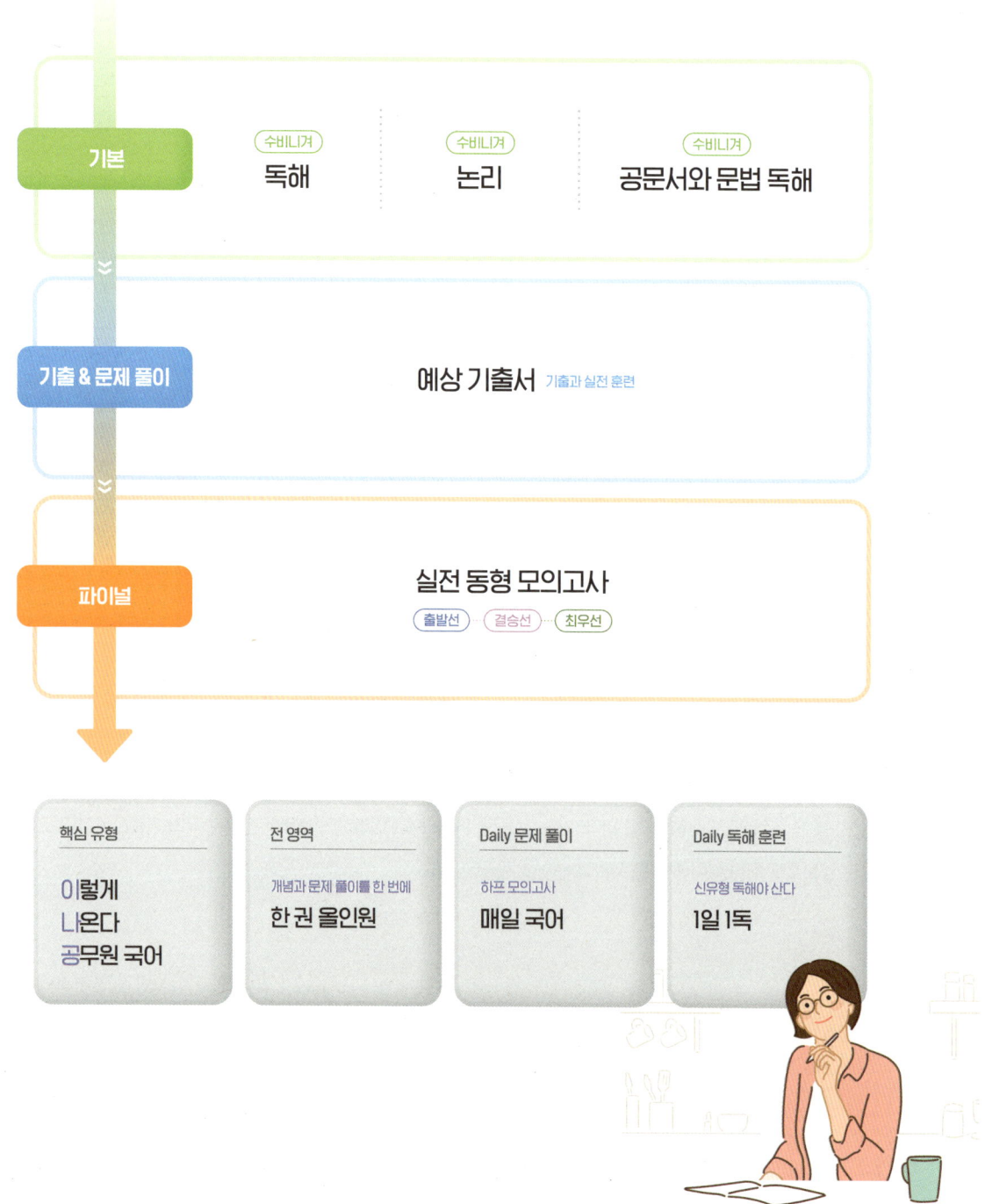

CONTENTS 차례

PART 1 문법 개념과 독해

- **01** 언어의 특성 ······ 8
- **02** 국어의 특성 ······ 12
- **03** 음운의 종류 ······ 14
- **04** 음운의 변화 ······ 16
- **05** 형태소와 단어의 개념 ······ 22
- **06** 품사의 구별 ① ······ 24
- **07** 품사의 구별 ② ······ 26
- **08** 품사의 구별 ③ ······ 30
- **09** 품사의 통용 ······ 32
- **10** 단어의 형성 ······ 34
- **11** 문장 성분과 서술어의 자릿수 ······ 38
- **12** 홑문장과 겹문장 ······ 40
- **13** 문법 요소의 이해 ① ······ 42
- **14** 문법 요소의 이해 ② ······ 44
- **15** 문맥에 맞는 의미의 사용 ······ 48
- **16** 중의적 표현과 잉여적 표현 ······ 52

PART 2 공문서 수정하기

- **01** 공문서 수정하기 ① ······ 56
- **02** 공문서 수정하기 ② ······ 66
- **03** 공문서 수정하기 ③ ······ 68
- **04** 공문서 수정하기 ④ ······ 70
- **05** 공문서 수정하기 ⑤ ······ 74
- **06** 공문서 수정하기 ⑥ ······ 76
- **07** 공문서 수정하기 ⑦ ······ 80
- **08** 공문서 수정하기 ⑧ ······ 82
- **09** 공문서 수정하기 ⑨ ······ 88
- **10** 공문서 수정하기 ⑩ ······ 100

정답과 해설

PART 1
문법 개념과 독해

POINT 01~16

언어의 특성

	Yes	No
개념 이해	☐	☐
지문 이해	☐	☐

개념 POINT!

1. 자의성이란 언어의 음성과 의미 사이에 임의적이고 우연적인 관계만 존재한다는 특성이다(음성과 의미는 비필연적 관계임).
2. 언어가 추상적인 개념도 표현할 수 있다는 것은 언어의 추상성이 아니라 개방성이다.

1 언어의 기호적 특성

언어 기호 = 음성 / 의미

- 음성과 의미 중 하나가 변하면 → **자의성**
- 사회적 약속으로 고정되면 → **사회성**
- 시간이 흘러 변하면 → **역사성**
- 연속된 것을 끊어서 표현하면 → **분절성**
- 무한에 가까운 생각을 표현하거나, 존재하지 않는 사물이나 추상적 개념을 표현하면 → **개방성**
- 한정된 음운이나 단어로 무한한 문장과 글을 만들고, 처음 듣는 문장도 이해하면 → **창조성**
- 공통점을 찾아 하나의 개념으로 묶어 주면 → **추상성**

2 언어와 사고

① 언어 우위론적 관점: 언어가 사고보다 먼저라는 견해로, 인간의 사고 능력은 언어의 명명 능력에 의해 제약을 받는다는 관점이다.
  예 실제 무지개의 색깔은 쉽게 구별할 수 없음에도 불구하고 우리가 무지개색이 일곱 가지라고 생각하는 것은, 우리가 색깔을 분류하는 말이 일곱 가지이기 때문이다.

② 사고 우위론적 관점: 사고가 언어보다 우위라는 견해로, 언어의 제약을 어느 정도 벗어나서도 사고가 가능하다는 관점이다.
  예 장미는 우리가 그것을 장미라 이름 붙이지 않아도 충분히 향기로울 텐데. – 셰익스피어

정답과 해설 2쪽

개념 확인

01 표준어로 '부추'에 상응하는 표현이 지역에 따라 달리 나타나는 현상에서 언어의 자의성을 엿볼 수 있다. ○ ╳

02 🏠이라는 의미를 한국어에서는 '집', 영어에서는 'house', 중국어에서는 '家'라는 말로 다르게 표현하는 것은 언어의 역사성과 관련이 있다. ○ ╳

03 '무궁화, 진달래, 개나리' 등을 '꽃'이라고 부르는 것은 언어의 추상성과 관련이 있다. ○ ╳

유형 확인

01 ㉠~㉣ 중 어색한 곳을 찾아 가장 적절하게 수정한 것은?

인혁처 2차 예시 문제

> 언어는 랑그와 파롤로 구분할 수 있다. 랑그는 머릿속에 내재되어 있는 추상적인 언어의 모습으로, 특정한 언어 공동체가 공유하고 있는 기호 체계를 가리킨다. 반면에 파롤은 구체적인 언어의 모습으로, 의사소통을 위해 랑그를 사용하는 개인적인 행위를 의미한다.
>
> 언어학자들은 흔히 ㉠<u>랑그를 악보에 비유하고, 파롤을 실제 연주에 비유하곤</u> 하는데, 악보는 고정되어 있지만 실제 연주는 그 고정된 악보를 연주하는 사람에 따라 달라지기 마련이다. 그러니까 ㉡<u>랑그는 여러 상황에도 불구하고 변하지 않고 기본을 이루는 언어의 본질적인 모습</u>에 해당한다. 한편 '책상'이라는 단어를 발음할 때 사람마다 발음되는 소리는 다르기 때문에 '책상'에 대한 발음은 제각각일 수밖에 없다. 여기서 ㉢<u>실제로 발음되는 제각각의 소릿값이 파롤이다.</u>
>
> 랑그와 파롤 개념과 비슷한 것으로 언어 능력과 언어 수행이 있다. 자기 모국어에 대해 사람들이 내재적으로 가지고 있는 지식이 언어 능력이고, 사람들이 실제로 발화하는 행위가 언어 수행이다. ㉣<u>파롤이 언어 능력에 대응한다면, 랑그는 언어 수행에 대응한다.</u>

① ㉠: 랑그를 실제 연주에 비유하고, 파롤을 악보에 비유하곤
② ㉡: 랑그는 여러 상황에 맞춰 변화하는 언어의 본질적인 모습
③ ㉢: 실제로 발음되는 제각각의 소릿값이 랑그
④ ㉣: 랑그가 언어 능력에 대응한다면, 파롤은 언어 수행에 대응

02 다음 글에서 추론한 내용으로 가장 적절한 것은?

2025 국가직 9급

> 언어에는 중요한 몇 가지 특징이 있다. 첫째, 언어의 형식인 말소리와 언어의 내용인 의미 간에는 필연적 관계가 없다. 이를 언어의 '자의성'이라 한다. 즉 어떤 내용을 나타내는 형식은 약속으로 정할 뿐이라는 것이다. 둘째, 언어에서 형식과 내용의 관계에 대한 사회적 약속은 한번 정해지면 개인이 쉽게 바꿀 수가 없다. 이를 언어의 '사회성'이라 한다. 셋째, 언어는 시간의 흐름에 따라 사회 구성원이 바뀌면서 끊임없이 변화한다. 이를 언어의 '역사성'이라 한다. 넷째, 하나의 언어 형식은 수많은 구체적 대상이 가진 공통적인 속성을 개념화하여 표현한 것이다. 예컨대 우리는 세상에 존재하는 여러 책상들의 공통적 속성을 추출하여 하나의 언어 형식인 '책상'으로 표현한다. 이를 언어의 '추상성'이라 한다.

① 같은 언어 안에도 다양한 방언 형태가 존재한다는 것은 언어의 자의성을 보여 주는 사례이다.
② 가족과 대화할 때는 직장 동료와 대화할 때와 다른 표현을 사용한다는 것은 언어의 사회성을 보여 주는 사례이다.
③ 유명인이 개인적으로 사용한 유행어가 시간이 지나도 표준어로 인정되지 않는다는 것은 언어의 역사성을 보여 주는 사례이다.
④ 새로운 줄임말이 끊임없이 만들어지고 있다는 것은 언어의 추상성을 보여 주는 사례이다.

POINT 01 언어의 특성

읽기 자료

언어학의 구성

01 다음 글을 이해한 내용으로 가장 적절한 것은?   인혁처 2차 예시 문제

> 언어의 형식적 요소에는 '음운', '형태', '통사'가 있으며, 언어의 내용적 요소에는 '의미'가 있다. 음운, 형태, 통사 그리고 의미 요소를 중심으로 그 성격, 조직, 기능을 탐구하는 학문 분야를 각각 '음운론', '문법론(형태론 및 통사론 포괄)', 그리고 '의미론'이라고 한다. 그 가운데서 음운론과 문법론은 언어의 형식을 중심으로 그 체계와 기능을 탐구하는 반면, 의미론은 언어의 내용을 중심으로 체계와 작용 방식을 탐구한다.
>
> 이처럼 언어학은 크게 말소리 탐구, 문법 탐구, 의미 탐구로 나눌 수 있는데, 이때 각각에 해당하는 음운론, 문법론, 의미론은 서로 관련된다. 이를 발화의 전달 과정에서 살펴보자. 화자의 측면에서 언어를 발신하는 경우에는 의미론에서 문법론을 거쳐 음운론의 방향으로, 청자의 측면에서 언어를 수신하는 경우에는 반대의 방향으로 작용한다. 의사소통의 과정상 발신자의 측면에서는 의미론에, 수신자의 측면에서는 음운론에 초점이 놓인다. 의사소통은 화자의 생각, 느낌, 주장 등을 청자와 주고받는 행위이므로, 언어 표현의 내용에 해당하는 의미는 이 과정에서 중심적 요소가 된다.

① 언어는 형식적 요소가 내용적 요소보다 다양하다.
② 언어의 형태 탐구는 의미 탐구와 관련되지 않는다.
③ 의사소통의 첫 단계는 언어의 형식을 소리로 전환하는 것이다.
④ 언어를 발신하고 수신하는 과정에서 통사론은 활용되지 않는다.

계열 관계와 통합 관계

02 다음 글에서 추론한 내용으로 적절하지 않은 것은?

'하늘'처럼 의미를 가지는 가장 작은 말의 단위를 형태소(形態素)라고 한다. '하늘'은 '하'와 '늘'로 더 분석될 수 있지만, 이때 '하'와 '늘'은 '하늘'과 관련하여 아무런 의미를 가지지 못하므로 형태소라고 할 수 없다.

형태소를 분석할 때는 보다 큰 문법 단위를 보다 작은 문법 단위로 분석할 때 사용하는 계열 관계와 통합 관계라는 두 기준에 기대는 일이 일반적이다. 계열 관계란 같은 성질을 가지는 다른 말로 바꿀 수 있다는 의미를 가지므로 이를 달리 '대치'라고 부르기도 한다. 이에 대해 통합 관계란 어떤 말의 앞이나 뒤에 다른 말이 올 수 있다는 뜻을 가지므로 이를 달리 '결합'이라고 부르기도 한다. 가령 '하늘이 푸르다.'라는 문장은 우선 '하늘이'와 '푸르다'라는 두 개의 문법 단위로 분석된다. 이러한 분석이 가능한 것은 '하늘이'라는 자리에 '강물이'라는 말이, '푸르다'라는 자리에 '흐리다'라는 말이 대치될 수 있으므로 계열 관계를 만족하고, '하늘이'의 앞에 '높은'과 같은 말이, '하늘이'와 '푸르다' 사이에 '더욱'과 같은 말이 끼어들 수 있으므로 통합 관계를 만족하기 때문이다.

그런데 '하늘이'와 '푸르다'는 그 자체로 각각 하나의 형태소라고 할 수는 없다. 아직 의미를 가지는 최소 단위라고 보기 어렵기 때문이다. '하늘이'는 '하늘' 자리에 '물, 강' 등의 다른 말이 올 수 있고 '이'의 자리를 '은'과 같은 말이 대신할 수 있다. 또한 '하늘'과 '이' 사이에는 '만'이 끼어들기도 한다. 마찬가지로 '푸르'의 자리에 '흐리'가 올 수 있고 '다' 자리에는 '고, 니' 등의 말이 대신할 수 있다. 또 '푸르'와 '다' 사이에는 '겠'과 같은 말이 삽입되기도 한다. 그리고 이들 '하늘', '이', '푸르', '다'는 일정한 의미를 가지고 있으며 '하늘'과 '푸르'는 더 이상 분석하면 그 의미가 상실되므로 더 이상 분석할 수 없다.

① 모든 문법 단위가 형태소가 될 수 있는 것은 아니다.
② '언니가 밥을 먹는다.'에서 '밥을' 대신에 '반찬을, 빵을, 사탕을'이 올 수 있는 것은 대치에 해당한다.
③ '날씨가 춥다.'에서 '날씨가' 앞에 '겨울'을, 뒤에 '매우'를 삽입하는 것은 통합 관계와 관련이 있다.
④ '푸르다'에서 '푸'는 '거, 다, 부'와 계열 관계를 이루므로 '푸르다'는 '푸'와 '르다'로 형태소를 분석할 수 있다.

선재 쌤's Talk

형태소를 분석하는 기준에 대해 설명하는 지문으로, 언어학의 가장 기본적인 개념이자 중요한 개념인 '계열 관계'와 '통합 관계'를 소개하고 있습니다. 이 글을 통해 언어의 '계열 관계'와 '통합 관계'라는 개념을 익혀 보세요.

국어의 특성

> **개념 POINT!**
> 1. 한국어는 교착어로, 실질적 의미와 문법적 형식이 분리되는 언어이다.
> 2. 한국어는 수식어가 수식을 받는 말 앞에 오며, 서술어가 문장의 끝에 위치한다.
> 3. 국어의 어휘는 고유어, 한자어, 기타 외래어의 삼중 체계를 형성하고 있다.

1 국어의 갈래와 특성

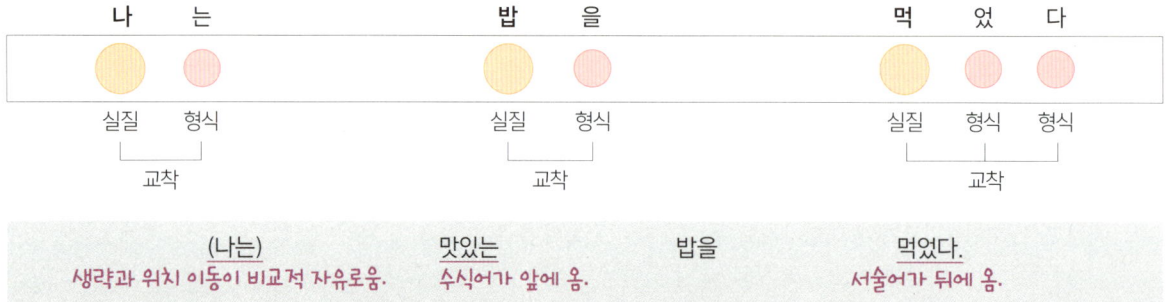

2 국어의 특질

① 파열음·파찰음 계열은 예사소리(평음), 된소리(경음), 거센소리(격음)의 삼중 체계를 이룬다.
  예 파열음(ㄱ, ㄷ, ㅂ)과 파찰음(ㅈ): [ㄱ - ㄲ - ㅋ/ㄷ - ㄸ - ㅌ/ㅂ - ㅃ - ㅍ/ㅈ - ㅉ - ㅊ]의 삼중 체계

② 고유어, 한자어, 외래어의 삼중 체계를 형성하고 있다. 한자어는 고유어에 비해 좀 더 의미가 분화되어 있어, 고유어와 한자어는 '일대다(一對多)' 대응 관계가 형성되기도 한다.
  예 · 깊은 생각에 빠져 있다. – 사색(思索), 사유(思惟), 명상(冥想/瞑想) 등
    · 새로운 발명품을 생각해 내었다. – 창안(創案), 고안(考案), 연구(研究) 등
    · 생각을 잘 더듬어 보세요. – 기억(記憶), 추억(追憶) 등
    · 참 좋은 생각이구나. – 착상(着想), 발상(發想), 구상(構想) 등

③ 의성어, 의태어 등 음성 상징어가 발달해 있다.
  예 퐁당퐁당 – 풍덩풍덩(의성어) / 아장아장 – 어정어정(의태어)

④ 일정한 맥락에서, 주어, 서술어 등의 생략이 가능하며, 문장 성분의 위치 이동이 비교적 자유롭다.
  예 · 누가 그 일을 했니? 철수가. (그 일을 했어.) → 생략이 가능함.
    · 내가 그 일을 했어. → 주어를 강조함. / 그 일을 내가 했어. → 목적어를 강조함.

⑤ 수식하는 말이 수식을 받는 말의 앞에 온다.
  예 · 예쁜 꽃이 피었다. → 관형어가 명사를 앞에서 수식함.
    · 공부를 열심히 한다. → 부사어가 동사를 앞에서 수식함.

개념 확인

01 한국어의 수식어는 반드시 피수식어 앞에 온다. ○ | ×

02 우리말은 고유어에 비해 한자어가 의미의 범위가 넓어서 세분된 의미를 표현하는 데는 고유어가 적합하다. ○ | ×

유형 확인

01 다음 글을 이해한 내용으로 가장 적절하지 않은 것은?

> 국어의 주요한 문법적 특질에는 다음과 같은 것들이 있다.
> 첫째, 국어는 첨가어(添加語)의 특질을 잘 보여 준다. '첨가어'를 '교착어(膠着語)'라고도 하는데 이는 조사나 어미 같은 하나의 문법 형태소가 하나의 문법적 기능을 갖는 것을 가리킨다. 이것은 곧 형태와 기능이 1 : 1 대응 관계에 있음을 뜻한다. 이러한 특성을 굴절어인 영어와 비교해 보면, 영어의 'their(3인칭·복수·관형격)'은 하나의 형태소에 세 개의 문법적 기능이 망라되어 있는 데 비해, 국어의 '그(3인칭) 들(복수)의(관형격)'는 세 개의 형태소 각각이 하나의 문법적 기능을 갖는다.
> 둘째, 국어는 단어 형성법이 발달되어 있다. '군밤, 큰형'과 같이 용언의 관형사형과 명사를 합하여 새로운 명사를 만들기도 하고, '접칼, 덮밥'과 같이 용언의 어간과 명사를 합하여 새로운 명사를 만들기도 한다.
> 셋째, 국어의 문장은 기본적으로 '주어 – 목적어 – 서술어'의 어순을 지닌다. 특히 중심이 되는 말, 즉 서술어를 문장의 맨 뒤에 놓는 특성이 있다. 또한 꾸미는 말이 꾸밈을 받는 말 앞에 온다. 이것은 영어 문장이 '주어 – 서술어 – 목적어'의 어순으로 나타나며, 꾸미는 말이 꾸밈을 받는 말 뒤에 오는 것과 대조된다.

① 국어의 '먹었다'는 '먹-', '-었-', '-다'가 모두 각각 다른 문법적 기능을 갖는다.
② 국어는 문법 형태소가 발달하여 어순에 따른 제약이 전혀 없다.
③ 국어는 서술어가 문장 마지막에 오기 때문에 말을 끝까지 들어야 뜻을 제대로 이해할 수 있다.
④ 국어는 관형사형과 명사를 합하거나 용언과 명사를 합하여 새로운 명사를 만들 수 있다.

음운의 종류

개념 이해 ☐ ☐
지문 이해 ☐ ☐

개념 POINT!

1 음운이란 말의 뜻을 구별하는 소리의 최소 단위이다. 국어의 음운에는 분절 음운과 비분절 음운이 있다.
  ① 분절 음운 – 자음: 19개 / 모음: 21개
  ② 비분절 음운 – 소리의 길이, 억양 등

  암기 TIP 자음: 바닷조갱ㅎ
  단모음: 키위를주게되었소내가

2 **최소 대립쌍**이란 의미를 구별하게 하는 음운을 가진 단어들의 쌍을 말한다. 오직 한 가지 요소에 의해서만 의미가 구별된다.
  밤 — 잠 → ㅂ과 ㅈ의 차이로 뜻이 구별됨.   밤 — 봄 → ㅏ와 ㅗ의 차이로 뜻이 구별됨.

1 자음의 종류

- 조음 방법
  - 안울림소리(무성음)
    - 파열음: ㄱ, ㄲ, ㅋ / ㄷ, ㄸ, ㅌ / ㅂ, ㅃ, ㅍ
    - 파찰음: ㅈ, ㅉ, ㅊ
    - 마찰음: ㅅ, ㅆ, ㅎ
  - 울림소리(유성음)
    - 비음: ㄴ, ㅁ, ㅇ
    - 유음: ㄹ

- 조음 위치
  - 입술소리(양순음): ㅂ, ㅃ, ㅍ, ㅁ
  - 잇몸소리(혀끝소리, 치조음): ㄷ, ㄸ, ㅌ, ㅅ, ㅆ, ㄴ, ㄹ
  - 센입천장소리(경구개음): ㅈ, ㅉ, ㅊ
  - 여린입천장소리(연구개음): ㄱ, ㄲ, ㅋ, ㅇ
  - 목청소리(후음): ㅎ

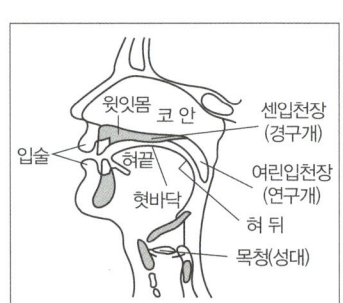

2 모음의 종류

❶ 단모음(10개): 혀의 높이, 혀의 위치, 입술의 모양에 따라 나뉨.

	전설 모음		후설 모음	
	평순	원순	평순	원순
고모음	ㅣ	ㅟ	ㅡ	ㅜ
중모음	ㅔ	ㅚ	ㅓ	ㅗ
저모음	ㅐ		ㅏ	

❷ 이중 모음(11개): 단모음과 반모음이 결합되어 형성됨.

ㅑ, ㅕ, ㅛ, ㅠ, ㅒ, ㅖ, ㅘ, ㅙ, ㅝ, ㅞ, ㅢ

❸ 반모음
이중 모음을 형성하는 'ㅣ̆, ㅗ̆ / ㅜ̆'를 말한다. 반모음은 독립된 음운이 아닌 것으로 취급되었으나, 최근에는 하나의 음운으로 보는 견해도 있다.

개념 확인

01 음운은 의미를 구별해 주는 최소의 단위이므로 최소 대립쌍을 통해 한 언어의 음운 목록을 확인할 수 있다. ○ | ×

02 최소 대립쌍인 '나리'와 '다리'에서 추출되는 음운은 모두 '잇몸소리'이면서 '파열음'이다. ○ | ×

유형 확인

01 다음 글을 읽고 추론한 내용으로 적절하지 않은 것은?

> 음성은 사람의 발음 기관을 통해 나오는 말소리로 사람마다 다르고 같은 사람의 음성이라도 때에 따라 다르다. 음운은 음성에서 공통적인 요소만을 뽑아 머릿속에서 같은 소리로 인식하는 것을 가리킨다. 즉, 음성은 구체적이고 물리적인 소리이고 음운은 추상적이고 관념적인 소리라고 할 수 있다.
> 이러한 음운은 단어의 뜻을 구별해 주는 소리의 가장 작은 단위이다. 예를 들어 '달'과 '말'은 나머지 구성 요소는 같고 오직 'ㄷ'과 'ㅁ'의 차이에 의해 의미 차이가 생기는데, 이때 'ㄷ'과 'ㅁ'을 각각 하나의 음운이라고 한다. 특정 언어에서 어떤 소리가 음운인지 아닌지는 최소 대립쌍을 통해 확인할 수 있다. 최소 대립쌍이란, 위에서 예로 든 '달 – 말'과 같이 단어를 구성하고 있는 요소 중에서 오직 한 가지 요소에 의해서만 의미가 구별되는 단어의 짝을 말한다.

① 최소 대립쌍인 '보리'와 '소리'에서 음운 'ㅂ'과 'ㅅ'을 확인할 수 있다.
② 최소 대립쌍인 '나비'와 '너비'에서 음운 'ㅏ'와 'ㅓ'를 확인할 수 있다.
③ 최소 대립쌍인 '모래'와 '마루'에서 음운 'ㅗ'와 'ㅏ'를 확인할 수 있다.
④ '쌀'과 '물'은 각각 '말'의 최소 대립쌍이 될 수 있다.

POINT 04

음운의 변화

	Yes	No
개념 이해	□	□
지문 이해	□	□

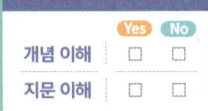

개념 POINT!

1 음운 변화의 유형인 교체, 축약, 탈락, 첨가를 정확하게 구별할 수 있도록 이론을 익힌다.

2 음운 변동의 순서는 실제 발음을 기준으로 한다. 순서를 확인할 때는 "받침(대표음, 자음군 단순화) + 첨가'의 발음 → 교체(동화) → 현실 발음 확인' 순으로 적용한다.

예 홑이불 → [혿 + 니불] → [혼니불]
대표음 + ㄴ 첨가 / 비음화

1 문제 풀 때 꼭 필요한 주요 음운 변동

교체(대치)
- 음절의 끝소리 규칙 — 대표음 7개 'ㄱ, ㄴ, ㄷ, ㄹ, ㅁ, ㅂ, ㅇ' 예 꽃[꼳], 밖[박]
- 비음화
  - ㅂ, ㄷ, ㄱ + ㄴ, ㅁ → [ㅁ, ㄴ, ㅇ] 예 밥물[밤물], 국물[궁물]
  - ㅁ, ㅇ + ㄹ → [ㄴ] 예 종로[종노], 감리[감니]
- 유음화 — ㄴ + ㄹ → [ㄹㄹ] 예 신라[실라], 물난리[물랄리]
- 구개음화 — ㄷ, ㅌ + ㅣ → [ㅈ, ㅊ] 예 해돋이[해도지], 같이[가치]
- 된소리되기 — ㅂ, ㄷ, ㅈ, ㄱ + ㅂ, ㄷ, ㅈ, ㄱ → [ㅃ, ㄸ, ㅉ, ㄲ] 예 국밥[국빱], 불볕더위[불볃떠위]

축약
- 자음 축약 — ㅂ, ㄷ, ㅈ, ㄱ + ㅎ → [ㅍ, ㅌ, ㅊ, ㅋ] 예 국화[구콰], 밝히다[발키다]
- 모음 축약
  - ㅗ, ㅜ + ㅏ/ㅓ → ㅘ, ㅝ 예 보 + 아서 → 봐서
  - ㅣ + ㅏ/ㅓ → ㅑ, ㅕ 예 기 + 어서 → 겨서

* 어간 '오-'와 어미 '-아'가 결합해 [와]로 발음될 때, 단모음 'ㅗ'가 반모음 'w'로 교체된다고 보는 의견도 있음.

탈락
- 자음 탈락 — 자음군 단순화, 'ㄹ' 탈락, 'ㅎ' 탈락
  예 닭[닥] / 하늘을 나는, 소나무 / 좋아[조:아], 싫어[시러]
- 모음 탈락 — 'ㅡ' 탈락, 동음 탈락 예 떠 있는 배 / 가 + 아서 → 가서

첨가 — 복합어에서 ㄴ 첨가, 사잇소리 현상 예 집일[짐닐], 홑이불[혼니불], 냇물[낸:물], 나뭇잎[나문닙]

복합적인 음운 변동
- 밝히다[발키다] VS 닭하고[다카고]: 한 단어 안에서는 축약이 먼저, 두 단어 사이에서는 탈락 후 축약
- 꽃말[꼳말 → 꼰말], 부엌문[부억문 → 부엉문]: 대표음 실현 뒤 → 자음 동화
- 홑이불[혿+니불 → 혼니불]: 대표음과 ㄴ 첨가를 먼저 적용한 뒤 → 자음 동화

개념 확인

01 '부엌일'에 일어나는 음운 변동 유형은 '교체'와 '첨가'이다. ○ | ×

02 '흙먼지[흥먼지]'에는 음절 끝에 'ㄱ, ㄴ, ㄷ, ㄹ, ㅁ, ㅂ, ㅇ' 이외의 자음이 오면 이 7개의 자음 중 하나로 바뀌는 규칙이 적용된다. ○ | ×

03 '식용유'와 '입학생'은 각각 음운 변동 전과 후의 음운 개수가 같다. ○ | ×

유형 확인

01 다음 글에서 추론한 내용으로 적절하지 않은 것은?

> 국어의 음운 변동에서 탈락은 앞뒤 형태소의 두 음운이 마주칠 때에 그중의 한 음운이 완전히 탈락하는 것으로, 탈락 현상에는 자음군 단순화, 'ㄹ' 탈락, 'ㅎ' 탈락, 모음 탈락이 있다. 자음군 단순화는 '값[갑]', '여덟[여덜]'과 같이 국어의 음절 끝에 겹받침이 오면 두 자음 중 하나가 탈락하는 현상이다. 그리고 'ㄹ' 탈락은 '울- + -는[우:는]'과 같이 용언이 활용을 할 때에 어간의 끝소리 'ㄹ'이 탈락하는 현상을 말하고, 'ㅎ' 탈락은 '좋은[조:은]'처럼 용언 어간의 끝소리 'ㅎ'이 모음으로 시작되는 어미나 접사 앞에서 탈락되는 현상을 말한다. 마지막으로 두 모음이 연결될 때에 '가- + -아서 → 가서'와 같이 어미의 첫 모음 'ㅏ'가 탈락되거나, '쓰- + -어라 → 써라'와 같이 어간의 끝모음 'ㅡ'가 탈락되는 현상을 모음 탈락이라고 한다.
>
> 한편 축약은 두 음운이 합쳐져서 하나의 음운이 되는 것으로, 자음 축약과 모음 축약이 있다. 자음 축약은 '좋고[조:코]'처럼 예사소리 'ㄱ, ㄷ, ㅂ, ㅈ'이 'ㅎ'과 만나 거센소리 'ㅋ, ㅌ, ㅍ, ㅊ'이 되는 현상을 말한다. 모음 축약은 '오- + -아서 → 와서', '바꾸- + -어 → 바꿔'처럼 앞뒤 형태소의 두 모음 중에서 한 모음이 반모음으로 변하여 한 음절로 줄어드는 현상을 말한다.

① '끓이다[끄리다]'에서는 음운 1개의 탈락 현상만 나타난다.
② '많다'가 [만:타]로 소리 나는 것은 자음 축약에 해당한다.
③ 어간 '끄-'가 어미 '-어라'와 만나 '꺼라'가 되는 것은 모음 축약에 해당한다.
④ '우는 새'와 '하늘을 나는 새'에서 '우는'과 '나는'에는 동일한 음운 변동이 나타난다.

POINT 04 음운의 변화

연습하기

정답과 해설 4쪽

01~03 다음 단어의 발음과 변화된 음운의 개수를 쓰시오.

01 뜻하다: [　　　]① → [　　　　]② ➡ 음운 변동 후 바뀐 음운의 개수: _____③ 개

02 바깥일: [　　　]① → [　　　　]② → [　　　　　]③ ➡ 음운 변동 후 바뀐 음운의 개수: _____④ 개

03 훑는: [　　　]① → [　　　　]② ➡ 음운 변동 후 바뀐 음운의 개수: _____③ 개

04~09 다음 단어의 발음과 이에 적용된 음운 현상에 관한 내용을 쓰시오.

04 옷하고: [　　　]① _____② → [　　　]③ _____④
➡ 총 _____⑤ 번의 음운 변동으로 음운의 개수는 _____⑥ 개 _____⑦.

05 닭만: [　　　]① _____② → [　　　]③ _____④
➡ 총 _____⑤ 번의 음운 변동으로 음운의 개수는 _____⑥ 개 _____⑦.

06 입학생: [　　　]① _____② → [　　　]③ _____④
➡ 총 _____⑤ 번의 음운 변동으로 음운의 개수는 _____⑥ 개 _____⑦.

07 풀잎: [　　　]① _____② → [　　　]③ _____④ → [　　　]⑤ _____⑥
➡ 총 _____⑦ 번의 음운 변동으로 음운의 개수는 _____⑧ 개 _____⑨.

08 늑막염: [　　　]① _____② → [　　　]③ _____④ → [　　　]⑤ _____⑥
➡ 총 _____⑦ 번의 음운 변동으로 음운의 개수는 _____⑧ 개 _____⑨.

09 넓죽하다: [　　　]① _____② → [　　　]③ _____④ → [　　　]⑤ _____⑥
➡ 총 _____⑦ 번의 음운 변동으로 음운의 개수는 _____⑧ 개 _____⑨.

10 밑줄 친 단어와 관련된 음운 현상을 쓰시오.

> 오늘은 밭이랑 _____① 에 농작물 _____② 을 심는 날이다. 나는 맏형 _____③ 과 함께 부모님을 따라 _____④ 나섰다. 부모님은 너는 굳이 _____⑤ 일손을 거들지 않아도 된다고 말씀하셨지만 나는 돕고 싶었다. 밭에서 피어오르는 흙냄새 _____⑥ 가 좋았다.

음운과 변이음

01 다음 글에서 추론한 내용으로 적절하지 않은 것은?

> 말소리는 두 가지 차원에 존재한다. 하나는 실제로 있는 그대로의 물리적인 차원이고 다른 하나는 그 말을 쓰는 사람들이 심리적으로 인식하는 차원이다. 예를 들어 [p]와 [b]는 물리적으로는 분명히 다른 소리이다. [p]는 양순 무성 파열음이고, [b]는 양순 유성 파열음이다.
>
> 그런데 영어를 모국어로 쓰는 사람들은 이 두 소리의 다름을 쉽게 알아차리는 데 반해 우리 한국 사람들은 이 두 소리의 다름을 쉽게 알지 못하고 하나의 소리처럼 받아들인다. 그 이유는 영어에서는 이 두 소리가 같은 음성 환경에 나타나서 이들의 다름에 의해 분화된 낱말 쌍이 존재하지만, 우리말에는 이 두 소리가 절대로 같은 음성 환경에 나타나지 않고, 따라서 이들의 다름에 의해 분화된 낱말 쌍이 존재하지 않기 때문이다. 예를 들어, 영어의 'peach[piːtʃ](복숭아)'와 'beach[biːtʃ](해변)'는 낱말의 첫머리 자리에 놓인 두 자음 [p]와 [b] 때문에 서로 다른 낱말이 되었다.
>
> 이에 반해 우리말은 '바보[pabo]'에서 보듯 [p]는 낱말의 첫머리 자리에 올 수 있지만 [b]는 유성음 사이에만 쓰일 수 있기 때문에 이들의 다름에 의해 분화된 낱말 쌍이 존재하지 않는다. 우리말에서 [p]와 [b]는 원래는 하나의 음소 /ㅂ/인데 앞뒤의 음성 환경에 따라 [p]로 실현되기도 하고, [b]로 실현되기도 하는 것이다.
>
> 이 경우 [p]와 [b]를 음소 /ㅂ(p)/의 변이음이라고 한다. 한 음소의 변이음들은 서로 나타날 수 있는 환경이 겹칠 수가 없는데 이런 분포 관계를 배타적 분포 혹은 상보적 분포라고 한다. 우리말에서 자음 [p]와 [b]는 낱말의 뜻을 구별하는 구실을 하지 않으며, 따라서 우리나라 사람들은 이 두 소리의 다름을 인식할 수도 없고 그럴 필요도 없다.
>
> 음운론에서는 물리적인 상태의 말소리를 음성이라고 하고 모국어 화자가 인식하고 있는 말소리를 음운이라고 한다. 모국어 화자의 머릿속에는 음성이 아닌 음운의 목록이 저장되어 있다고 할 수 있다. 음운론에서 말소리를 분석하여 그 언어에서 음운의 자격을 가지는 말소리를 가려내는 작업을 음소 분석(音素分析)이라고 하는데, 우리말의 음운 체계는 이 작업의 결과 만들어진 음운 목록을 각 소리들 사이의 음운론적 관계를 고려하여 체계화한 것이다.

① 영어와 한국어에서 모두 [p]와 [b]는 물리적으로 존재하는 말소리이다.
② [p]와 [b]는 영어에서 각각 음운의 자격을 가지지만 한국어에서는 하나의 음운이다.
③ 영어와 달리 한국어에서 [p]와 [b]는 서로 같은 음성 환경에 나타나 의미 구별 구실을 하지 못한다.
④ 한국인은 'read'의 /r/과 'lead'의 /l/을 모두 [ㄹ]로 발음하므로 한국어에서 [r]과 [l]은 음소 /ㄹ/의 변이음이다.

선재 쌤's Talk

'음운'이라는 개념은 사실 굉장히 추상적이고 어려운 개념입니다. 이러한 음운과 함께 이 지문은 '변이음'이라는 개념을 설명하고 있어요. 변이음은 음운의 개념을 정확히 이해하는 데 필수적인 개념입니다. 지문 독해를 통해, 변이음과 음운을 보다 깊이 있게 이해해 보세요.

POINT 04 음운의 변화

보충자료 | 주요 표준 발음의 이해

정답과 해설 4쪽

1 모음의 발음

ㅖ
- '계, 몌, 폐, 혜' 등은 [ㅖ]와 [ㅔ]로 발음한다(표준 발음 2개). 예 혜택[혜:택/헤:택]
- '예, 례'의 경우, 모음 'ㅖ'는 [ㅖ]로만 발음한다. 예 차례[차례]

ㅢ
- '자음 + ㅢ'는 [ㅣ]로 발음한다. 예 희망[히망], 귀띔[귀띰]
- '의'의 경우는 첫음절일 때에는 [ㅢ]로 발음하고, 첫음절 이외의 '의'는 [ㅣ]로, 조사 '의'는 [ㅔ]로 발음함도 허용한다(표준 발음 2개).
  예 의사[의사] / 우리의[우리의/우리에], 협의[혀븨/혀비]

2 주요 받침의 발음

ㄼ
— [ㄹ]로 발음한다.
단, '밟-'은 자음 앞에서 [밥]으로 발음하고, '넓적하다, 넓둥글다, 넓적다리' 등은 [넙]으로 발음한다. 예 얇다[얄:따], 밟다[밥:따], 넓죽하다[넙쭈카다]

ㄺ
- [ㄱ]으로 발음한다. 단, 'ㄱ'으로 시작되는 어미 앞에서는 [ㄹ]로 발음한다.
  예 늙다[늑따] – 늙지[늑찌] – 늙고[늘꼬]
- 흙과[흑꽈]. '과'는 조사이므로 발음이 'ㄹ'로 바뀌지 않는다.

ㄿ
— [ㅂ]으로 발음한다. 예 읊다[읍따]

받침+모음
- 홑받침이나 쌍받침이 모음으로 시작된 조사나 어미, 접미사와 결합되는 경우에는, 제 음가대로 뒤 음절 첫소리로 옮겨 발음한다. 예 밭에[바테], 밭을[바틀]
- 겹받침의 경우, 뒤엣것만을 뒤 음절 첫소리로 옮겨 발음한다(이 경우, 'ㅅ'은 된소리로 발음함.). 예 넋이[넉씨], 닭을[달글]
- 받침 뒤에 실질 형태소가 연결되는 경우에는, 대표음으로 바꾸어서 뒤 음절 첫소리로 옮겨 발음한다. 예 닭 앞에[다가페]

한글 자모의 이름
— 'ㄷ, ㅅ, ㅈ, ㅊ, ㅋ, ㅌ, ㅍ, ㅎ'의 경우에는 연음하지 않고 현실적인 발음을 인정하여 발음한다. 예 디귿이[디그시], 디귿을[디그슬], 디귿에[디그세]

01~03 다음 글의 내용이 맞으면 ○, 틀리면 ×를 하시오.

01 '㉠ 차례[차례] 지내기'와 '㉡ 충의의[충이의] 자세'에서 ㉠과 ㉡은 모두 표준 발음이 아니다. ○ | ×

02 '풀꽃아[풀꼬다]'와 '늙습니다[늑씀니다]'는 모두 표준 발음이다. ○ | ×

03 '뚫는[뚤는]'과 '밝히다[발키다]'는 모두 단어의 발음이 옳다. ○ | ×

04~06 밑줄 친 단어의 발음을 쓰시오.

04 혜택 [   ]을 받기 위해서는 주의 [   ] 사항이 있다고 귀띔 [   ]해 주었다.

05 바위를 밟고 [   ] 서서 시 한 수를 읊는다 [   ].

06 마음 밭이 [   ] 깨끗한 사람이 황무지를 개간하여 밭을 [   ] 일구고 닭을 [   ] 키웠다.

07 다음 글에서 추론한 내용으로 적절하지 않은 것은? 2025 국가직 9급

> 국어의 〈표준 발음법〉 규정에서는 이중 모음의 발음과 관련한 여러 조항들을 찾을 수 있다. 이중 모음은 기본적으로 글자 그대로 발음해야 하지만, 글자와 다르게 발음하는 원칙이 덧붙은 경우도 있다. 이중 모음 'ㅢ'의 발음에는 세 가지 원칙이 적용된다. 첫째, 초성이 자음인 음절의 'ㅢ'는 단모음 [ㅣ]로 발음해야 한다. 둘째, 첫음절 이외의 음절에서 'ㅢ'는 이중 모음 [ㅢ]로 발음하는 것이 원칙이나 단모음 [ㅣ]로도 발음할 수 있다. 셋째, 조사 '의'는 이중 모음 [ㅢ]로 발음하는 것이 원칙이나 단모음 [ㅔ]로도 발음할 수 있다.
> 이 세 가지 원칙을 적용하여 발음하려 할 때 원칙 간에 충돌이 발생할 때가 있다. '무늬'의 경우, 첫째 원칙에 따르면 [무니]로 발음해야 하는데 둘째 원칙에 따르면 [무늬]도 가능하고 [무니]도 가능하게 된다. 이렇게 첫째와 둘째가 충돌할 때에는 첫째 원칙을 따른다. 하지만 물어본다는 뜻의 명사 '문의(問議)'처럼 앞 음절의 받침이 뒤 음절의 초성으로 오게 되는 경우에는 첫째 원칙이 적용되지 않고 둘째 원칙이 적용된다. '문의 손잡이'에서의 '문의' 역시 받침이 이동하여 발음되기는 하지만 조사 '의'가 포함되어 있다. 이처럼 둘째와 셋째가 충돌하는 상황에서는 셋째 원칙을 따른다.

① '꽃의 향기'에서는 '꽃의'는 두 가지 발음이 가능하다.
② '거의 끝났다'에서 '거의'는 한 가지 발음만 가능하다.
③ '편의점에 간다'에서 '편의점'은 두 가지 발음이 가능하다.
④ '한 칸을 띄고 쓴다'에서 '띄고'는 한 가지 발음만 가능하다.

형태소와 단어의 개념

| 개념 이해 | Yes ☐ No ☐ |
| 지문 이해 | ☐ ☐ |

개념 POINT!

1. 형태소란 더 이상 분석하면 뜻을 잃어버리는, 뜻을 가진 가장 작은 말의 단위를 말한다.
   형태소의 개수는 ① 축약을 풀어쓴 뒤 ② 조사, 어미, 접사까지 모두 찾은 후 파악한다.
2. 단어의 개수는 '어절의 개수 + 조사의 개수'로 파악한다.

1 형태소의 개수와 종류

나 는 밥 을 먹 었 다 → 형태소의 개수 7개
자립/실질 의존/형식 자립/실질 의존/형식 의존/실질 의존/형식 의존/형식

① ┌ **자립 형태소**: 홀로 자립하여 쓰일 수 있는 형태소 예 체언, 수식언, 독립언 등
  └ **의존 형태소**: 자립하여 쓰일 수 없어 다른 말에 기대어 쓰이는 형태소 예 조사, 용언의 어간과 어미, 접사 등

② ┌ **실질 형태소**: 어휘적 의미와 같은 실질적 의미가 있는 형태소 예 자립 형태소, 용언의 어간
  └ **형식 형태소**: 실질 형태소에 붙어서 문법적 기능 등을 나타내는 형태소 예 조사, 용언의 어미, 접사 등

2 단어의 개수

나 는 이야기책 을 읽었다 → 단어의 개수 5개

➡ 단어의 개수 = 어절의 개수에 조사의 개수를 더한다.

개념 확인

01 '밤하늘에 별이 밝게 빛났다.'를 형태소 단위로 나누면 '밤/하늘/에/별/이/밝/게/빛/났/다'이다. 　　O | X

02 다음 문장의 형태소, 단어, 어절의 개수를 쓰시오.

> 물을 아껴 써라.

① 형태소: ▒▒ 개
② 단어: ▒▒ 개
③ 어절: ▒▒ 개

유형 확인

01 다음 글을 읽고 〈보기〉를 분석한 내용으로 옳지 않은 것은?

> 형태소는 뜻을 가지고 있는 최소 단위를 말한다. 가령 "바다가 푸르다."는 '바다가'와 '푸르다'로 나누어지는데 그 각각은 다시 '바다, 가, 푸르-, -다'처럼 세분할 수 있다. 이때 '바다'는 '바'와 '다'가 뜻을 가지지 않으므로 '바'와 '다'로 쪼갤 수 없고 '바다' 전체가 하나의 형태소가 된다.
> '바다'는 '海'라는 실질적 의미를 가지고 있으며 '가'는 문장 내에서 '바다'가 주어임을 나타내 주는 형식적 의미를 가지고 있다. 또한 '푸르-'는 '바다'의 상태가 어떠한지에 대한 실질적 의미를 가지고 있으며 '-다'는 문장을 끝맺게 하는 형식적 의미를 가지고 있다. 이처럼 형태소는 형태소가 가지고 있는 '의미' 특성에 따라 실질적인 의미를 가지고 있는 실질 형태소와 형식적 의미를 덧보태어 주거나 문법적 기능을 하는 형식 형태소로 나눌 수 있다.
> 또한, 형태소는 '자립성' 여부에 따라 자립 형태소와 의존 형태소로 나눌 수 있는데, '바다'는 다른 형태소의 도움이 없이도 홀로 쓰일 수 있는 자립 형태소이다. 반면 '가, 푸르-, -다'는 홀로는 쓰일 수 없고 항상 다른 형태소에 기대어 쓰이는 의존 형태소이다.

― 보기 ―

가을 하늘이 맑다.

① 형태소는 총 5개로 분석된다.
② '가을', '하늘'은 더 이상 분석할 수 없다.
③ '맑-'은 실질적인 의미를 지니지만 의존 형태소이다.
④ '이', '맑-'은 문법적 기능을 하는 형식 형태소이다.

품사의 구별 ①
: 체언·수식언·독립언

> **개념 POINT!**
> 1. 의존 명사는 자립성이 없어 관형어의 꾸밈을 받는 명사로, 반드시 관형어 뒤에 놓인다.
> 2. 수사는 조사 앞에 올 수 있고, 관형사는 조사 앞에 올 수 없다.
> 3. 관형사와 부사는 서술성이 없으며(활용×), 다른 성분이나 문장을 수식하는 역할만 한다.

1 체언

① 명사: 의존 명사와 조사 구별하기
- 예) 남들이 하는 **만큼** 공부해서는 안 돼. 남들**만큼** 공부하는 사람은 많아.
  - 관형어의 수식을 받으면 의존 명사 / 체언 다음에 놓이면 조사

② 대명사: 문장에서의 인칭 구별하기
- 예) · **당신**은 누구세요? VS 할아버지께서는 **당신**의 과거를 회상하시곤 했다.
  - 2인칭 / '할아버지'를 다시 지칭하므로 3인칭(재귀 대명사)
- · 영희야, 이번에는 **우리끼리** 가자. VS 영희야, 이번에는 **우리끼리** 갈게.
  - 청자 포함 / 청자 제외

③ 수사: 수사와 관형사 구별하기·수사와 명사 구별하기
- 예) · 사과 **다섯**을 가져와서, **다섯** 사람에게 나누어 주었다.
  - 조사 앞에 놓이므로 수사 → 뒤의 체언을 수식하므로 관형사
- · **첫째**, 부모님 말씀을 잘 들어라. VS **첫째**는 회사원이고 **둘째**는 학생이다.
  - 차례를 나타내면 수사 → 사람을 지칭하면 명사

2 수식언

① 관형사: 관형사와 수사·관형사와 형용사 구별하기
- 예) · **한** 사람이 와서 나에게 사과 **하나**를 주었다.
  - 체언을 수식하므로 관형사 / 조사 앞에 놓이므로 수사
- · **그런** 물건이 어디 있니? 모양이 **그런** 물건은 처음 봐.
  - 단순 수식만 하므로 관형사 / '모양이 그렇다'의 활용형이므로 형용사

② 부사: 부사와 용언 구별하기
- 예) **빨리** 뛰어가면 **빠르게** 도착할 거야.
  - 부사 / '빠르다'의 활용형이므로 형용사

3 독립언: 감탄사와 부사 구별하기
- 예) **아니**, 이렇게 많은 사람들이 **아니** 오다니.
  - 독립적인 위치의 감탄사 / 용언을 수식하면 부사

개념 확인

01 '형님은 자기 자신을 애국자라고 생각했다.'에서 '자기'는 1인칭이고, '형님은 당신 스스로 애국자라고 생각했다.'에서 '당신'은 2인칭이다. O | X

02 ㉠ '사과 하나를 집었다.'와 ㉡ '한 사람도 오지 않았다.'에서 ㉠과 ㉡에는 모두 수사가 쓰였다. O | X

03 '그러나, 그런데' 등과 같이 문장과 문장을 이어 주는 말의 품사는 접속사이다. O | X

유형 확인

01 다음 글을 읽고 이해한 내용으로 적절하지 않은 것은?

> 관형사는 체언 앞에 놓여서, 그 체언의 내용을 자세히 꾸며 주는 역할을 하는 품사이다. 체언을 꾸며 주면서도 형태 변화를 하지 않으며 조사도 붙지 않는다. 예를 들어, '헌 구두'와 '헌 집'에서 관형사 '헌'의 형태는 고정되어 있으며, '헌이, 헌을, 헌은'과 같이 격 조사뿐 아니라 보조사와도 결합할 수 없다. 그리고 '저 헌 집은 누구의 집이냐?'와 같이 관형사가 두 개 이상 쓰일 때도 있다. 이때 '저'는 '헌'을 꾸미는 것이 아니고 명사구 '헌 집' 전체를 꾸미는 것이다.
>
> 또한 관형사는 주어를 서술하지 않으며, 단순 수식 기능만 갖는다. 예를 들어, '그는 성격이 어떤 사람이니?'라는 문장에서 '어떤'은 '성격이 어떻다'와 같이 주어를 서술하는 기능이 있으므로 용언 '어떻다'의 활용형인 형용사이지만, '어떤 분을 찾아오셨습니까?'라는 문장에서 '어떤'은 수식 기능만 하므로 관형사이다.

① '그는 병으로 갖은 고생을 다 겪었다.'의 '갖은'은 형태 변화를 하지 않고 수식 기능만 하므로 관형사이다.
② '모든 국민은 법 앞에 평등하다.'의 '모든'은 '모든이, 모든을'과 같이 조사가 붙을 수 없으므로 관형사이다.
③ '그는 자기 일 밖의 다른 일에는 관심이 없다.'의 '다른'은 주어를 서술하는 기능이 없고 단순 수식 기능만 가지므로 관형사이다.
④ 관형사는 꾸밈을 받는 말 앞에 오므로, 관형사 두 개가 연달아 쓰이는 경우에 앞에 오는 관형사는 바로 뒤에 오는 관형사를 꾸며 준다.

POINT 07 품사의 구별 ②
: 동사·형용사의 모든 것

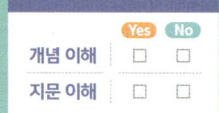

개념 POINT!

1. 동사와 형용사는 어간과 어미로 구성되어 있고, **활용**을 하며 **서술성**을 지닌다는 공통점을 가지고 있다. 그러나 동사는 활용에 제한이 없고, 형용사는 제한이 있다.
2. 본용언과 보조 용언은 주로 '-서'를 넣어서 구별한다.
3. 용언의 활용 중 특히 'ㄹ' 탈락, 'ㄷ' 불규칙, 'ㅂ' 불규칙, 'ㅎ' 불규칙에 주의하자.

1 동사와 형용사의 구성과 구별

동사와 형용사는 문장의 주체를 서술하는 기능을 지닌 용언으로, 어간과 어미로 구성되어 있다.

❶ 동사는
  ① 움직임, 작용 변화 등을 나타내고 (시간성 표현)
  ② 활용형에 제한이 없으므로, '-는, -ㄴ(는)다, -고 있다, 명령형, 청유형' 등을 취하며
  ③ 구어체에서 기본형을 쓰지 않는다. 예 "나 지금 밥 먹다." (×)

❷ 동사·형용사로 모두 쓰이는 단어로는 '크다, 밝다, 있다, 늦다, 감사하다' 등이 있다.
  예 나무가 크다. → 상태를 나타내므로, 형용사 VS 나무가 쑥쑥 큰다. → 변화를 나타내므로, 동사

- **알맞다, 걸맞다, 건강하다, 조용하다, 행복하다** → 형용사. 따라서 '알맞는, 걸맞는, 건강해라, 조용해라, 행복하자(×)' 모두 틀림.
- **늙다, 낡다, 조심하다, 중시하다** → 동사. 따라서 '늙는/늙은' 모두 가능함.
- **-지 않다/-지 못하다**: 본용언의 성격에 따라 품사가 결정됨. 예 알맞지 않는(×) → 알맞지 않은(○)

2 어미의 종류

어미란 어간 다음에 위치하여 문법적 기능을 하는 형태소로, 선어말 어미와 어말 어미가 있다. 용언의 어간+선어말 어미+어말 어미 → 먹+었+다

❶ **선어말 어미**는 높임, 시제 등을 표시하는 어미이다.
  예 아버지께서 오셨다.: 오-(어간)+-시-(높임 선어말 어미)+-었-(시제 선어말 어미)+-다(어말 어미)

❷ **어말 어미**는 문장의 종결이나 연결 시에 반드시 써야 하는 필수적인 요소로, 종결 어미, 연결 어미, 전성 어미가 있다. **전성 어미**는 용언의 서술 기능을 다른 기능으로 바꾸어 주는 기능을 하며, **명사형 전성 어미**[-기, -(으)ㅁ], **관형사형 전성 어미**[-는, -(으)ㄴ, -(으)ㄹ, -던], **부사형 전성 어미**(-게) 등이 있다.

  예 · 밥을 먹는다., 밥을 먹자. / 밥을 먹고 물을 마시면 배가 부르다.
      (평서형 종결 어미, 청유형 종결 어미 / 대등적 연결 어미, 종속적 연결 어미)
  · 밥을 먹는 철수를 보고, 영희가 급하게 밥을 먹기 시작했다.
      (관형사형 전성 어미, 부사형 전성 어미, 명사형 전성 어미)

3 본용언과 보조 용언의 구별

① 본용언은 실질적인 의미가 있지만 보조 용언은 본용언에 문법적인 의미를 더하는 역할만 한다. 주로 실질적인 의미 유무와 '-서'를 넣어서 구별한다.

예
- 철수는 밥을 먹고서 갔다. → 실질적인 의미가 2개이므로, 본용언+본용언
- 철수는 밥을 먹어서 보았다. → 실질적인 의미가 1개이므로, 본용언+보조 용언

② 보조 동사와 보조 형용사의 구별법은 본용언의 구별법과 같다.

예
- 밥을 먹어 보다: '먹어 본다' 등이 가능하므로, 보조 동사
- 밥을 먹는가 보다: 활용형이 안 되며 추측의 의미를 지니므로, 보조 형용사

4 용언의 활용

활용이란 용언이 문법적 관계를 표시하기 위하여 어간 또는 어미를 여러 형태로 바꾸는 현상을 말한다.
규칙 활용이란 일반적인 국어 문법으로 설명할 수 있는 변화이고, **불규칙 활용**은 그렇지 않은 변화이다.

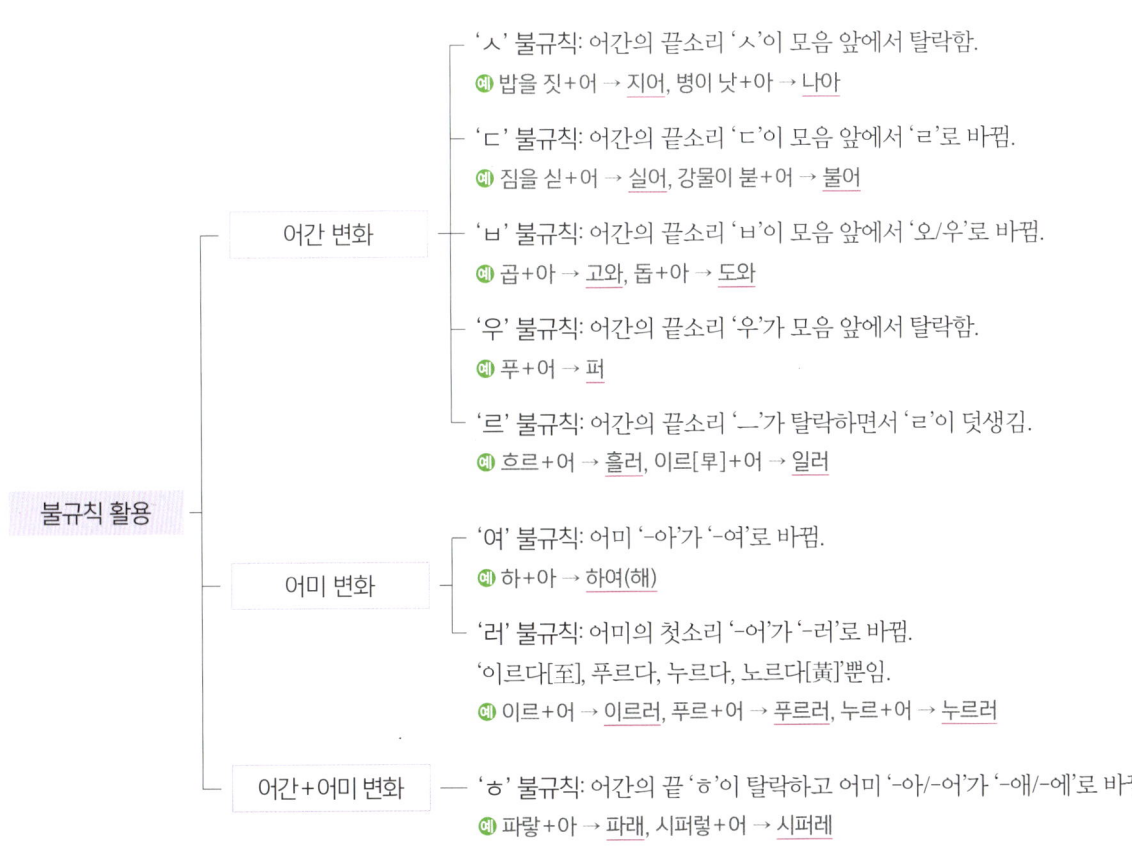

POINT 07 품사의 구별 ②: 동사·형용사의 모든 것

개념 확인

01 '옷 색깔이 아주 밝구나!'의 '밝구나'와 '내일 날이 밝는 대로 떠나겠다.'의 '밝는'은 품사가 같지 않다. ○ | ×

02 '영수는 쓰레기를 주워서 버렸다.'에서 '주워서 버렸다'는 '본용언+보조 용언'의 구성이 아니다. ○ | ×

03 '카페에는 조용한 음악이 흘렀다.'의 '흘렀다'와 '외출할 때는 반드시 가스 밸브를 잠가야 한다.'의 '잠가야'는 용언의 활용 유형이 같다. ○ | ×

04~07 밑줄 친 부분을 바르게 고치시오.

04 라면은 불면 → _____ 맛이 없는데 오래 끓여서 분 → _____ 라면을 주다니.

05 산타 할아버지는 하늘을 날으는 → _____ 썰매를 타고 어린이들에게 선물을 노놔 → _____ 주며 사랑을 베품 → _____.

06 집에서 직접 담군 → _____ 막걸리를 팔으니 → _____ 맛이 좋아요.

07 아버지는 큰 시험을 무사히 치뤄 → _____ 낸 아이가 자랑스런 → _____ 모양이다.

유형 확인

01 다음 글에서 추론한 내용으로 가장 적절한 것은?

> 문장의 주어를 서술하는 기능을 하는 용언에는 동사와 형용사가 있다. 전자는 "철수가 밥을 먹다.", ㉠"해가 떠오르다."의 '먹다, 떠오르다'와 같이 주어의 동작이나 작용을 나타내고, 후자는 "귤은 시큼하다.", "꽃이 아름답다."의 '시큼하다, 아름답다'와 같이 주어의 성질이나 상태를 나타낸다. 이 둘은 몇 가지 서로 다른 특성을 보인다. 우선 동사는 현재 시제 선어말 어미 '-는-/-ㄴ-'과 결합될 수 있지만, 형용사는 결합될 수 없다. 가령 동사인 '먹다'는 '먹는다'로 쓸 수 있지만, 형용사인 '시큼하다'는 '시큼한다'로 쓸 수 없다. 또한 현재 시제 관형사형 어미의 경우, 동사에는 '-는'이 결합되고 형용사에는 '-ㄴ/-은'이 결합된다. 이에 따라 현재 시제 관형사형 어미가 결합하면 동사인 '먹다'는 '먹는 밥'이 되고, 형용사인 '시큼하다'는 '시큼한 귤'이 된다. 한편 동사에 '-ㄴ/-은'을 결합하면 과거 시제가 된다.
> 용언에는 혼자서는 쓰이지 못하고 반드시 다른 용언, 즉 본용언의 뒤에 붙어서 의미를 더해 주는 보조 용언도 있다. "그가 사과를 먹어 버렸다."에는 '먹어'와 '버렸다'라는 두 개의 용언이 나타난다. 전자는 본용언으로, 자립적으로 서술어의 기능을 한다. 반면 후자는 자립적으로 쓰일 수 없고 서술어의 기능도 하지 못한 채 본용언에 '완료'의 의미를 더해 줄 뿐이다. 보조 용언도 일반적으로 동사처럼 활용하면 보조 동사, 형용사처럼 활용하면 보조 형용사가 된다.

① "나도 책을 많이 읽고 싶다."에서 '읽고'와 '싶다'의 품사는 동일하다.
② "영희는 본 책을 또 봤다."에서 '본'은 현재 시제 관형사형 어미가 결합된 형용사이다.
③ "청소를 다 하다."의 '하다'와 ㉠"해가 떠오르다."의 '떠오르다'는 품사가 동일하다.
④ "철수는 쓰레기를 휴지통에 버렸다."에서 '버렸다'는 주어의 동작이나 작용을 나타내는 보조 용언이다.

02 다음 글을 읽고 추론한 내용으로 적절하지 않은 것은?

> 문장의 주어를 서술하는 기능을 가진 단어를 '용언'이라고 하는데, 이러한 용언에는 동사와 형용사가 있다. 용언은 어간과 어미가 결합하는 현상인 '활용'을 통해 문장에서 요구되는 기능을 수행한다. 용언은 활용할 때 어간이나 어미의 기본 형태가 달라지는 경우가 있다. 이때 달라진 현상을 일정한 규칙으로 설명할 수 있는 것을 규칙 활용이라고 하고, 설명할 수 없는 것을 불규칙 활용이라고 한다.
>
> 규칙 활용에는 'ㅡ' 탈락과 'ㄹ' 탈락이 있다. 이 중 'ㅡ' 탈락은 '바쁘- + -아 → 바빠'처럼 용언의 어간 '으'가 어미 '-아'나 '-어' 앞에서 탈락하는 것을 말한다.
>
> 불규칙 활용에는 어간이 바뀌는 것, 어미가 바뀌는 것, 어간과 어미가 모두 바뀌는 것이 있다. 어간이 불규칙하게 변하는 것으로는 'ㅅ' 불규칙, 'ㄷ' 불규칙, 'ㅂ' 불규칙, '르' 불규칙, '우' 불규칙이 있는데, 이 중 '르' 불규칙은 '흐르- + -어 → 흘러'와 같이 어간의 '르'가 'ㄹㄹ' 형태로 바뀐다. 어미가 불규칙하게 변하는 것으로는 '푸르- + -어 → 푸르러'와 같이 어미 '-어'가 '-러'로 바뀌는 '러' 불규칙이 있으며, '여' 불규칙과 '오' 불규칙도 이에 속한다. 어간과 어미가 모두 바뀌는 것에는 '파랗- + -아 → 파래'와 같은 'ㅎ' 불규칙이 있다. 'ㅎ' 불규칙은 어미 '-아/-어'가 왔을 때 어간의 끝 'ㅎ'이 탈락하고 어미 '-아/-어'도 '-애/-에'로 바뀐다. 'ㅎ' 불규칙은 '좋다'를 제외한 형용사에만 나타난다.

① 용언이 문장에서 요구되는 기능을 수행할 때에는 기본 형태가 변화하기도 한다.
② '치르- + -어 → 치러'가 되는 현상은 어간의 변화를 일정한 규칙으로 설명할 수 있다.
③ '부르- + -어 → 불러'와 '이르- + -어 → 이르러'는 모두 어간이 불규칙하게 변하는 사례에 해당한다.
④ 형용사 '하얗다'에는 어간과 어미가 모두 바뀌는 현상이 나타나지만 동사 '놓다'에는 이러한 현상이 나타나지 않는다.

품사의 구별 ③
: 조사의 종류와 올바른 쓰임

개념 POINT!

1. 조사란 다른 형태소에 붙어서(주로 체언) 다른 말들과의 문법적 관계를 표시하거나 뜻을 더해 주는 단어를 말한다.
2. 조사는 생략이 가능하며 조사끼리 결합할 수 있다.
3. 격 조사는 위치가 고정되어 있고, 보조사는 다양한 위치에 놓일 수 있다.

1 조사의 종류

격 조사	보조사	접속 조사
선행하는 체언에 문법적 자격(문장 성분)을 부여하는 조사 • **주격 조사**: 이/가, 께서, 인원수+서, 단체+에서 • **서술격 조사**: 이다 • **목적격 조사**: 을/를 • **보격 조사**: 이/가+되다, 아니다 • **부사격 조사**: 에(에게, 한테, 에게서 등), 로서, 로써, 와/과, 비교(보다, 처럼, 만큼) • **관형격 조사**: 의 • **호격 조사**: 야, 여, 이여, 이시여	선행하는 체언, 부사, 활용 어미에 특별한 의미를 더해 주는 조사. 격 조사가 오는 자리에 두루 쓰인다. 예 은/는, 도, 만/뿐, 부터, 까지, 조차, 요 등	둘 이상의 단어나 구 따위를 대등하게 잇는 조사 예 와/과, 에(다), (이)며, (이)랑, 하고 등

2 형태가 같은 조사의 구별

① 선생님<u>이</u> 멋있다고 말하던 철수는 선생님<u>이</u> 되었다.
   → 주어 자리에 오면 **주격 조사**, '되다, 아니다' 앞에 오면 **보격 조사**

② 우리 학교<u>에서</u> 열린 이번 대회는 우리 학교<u>에서</u> 우승을 차지했다.
   → 장소를 나타내면 **부사격 조사**, 단체를 나타내면 **주격 조사**

③ 사과<u>와</u> 배는 맛있는 과일이고, 참외<u>와</u> 닮았다.
   → 앞과 뒤를 이어 주면 **접속 조사**, 서술어와 연결되면 **부사격 조사**

3 주의해야 하는 조사의 쓰임

① 철수<u>에게</u> 선물을 주었다. / 나무<u>에</u> 물을 주었다. → **유정 명사 + 에게 / 무정 명사 + 에**

② 강사<u>로서</u> 수업을 했다. / 분필<u>로써</u> 필기를 했다. → **자격 + (으)로서 / 수단·재료 + (으)로써**

   참고 이 문제는 너<u>로서</u> 시작되었다. / 고향을 떠난 지 올해<u>로써</u> 20년째이다.
   동작이 일어나는 곳 + (으)로서   시간을 셈할 때 + (으)로써

③ "많이 먹어."<u>라고</u> 말했다. / 철수는 많이 먹으<u>라고</u> 말했다. → **직접 인용 + 라고 / 간접 인용 + 고**

개념 확인

01 '철수는 학생이 아니다.'의 '이'와 '영수가 물을 마신다.'의 '가'는 주어를 구성하는 주격 조사이다. O | X

02 '동창회에서 장학금을 모교에 전달했다.'의 '에서'는 주격 조사이지만, '어느 학교 동창회에서 있었던 일이다.'의 '에서'는 부사격 조사이다. O | X

03 '고등학교 때 수학㉠과 영어를 무척 좋아했다.'와 '인생은 과연 뜬구름㉡과 같은 것일까?'에서 ㉠과 ㉡은 조사의 성격이 다르다. O | X

유형 확인

01 다음 글을 읽고 추론한 내용으로 적절하지 않은 것은?

> 조사는 그 기능과 의미 역할에 따라 '격 조사', '접속 조사', '보조사'로 나눌 수 있다. 격 조사는 앞에 오는 체언이 문장 안에서 일정한 문법적 자격을 가지도록 해 주는 것을 말한다. '{바깥이/날씨가} 덥다.'의 '이/가', '선생님께서 숙제를 내 주셨다.'의 '께서', '우리 학교에서 우승을 차지했다.'의 '에서'는 체언이 문장 속에서 주어로서의 자격을 가지도록 해 주는 주격 조사이다.
>
> 접속 조사는 두 단어를 같은 자격으로 이어 주는 구실을 하는 것을 말한다. 예를 들어, '나는 사과와 배를 좋아한다.'는 '나는 사과를 좋아한다.', '나는 배를 좋아한다.'로 분리할 수 있는 두 문장이 접속된 것으로서 이때의 '와'는 접속 조사이다. 다만, '사과는 배와 다르다.'는 '사과는 배와 비교할 때 다르다.'라는 의미를 가지고 있으므로 이때의 '와'는 '배'에 비교의 부사격 조사로 결합된 것이다.
>
> 보조사는 앞말에 특별한 뜻을 더해 주는 기능을 하는 것이다. 가령 '이곳에서는 취사를 하면 안 됩니다.'의 '에서는'과 같이 보조사와 격 조사가 함께 나타날 수 있는데, 이때 문법적 관계는 부사격 조사인 '에서'가 담당하고 보조사 '는'은 앞 체언에 '대조'의 의미를 더하는 기능을 한다.

① '영희가 국어는 좋아한다.'의 '는'은 다른 과목은 좋아하지 않는다는 의미를 더해 준다.
② '다른 사람에게는 비밀이다.'에서 '에게는'에 문법적 자격을 부여하는 것은 '에게'이다.
③ '훈민과 정음은 국어를 잘한다.'의 '과'는 부사격 조사이므로 이 문장은 두 문장으로 분리되지 않는다.
④ '정부에서 실시한 조사 결과가 발표되었다.'의 '에서'는 '정부'에 주어의 자격을 부여하는 주격 조사이다.

품사의 통용

개념 이해 Yes □ No □
지문 이해 Yes □ No □

개념 POINT!

1. 품사의 통용이란 단어가 둘 이상의 품사로 쓰이는 것을 말한다. 즉 단어의 형태는 같으나 문법적 기능이 다른 경우이다.
2. 이때 단어의 의미와 위치 등을 고려하여 품사를 판단해야 한다.

---

❶ 의존 명사는 용언의 관형사형 다음에 오고, **조사**는 체언 다음에 온다.
- 아는 만큼 말해라. → 의존 명사
- 나만큼 말해라. → 조사

❷ 수사는 차례를 나타내고, **명사**는 사람을 지칭하는 의미를 지닌다.
- 첫째, 집중력이 필요하다. → 수사
- 첫째는 선생이다. → 명사

❸ 관형사 다음에는 조사가 올 수 없고, **수사와 대명사** 다음에는 조사가 올 수 있다.
- 여기에 다섯 사람이 모였다. → 관형사
- 사과 다섯을 먹어라. → 수사
- 이 책은 재미있다. → 관형사
- 이는 우리가 본받아야 할 점이다. → 대명사
- 아무 사람이나 만났다. → 관형사
- 아무도 안 왔다. → 대명사

❹ 관형사는 단순한 수식 기능만 하고, **형용사**는 주어를 서술하는 서술의 기능을 한다.
- 다른 사람은 오지 않았다. → 관형사
- 모양이 다른 신발이다. → 형용사
- 그런 사람은 만나지 마. → 관형사
- 형태가 그런 물건은 처음 봐. → 형용사

❺ 부사는 용언이나 다른 부사를 수식하고, **대명사·명사**는 조사와 함께 쓰여 시기를 지칭한다.
- 설악산은 언제 보아도 아름답다. → 부사
- 설악산을 언제까지 봐야 하나요? → 대명사
- 오늘 공부하자. → 부사
- 오늘부터 열심히 공부하자. → 명사

❻ 부사는 활용을 하지 않고, **형용사**는 어미가 붙어 활용을 한다. ('-게'는 부사형 전성 어미)
- 빨리 집에 가자. → 부사
- 빠르게 뛰어가자. → 형용사

❼ 부사는 용언 앞에서 용언을 꾸며 주는 수식언이고, **감탄사**는 대답이나 놀람을 나타내는 독립언이다.
- 밥을 아니(안) 먹다. 양심은 천만금, 아니 억만금을 준다 해도 버릴 수 없다. → 부사
- 아니, 밥을 안 먹을래요. 아니, 그럴 수가 있어? → 감탄사

**❽ '-적'이 붙은 단어는 조사 앞에 놓이면 명사이고, 체언 앞에 놓이면 관형사, 용언을 수식하면 부사이다.
- 역사적인 사건 → 명사
- 역사적 사건 → 관형사
- 비교적 빠르다. → 부사

개념 확인

01 하나의 단어가 두 가지 이상의 품사로 처리되는 것을 ㉠ 품사의 통용이라고 하는데, '나도 철수만큼 잘할 수 있다.'와 '각자 먹을 만큼 먹어라.'의 '만큼'은 ㉠의 사례로 적절하다. O | X

02 '다른 사람들은 어디 있지?'의 '다른'과 '나와 생각이 다른 사람이 있다.'의 '다른'은 품사가 같다. O | X

03 '그는 하는 시합마다 ㉠ 백이면 백 모두 승리했다.'와 '열 사람이 ㉡ 백 마디의 말을 한다.'에서 ㉠과 ㉡의 품사는 같지 않다. O | X

유형 확인

01 다음 중 ㉠에 해당하는 사례로 적절한 것은? 2025 지방직 9급

> 하나의 단어는 하나의 품사에 속하는 것이 일반적이지만 어떤 단어는 두 가지 이상의 품사에 속할 수 있다. 예를 들어 '밝다'의 경우 '날이 밝았다.'에서는 '밤이 지나고 환해지며 새날이 오다.'라는 의미의 동사이지만, '햇살이 밝은 날'에서는 '불빛 따위가 환하다.'라는 의미의 형용사이다. 이렇듯 하나의 단어가 둘 이상의 품사로 사용되는 것을 품사 통용이라고 한다. 품사 통용은 동음이의 현상과 구별된다. 즉 품사 통용은 서로 관련된 두 의미가 같은 형태로 나타난 것인 반면, ㉠ 동음이의 현상은 먹는 '배'와 타는 '배'가 구별되는 것과 같이 서로 무관한 두 의미가 우연히 같은 형태로 나타난 것이다.

① 그는 여러 문화를 <u>비교적</u> 관점에서 연구했다. / 삼촌은 교통이 <u>비교적</u> 편리한 곳에 산다.
② 내가 언니보다 키가 더 <u>크다</u>. / 이번 여름에는 비가 많이 와서 마당의 풀이 잘 <u>큰다</u>.
③ <u>오늘</u>이 드디어 기다리던 시험일이다. / 친구는 국립 박물관에 <u>오늘</u> 갈 것이라 한다.
④ 나는 어제 산 모자를 <u>쓰고</u> 나갔다. / 형님은 시를 <u>쓰고</u> 누님은 그림을 그렸다.

단어의 형성
: 파생어와 합성어

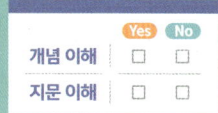

	Yes	No
개념 이해	☐	☐
지문 이해	☐	☐

개념 POINT!

1. **단일어**는 하나의 실질 형태소나 어근으로 이루어진 단어를 말한다.
2. **복합어**는 둘 이상의 형태소로 이루어진 단어로, 파생어와 합성어가 있다.
3. **어근**이란 단어의 실질적 의미를 나타내는 중심 부분이고, **접사**란 어근에 붙어 그 **의미를 보충, 한정**하거나 **품사를 바꾸어** 주는 문법 요소이다. 예 풋-(접사) + 사과(어근), 믿-(어근) + -음(접사)

1 단어의 종류

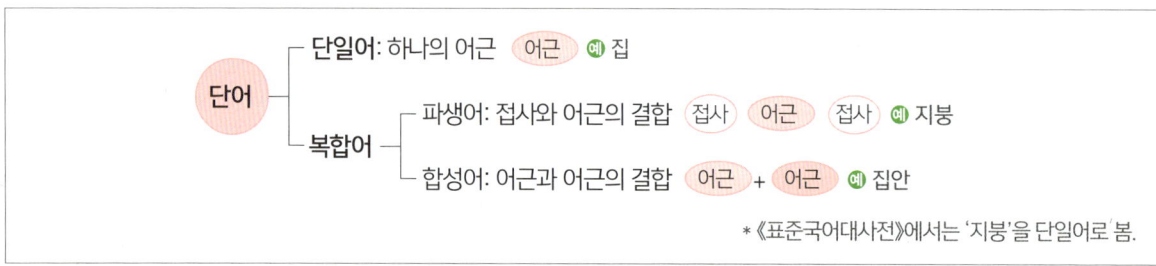

2 주요 접사와 파생어

강-	개-	군-	날-	돌-	들-	막-
강술/강기침	개떡/개꿈	군말/군식구	날고기/날건달	돌배/돌조개	들벌/들국화	막국수/막노동

풋-	한-	헛-	휘-	-님	-답다	-하다
풋감/풋사랑	한시름/한낮	헛걸음/헛소문	휘감다/휘날리다	해님	꽃답다	공부하다/사랑하다

3 통사적 합성어와 비통사적 합성어

통사적 합성어란 우리말의 일반적인 단어 배열법, 즉 통사적 구성과 일치하는 합성어를 말하고, **비통사적 합성어**란 우리말의 일반적인 단어 배열법과 일치하지 않는 합성어를 말한다.

함정 피하기

01 비통사적 합성어의 유형은 다음과 같다.
  ① 어미 생략 예 검버섯, 오르내리다
  ② 부사 + 명사 예 산들바람
  ③ 서술어가 앞에 오는 한자어 예 독서(讀書), 등산(登山)

02 조사가 생략된 단어는 통사적 합성어이다. 예 힘들다, 빛나다, 꿈같다

03 직접 구성 성분이란 단어를 두 조각으로 한 번만 나누어 나온 구성 요소를 말한다. 이러한 직접 구성 성분을 기준으로 합성어와 파생어를 판별할 수 있다.

예 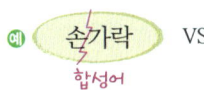 vs     vs

개념 확인

정답과 해설 7쪽

01 '살펴보다'와 '순수하다'는 모두 파생법으로 만들어진 단어이다. O | X

02 '세 자매가 정답게 앉아 있다.'에서 '-답다'는 어근의 품사를 바꾸는 접미사이다. O | X

03 '그의 집은 인근에서 알부자로 소문난 집이다.'에서 '알부자'는 어근과 어근의 결합인 '명사 + 명사' 형태의 통사적 합성어이다. O | X

04 '회덮밥'은 파생어 '덮밥'에 새로운 어근 '회'가 결합된 합성어이다. O | X

05 '넓히다'와 '높이다'에는 품사를 바꾸는 접미사가 포함되어 있다. O | X

06~08 밑줄 친 단어의 종류(파생어, 통사적 합성어, 비통사적 합성어)를 쓰시오.

06 다른 사람들은 풋사랑＿＿＿이라고 생각할지 몰라도 내게는 꿈같은＿＿＿ 첫사랑＿＿＿이었다.

07 국제선 출입구＿＿＿는 비행기＿＿＿에서 내린 외국인＿＿＿들로 북새통을 이루었다.

08 그 젊은이＿＿＿의 굳센＿＿＿ 믿음＿＿＿이 우리들 마음으로 스며들었다＿＿＿.

POINT 10 단어의 형성: 파생어와 합성어

01 다음 글의 ㉠과 ㉡에 들어갈 말을 적절하게 나열한 것은?   2025 국가직 9급

> 　두 개 이상의 형태소로 이루어진 단어를 복합어라 한다. 복합어를 처음 두 개로 쪼갰을 때의 구성 요소를 직접 구성 요소라고 한다. 이 직접 구성 요소를 분석한 결과, 둘 중 어느 하나가 접사이면 파생어이고, 둘 다 어근이면 합성어이다. 즉 합성어는 '어근 + 어근'의 구성인데, 이는 합성어를 구성하는 두 구성 요소 중 어느 것도 접사가 아니라는 말이다.
> 　그런데 '쓴웃음'과 같은 단어에는 접사 '-음'이 있으니까 ㉠ 가 아니냐고 반문할 수 있다. 그러나 이는 복합어 구분의 기준을 온전히 이해하지 못했기 때문에 나올 수 있는 진술이다. 전술한 바와 같이 복합어가 파생어인지 합성어인지를 결정하는 기준은 처음 두 개로 쪼갰을 때 두 구성 요소의 성격이며, 2차, 3차로 쪼갠 결과는 복합어 구분에 관여하지 않는다. 즉 '쓴웃음'의 두 구성 요소 중의 하나인 '웃음'은 파생어이지만 이 '웃음'이 또 다른 단어 형성에 참여할 때는 ㉡ (으)로 참여하는 것이다.

	㉠	㉡		㉠	㉡
①	합성어	접사	②	합성어	어근
③	파생어	접사	④	파생어	어근

02~03 다음 글을 읽고 물음에 답하시오.

'밤하늘'은 '밤'과 '하늘'이 결합하여 한 단어를 이루고 있는데, 이처럼 어휘 의미를 띤 요소끼리 결합한 단어를 합성어라고 한다. 합성어는 분류 기준에 따라 여러 방식으로 나눌 수 있다. 합성어의 품사에 따라 합성 명사, 합성 형용사, 합성 부사 등으로 나누기도 하고, 합성의 절차가 국어의 정상적인 단어 배열법을 따르는지의 여부에 따라 ㉠ 통사적 합성어와 ㉡ 비통사적 합성어로 나누기도 하고, 구성 요소 간의 의미 관계에 따라 대등 합성어와 종속 합성어로 나누기도 한다.

합성 명사의 예를 보자. '강산'은 명사(강) + 명사(산)로, '젊은이'는 용언의 관형사형(젊은) + 명사(이)로, '덮밥'은 용언 어간(덮) + 명사(밥)로 구성되어 있다. 명사끼리의 결합, 용언의 관형사형과 명사의 결합은 국어 문장 구성에서 흔히 나타나는 단어 배열법으로, 이들을 통사적 합성어라고 한다. 반면 용언 어간과 명사의 결합은 국어 문장 구성에 없는 단어 배열법인데 이런 유형은 비통사적 합성어에 속한다. '강산'은 두 성분 관계가 대등한 관계를 이루는 대등 합성어인데, '젊은이'나 '덮밥'은 앞 성분이 뒤 성분을 수식하는 종속 합성어이다.

02 이 글에서 추론한 내용으로 적절하지 않은 것은? 인혁처 1차 예시 문제

① 아버지의 형을 이르는 '큰아버지'는 종속 합성어이다.
② '흰머리'는 용언 어간과 명사가 결합한 합성 명사이다.
③ '늙은이'는 어휘 의미를 지닌 두 요소가 결합해 이루어진 단어이다.
④ 동사 '먹다'의 어간인 '먹'과 명사 '거리'가 결합한 '먹거리'는 비통사적 합성어이다.

03 ㉠, ㉡에 해당하는 예로 적절한 것은?

	㉠	㉡		㉠	㉡
①	꺾쇠	뛰놀다	②	애쓰다	잡아먹다
③	작은아버지	검버섯	④	부슬비	돌보다

문장 성분과 서술어의 자릿수

| 개념 이해 | Yes ☐ No ☐ |
| 지문 이해 | ☐ ☐ |

개념 POINT!

1. 문장에서 가장 중심이 되는 성분은 서술어이며, 이에 따라 문장 성분이 결정된다.
2. **문장 성분**이란 문장에서의 기능을 구별한 것이고, **품사**란 단어의 종류를 구별한 것이다.
   - 예) • 새로운 책이 있다. → 형용사, 관형어
     • 책이 새롭게 나왔다. → 형용사, 부사어

1 문장 성분의 종류

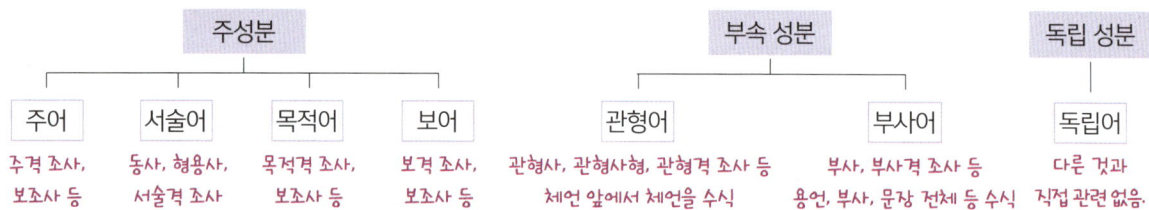

- 우리 학교에서 우승을 차지했다.   VS   우리 학교에서 축구를 했다.
  → 주어(주체)   → 부사어(장소)

- 물이 얼음이 되었다.   VS   물이 얼음으로 되었다.
  → 보어(보격 조사)   → 부사어(부사격 조사)

2 서술어의 자릿수

서술어의 자릿수란 서술어가 필요로 하는 필수 성분의 수를 말한다.

① 한 자리 서술어: 아름다운 꽃이 예쁘게 피었다. → 서술어의 필수 성분 1개
② 두 자리 서술어: 나는 성실한 공무원이 되었다. → 서술어의 필수 성분 2개
③ 세 자리 서술어: 나는 멋진 선물을 철수에게 정성껏 주었다. → 서술어의 필수 성분 3개

서술어의 자릿수는 사전에 나와 있다.

먹다² 「동사」 【…을】 → 두 자리 서술어
「1」 음식 따위를 입을 통하여 뱃속에 들여보내다.
「2」 담배나 아편 따위를 피우다.

삼다² 「동사」 【…을 …으로】 → 세 자리 서술어
「1」 어떤 대상과 인연을 맺어 자기와 관계있는 사람으로 만들다.
「2」 무엇을 무엇이 되게 하거나 여기다.

개념 확인

01 '정부에서 실시한 조사 결과가 발표되었다.'의 '정부에서'와 '우리 회사에서 수소 자동차가 개발되었다.'의 '우리 회사에서'는 문장 성분이 다르다. ○ | ×

02 '소녀는 시골의 풍경을 좋아한다.'의 '시골의'는 관형어이지만, '군인인 형이 휴가를 나왔다.'의 '군인인'은 관형어가 아니다. ○ | ×

03 '입은 비뚤어져도 말은 바로 해라.'의 '말은'과 '호랑이도 제 말 하면 온다.'의 '호랑이도'의 문장 성분은 같다. ○ | ×

유형 확인

01 다음 글을 읽고 이해한 내용으로 적절하지 않은 것은?

> 문장 성분에는 문장을 구성하는 데 골격이 되는 필수적인 주성분과, 주성분의 내용을 수식하는 부속 성분, 다른 문장 성분과는 직접 관련이 없는 독립 성분이 있다.
> 이 중 주성분에는 주어, 서술어, 목적어, 보어가 있다. 주어는 동작 또는 상태나 성질의 주체가 되는 문장 성분이고 서술어는 주어의 동작이나 상태, 성질 따위를 풀이하는 기능을 하는 문장 성분이다. 즉 '무엇이 어찌한다', '무엇이 어떠하다', '무엇이 무엇이다'에서 '무엇이'에 해당하는 것이 주어이고, '어찌한다(동사), 어떠하다(형용사), 무엇이다(체언 + 서술격 조사)'에 해당하는 것이 서술어이다. 주어는 대체로 체언에 주격 조사 '이/가'가 붙는데 보조사 '은/는'이 붙는 경우도 있다. 이때 보조사는 주격뿐만 아니라 목적격이나 보격 조사 자리에 두루 쓰인다. 목적어는 서술어의 동작 대상이 되는 문장 성분이고 보어는 주어와 목적어 외에 서술어가 요구하는 필수적인 문장 성분이다. 현행의 학교 문법에서는 서술어 '되다', '아니다' 앞에 오는 문장 성분만을 보어로 인정하고 있다. 목적어는 '나는 바다를 좋아한다.'와 같이 체언에 목적격 조사 '을/를'이 붙어서 만들어지고, 보어는 '물이 얼음이 되었다.'의 '얼음이'와 같이 보격 조사 '이/가'가 붙어서 만들어진다. 따라서 '물이 얼음으로 되었다.'의 '얼음으로'는 보어가 아니다.

① '다시 말하지만 그것은 분명한 사실이 아니다.'에서 '다시, 분명한'은 모두 주성분이 아니다.
② '민서가 옆자리에 앉은 동생을 흔들어 깨웠다.'에서 '민서가, 동생을, 깨웠다'는 모두 주성분이다.
③ '그 녀석이 노력은 하는데, 실력은 아직 그대로이다.'에서 '노력은'과 '실력은'의 문장 성분은 서로 다르다.
④ '그는 배우가 되고 싶었다.'의 '배우가'와 '내 꿈이 물거품으로 되어 버렸다.'의 '물거품으로'는 모두 보어이다.

홑문장과 겹문장

개념 POINT!

1. **홑문장**은 주어와 서술어의 관계가 한 번만 이루어지는 문장이고, **겹문장**은 주어와 서술어가 두 번 이상 나타나는 문장이다.
2. 겹문장에는 이어진문장과 안은문장이 있다. 안은문장의 종류는 다음의 순서로 판단한다.
   ① 서술성을 지닌 단어 찾기 ② 어미의 변화 살펴보기 ③ 배열과 기능 확인하기

1 홑문장

주어와 서술어가 한 번 나타나는 문장을 말한다. 이때 본용언과 보조 용언이 함께 쓰인 문장은 홑문장으로 본다.
- 예) 나는 집에서 책을 <u>읽고 싶다</u>.: 본용언 + 보조 용언 → 홑문장

2 이어진문장

① 철수는 김밥을 <u>먹고</u> 영희는 비빔밥을 먹었다. → 대등하게 이어진 문장. 순서를 바꾸어도 성립함.
② 철수는 김밥을 <u>먹고</u> 배탈이 났다. → 종속적으로 이어진 문장. 인과적 관계이므로 순서를 바꿀 수 없음.

3 안은문장

① <u>밥을 먹기</u>가 어렵다. / <u>밥을 먹기</u>를 좋아한다. / <u>밥을 먹기</u> 전에 공부해라. / <u>밥을 먹기</u>에는 배가 부르다.
   → 명사절을 안은 문장   * 명사절로 안긴 문장이 {주어/목적어/관형어/부사어}의 기능을 하고 있음.
② <u>밥을 먹은</u> 철수를 만났다. / <u>밥을 먹은</u> 사실을 알고 있다. → 관형절을 안은 문장
   └→ 관계 관형절 (철수가 밥을 먹다)   └→ 동격 관형절 (밥을 먹다 = 사실)
③ 이 식당은 <u>밥이 맛있다</u>. → 서술절을 안은 문장   * '주어+(주어+서술어)'의 형식!
④ 철수는 <u>밥을 먹듯이</u> 간식을 먹는다. → 부사절을 안은 문장
⑤ 철수는 "<u>밥이 참 맛있네.</u>"라고 말했다. → 인용절을 안은 문장

> 서술절을 안은 문장과 '주어 + 보어 + 서술어'인 홑문장은 형태가 유사하므로 주의해야 한다. '되다, 아니다' 앞에 위치하면 보어이다.
> 예) • 코끼리는 코가 길다.: 주어 – 주어 – 서술어 → 서술절을 안은 문장(겹문장)
>   • 구름이 비가 된다.: 주어 – 보어 – 서술어 → 홑문장

함정 피하기

복합적인 문장이 제시될 때는, 서술절을 안은 문장을 조심해야 한다.
- 예) • 내가 시장에서 산 사과는 값이 싸다. = 내가 시장에서 (사과를) 사다 + 사과는 (값이 싸다) ⇒ 관형절을 안은 문장
     • 내가 만난 친구는 마음이 정말 따뜻하다. = 내가 (친구를) 만나다 + 친구는 (마음이 따뜻하다) + 서술절을 안은 문장

개념 확인

01 '어제 빨간 모자를 샀다.'는 홑문장이다. ○ | ×

02 '해진이는 울산에 살고 초희는 광주에 산다.'에는 안긴문장이 없다. ○ | ×

03 '민경이는 숙소로 돌아가기를 원한다.'에서 '숙소로 돌아가기'는 조사 '를'과 결합하여 안은문장의 목적어로 쓰이고 있다. ○ | ×

04 '아이들이 놀다 간 자리는 항상 어지럽다.'에서 안긴문장은 주성분으로 쓰였다. ○ | ×

05 '㉠ 내가 어제 책을 산 서점은 우리 집 옆에 있다.'와 '저는 ㉡ 제가 직접 그분을 만난 기억이 없습니다.'에서 ㉠은 관계 관형절이고, ㉡은 동격 관형절이다. ○ | ×

06 '그의 말은 사실이 아니다.'는 서술절을 안은 문장이다. ○ | ×

유형 확인

01 다음 글을 읽고 이해한 내용으로 옳은 것은?

> 문장은 주어와 서술어가 몇 번 나타나느냐에 따라 홑문장과 겹문장으로 나누어진다. 홑문장이 모여서 하나의 겹문장을 만드는 과정을 문장의 확대라고 하는데, 겹문장은 둘 이상의 홑문장이 이어지는 방식에 따라 이어진문장과 안은문장으로 나뉜다. 이어진문장은 홑문장과 홑문장이 대등하게 이어지거나 종속적으로 이어진 것이고, 안은문장은 홑문장이 다른 문장 속의 문장 성분이 된 것이다.
> 안은문장은 안고 있는 홑문장의 형식에 따라 명사절을 안은 문장, 관형절을 안은 문장, 부사절을 안은 문장, 서술절을 안은 문장, 인용절을 안은 문장으로 나눈다. 명사절은 '-(으)ㅁ', '-기'가 붙어 만들어지며, 조사가 결합하여 주어, 목적어, 부사어 등의 역할을 한다. 관형절은 '-(으)ㄴ', '-는', '-(으)ㄹ', '-던'이 붙어서 만들어지며, 명사를 수식하는 관형어의 기능을 한다. 부사절은 절 전체가 서술어를 수식하는 부사어로 기능하는 것으로, '-아서/-어서', '-도록', '-게' 등이 붙어서 만들어진다. 서술절은 절 전체가 서술어의 기능을 하는데, 서술절을 안고 있는 문장 전체는 주어가 두 개인 것처럼 보인다. 인용절은 다른 사람의 말을 인용하는 것이다. 문장을 직접 인용할 때에는 '라고'가, 간접 인용할 때에는 '고'가 붙는다.

① '나는 공무원이 되었다.'는 '주어 + 주어 + 서술어'의 배열을 보이므로 서술절을 안은 문장이다.
② '그는 동생이 합격하기를 바라고 있다.'에서 명사절은 목적격 조사와 결합하여 목적어의 기능을 한다.
③ '형은 그 아이가 정직함을 믿었다.'는 안은문장의 주어와 안긴문장의 주어가 같다.
④ '그는 내가 전혀 모르는 노래를 불렀다.'는 관형절로 안긴 문장 속에 관형어가 있다.

문법 요소의 이해 ①
: 종결법·시제법·사동 표현·피동 표현

개념 이해 ☐ ☐
지문 이해 ☐ ☐

개념 POINT!

1. 선어말 어미 '-았-/-었-'은 주로 과거를 나타내지만, 때로 현재나 미래를 나타내기도 한다.
2. '-시키다'를 '-하다'로 바꿀 수 있으면 잘못된 사동 표현이다. 또한 '-이-, -히-, -리-, -기- + -어지다'의 형태가 나오면 잘못된 피동인지 확인해야 한다.

1 문장 종결법

평서문, 의문문, 명령문, 청유문, 감탄문은 종결 어미에 의해 결정된다.
예) "밥 먹어요." – 담화 상황에 따라 평서문, 의문문, 명령문, 청유문 등으로 쓰임.

* **수사 의문문**: 대답을 요구하지 않으면서, 서술이나 명령의 효과를 나타내는 의문문
  예) · 빨리 가지 못하겠니? → 명령의 효과
       · 누가 이 사실을 모르겠는가? → 모두 다 알고 있다는 내용의 전달

2 시제 표현: 동작상

시간의 흐름 속에서 동작의 진행, 완료 등을 표현하는 것을 말한다.
예) · 그는 밥을 먹어 버렸다. → 완료상   · 그는 밥을 먹고 있다. → 진행상
    · 그는 넥타이를 매고 있다. → 진행 또는 완료로 해석되는 중의적 표현

3 사동 표현과 피동 표현

❶ 사동 표현

파생적 사동문은 접사 '-이-, -히-, -리-, -기-, -우-, -구-, -추-, -시키다' 등을 사용하여 구성하고, 통사적 사동문은 보조 용언 '-게 하다'를 사용하여 만든다.

① 파생적 사동문(단형 사동)   ② 통사적 사동문(장형 사동)

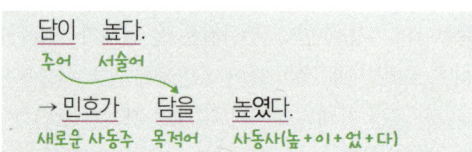
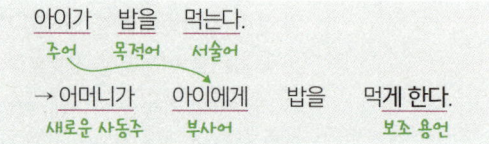

❷ 피동 표현

파생적 피동문은 접사 '-이-, -히-, -리-, -기-, -되다, -받다, -당하다' 등을 사용하여 구성하고, 통사적 피동문은 보조 용언 '-어지다, -게 되다'를 사용하여 만든다.

① 파생적 피동문(단형 피동)   ② 통사적 피동문(장형 피동)

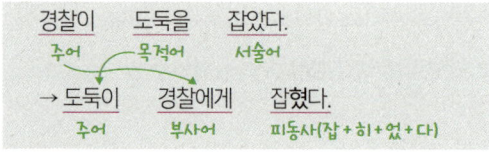

함정 피하기 사동형과 피동형이 같은 경우

- 철수에게 하늘을 <u>보였다</u>. → 사동
- 하늘이 <u>보였다</u>. → 피동

➡ '보이다'는 사동형과 피동형이 같다.
일반적으로 목적어의 유무 등으로 구별한다(목적어가 있으면 사동).

예외 동생이 버스 안에서 발을 <u>밟혔다</u>. → 목적어가 있지만 피동형인 경우임.

정답과 해설 9쪽

개념 확인

01 '철수가 이번에는 자기가 <u>가겠다</u>고 하였다.'와 '8시에 출발하면 10시쯤에 <u>도착하겠구나</u>.'의 밑줄 친 부분에서 선어말 어미 '-겠-'의 기능이 다르다. ○ | ✕

02 '동생이 새 시계를 내게 ㉠ <u>보였다</u>.'와 '멀리 건물 사이로 하늘이 ㉡ <u>보였다</u>.'에서 ㉠은 사동사이고, ㉡은 피동사이다. ○ | ✕

03 '마당이 넓다. → 인부들이 마당을 넓힌다.'를 통해 주동문의 주어는 사동문에서 다른 문장 성분으로 나타날 수 있음을 알 수 있다. ○ | ✕

04 '우리는 토론을 거쳐 다양한 사회적 갈등을 <u>해소시킨다</u>.'와 '돌아오는 길에 병원에 들러 아이를 <u>입원시켰다</u>.'는 둘 다 밑줄 친 단어의 쓰임이 옳다. ○ | ✕

05 '저쪽 복도에 놓여진 화분은 매우 예쁘구나.'에서 '놓여진'은 바르게 쓰였다. ○ | ✕

06 '-이-, -히-, -리-, -기- + -어지다'는 이중 피동의 오류를 보이는 표현이므로, '믿겨지다, 읽혀지다, 열려지다, 풀려지다'는 잘못된 표현이다. ○ | ✕

정답과 해설 9쪽

유형 확인

01 다음 글을 참고할 때, 밑줄 친 말의 쓰임이 올바른 것은?

> 사동 표현은 문장의 주체가 자기 스스로 행하지 않고 남에게 그 행동이나 동작을 하게 함을 나타낸다. 주동사의 어간에 사동 접미사 '-이-, -히-, -리-, -기-, -시키다' 등이 붙어 만들어진 사동사를 쓰거나 용언에 '-게 하다' 등을 붙여 사동문을 만들 수도 있다. 하지만 사동문을 쓸 때에 '-하다'를 쓸 수 있는 말에 무리하게 '-시키다'를 결합하면 사동문의 오류가 될 수 있으므로 유의해야 한다.
>
> 피동 표현은 문장의 주체가 남에 의해서 동작이나 행위를 당함을 나타낸다. 능동사의 어간에 피동 접미사 '-이-, -히-, -리-, -기-, -되다' 등이 붙어 만들어진 피동사를 쓰거나 용언에 '-어지다' 등을 붙여 피동문을 만들 수도 있다. 피동문을 쓸 때에는 지나친 피동 표현(이중 피동)이 되지 않도록 유의해야 한다.

① 김 교수님께 제발 저를 <u>소개시켜</u> 주세요.
② 앞으로는 일이 잘 풀릴 것이라고 <u>생각되어진다</u>.
③ 활짝 <u>개인</u> 하늘에는 구름 한 점 없다.
④ 정곡을 찌르는 그 말 한마디는 <u>잊히지</u>가 않는다.

POINT 14. 문법 요소의 이해 ② : 높임 표현

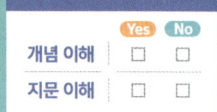

개념 POINT!

1. 주체 높임은 '-시-', 객체 높임은 특수 어휘, 상대 높임은 종결 어미를 보고 판단한다.
2. '있다, 없다'의 직접 높임은 '계시다, 안 계시다'이고, 간접 높임은 '있으시다, 없으시다'이다.

1 주체 높임법

- **시** — 높임의 실현 — 높임의 어휘나 조사, 선어말 어미 '-시-'를 통해 실현됨. 예) 아버지께서 진지를 드신다. (조사 / 어휘 / -시-)
- **시+** — 간접 높임 — 주체와 연관이 있는 대상을 높임. '있다'는 직접 높임은 '계시다'로, 간접 높임은 '있으시다'로 형태가 바뀜. 예) 용건이 있으신 분, 계세요? (간접 높임 / 직접 높임)
- **시-** — 압존법 — 가족이나 사제지간 같은 사적 관계에서 적용됨. 예) 할아버지, 아버지가 왔습니다. → 청자를 고려하여 주어를 낮춤.

> 간접 높임은 주체의 신체, 소유물, 친분 관계 등에 '-시-'를 붙여 표시한다. 그러나 '사이즈, 상품, 품절' 등을 높여 표현하는 것은 잘못된 표현이다.
> 예)
> · 문의하신 상품은 품절이십니다. (×) → 품절입니다 (○)
> · 주문하신 커피 나오셨습니다. (×) → 나왔습니다 (○)
> · (상점에서) 포장이세요? (×) → 포장해 드릴까요? (○)

2 객체 높임법

목적어나 부사어를 높이는 방법으로, 조사 '께'와 '뵙다, 드리다, 모시다, 여쭙다' 등의 특수 어휘를 통해 실현된다.

예) · 나는 할머니께 용돈을 드렸다. → 객체인 '할머니'를 조사와 어휘를 통해 높임.
· 철수는 아버지를 모시고 학교에 갔다. → 객체인 '아버지'를 어휘를 통해 높임.

3 상대 높임법

청자에 대해 높이거나 낮추어 말하는 표현법으로, 격식체와 비격식체를 나타내는 종결 어미로 표현된다.

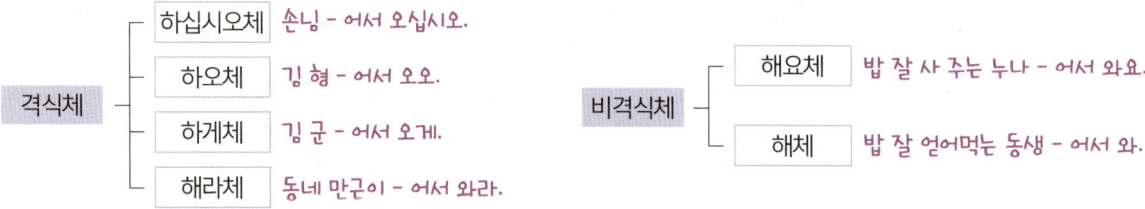

개념 확인

01 '제가 어머니께 그렇게 말씀을 드리면 될까요?'는 대화의 상대, 서술어의 주체, 서술어의 객체를 모두 높인 표현이다. ○ | ×

02 국어의 높임법에는 주체 높임법, 객체 높임법, 상대 높임법이 있다. 이들 높임법이 문장에 나타날 때와 그렇지 않을 때를 '+'와 '-'로 표시한다면, '영희가 할머니께 과자를 드렸다.'는 '-주체, +객체, +상대'로 표시할 수 있다. ○ | ×

03 '할아버지께서는 귀가 어두우시다.'에는 주체 높임법과 객체 높임법이 사용되었다. ○ | ×

04 '부장님, 넥타이가 잘 어울리시네요.'는 높임 표현의 쓰임이 적절하다. ○ | ×

05 '지금부터 회장님의 말씀이 계시겠습니다.'에는 높임 표현이 바르게 쓰였다. ○ | ×

06 요즈음 흔히 들을 수 있는 '그건 만 원이세요.', '품절이십니다.'에서의 '-세요', '-십니다'는 객체를 높이는 새로운 표현 방식이다. ○ | ×

07 남에게 말할 때는 '저희 회사', '저희 나라' 등과 같이 표현해야 한다. ○ | ×

유형 확인

01 다음 글의 ⊙의 사례가 포함되어 있지 않은 것은? 〔인혁처 1차 예시 문제〕

> 존경 표현에는 주어 명사구를 직접 존경하는 '직접 존경'이 있고, 존경의 대상과 긴밀한 관련을 가지는 인물이나 사물 등을 높이는 ⊙'간접 존경'도 있다. 전자의 예로 "할머니는 직접 용돈을 마련하신다."를 들 수 있고, 후자의 예로는 "할머니는 용돈이 없으시다."를 들 수 있다. 전자에서 용돈을 마련하는 행위를 하는 주어는 할머니이므로 '마련한다'가 아닌 '마련하신다'로 존경 표현을 한 것이다. 후자에서는 용돈이 주어이지만 할머니와 긴밀한 관련을 가진 사물이라서 '없다'가 아니라 '없으시다'로 존경 표현을 한 것이다.

① 고모는 자식이 다섯이나 있으시다.
② 할머니는 다리가 아프셔서 병원에 다니신다.
③ 언니는 아버지가 너무 건강을 염려하신다고 말했다.
④ 할아버지는 젊었을 때부터 수염이 많으셨다고 들었다.

POINT 14 문법 요소의 이해 ②: 높임 표현

읽기 자료

정답과 해설 10쪽

선재 쌤's Talk

사동문과 피동문

01 다음 글을 읽고 추론한 내용으로 적절하지 않은 것은?

> 피동법이란 어떤 행위나 동작이 주어의 힘으로 되는 것이 아니라 남의 행동에 의해서 되는 행위를 나타내는 문법적 관념을 말한다. 피동에 대응되는 말은 능동으로, 이는 스스로의 힘으로 행하는 행위나 동작을 말한다. 한국어에서 피동법은 '-이-, -히-, -리-, -기-' 등의 접사에 의해, 또는 '-어지다'의 통사적 구성에 의해 실현된다. '철수가 사슴을 잡았다.'에서 '사슴이 철수에게 잡히었다.'로 변하는 것과 같이, 능동문의 목적어는 피동문의 주어로, 능동문의 주어는 피동문에서 부사격으로 실현된다. 접사 파생에 의한 피동법은 어휘적인 제약이 많으나, '-어지다'에 의한 피동법은 어휘적인 제약이 거의 없고 거의 모든 동사에 붙을 수 있다.
>
> 사동법이란 남으로 하여금 어떤 동작을 하게 하는 문법적 관념을 말한다. 사동에 대응되는 표현은 주동으로, 이는 어떤 동작을 자기 스스로 행하는 것을 말한다. 한국어의 사동법은 '-이-, -히-, -리-, -기-, -우-, -구-, -추-'의 사동 접사나, '-게 하다'의 통사적 구성에 의하여 실현될 수 있다.
>
> (1) 길이 넓다. (형용사문) → 인부들이 길을 넓힌다.
> (2) 아기가 운다. (자동사문) → 철수가 아기를 울린다.
> (3) 아이가 밥을 먹는다. (타동사문) → 엄마가 아이에게 밥을 먹인다.
>
> 위의 예시처럼, 주동문은 형용사문이나 자동사문, 타동사문이 될 수 있다. 형용사문이나 자동사문이 접사에 의해 사동문이 될 경우는 본래 주동문의 주어가 목적어로 바뀌고 새로운 주어가 도입된다. 타동사문이 접사에 의해 사동문이 될 경우는 본래 주동문의 주어는 '에게/한테'로 표현되고 새로운 주어가 도입된다. 한편 '-게 하다'에 의한 사동문에서는 주동문의 주어가 주격, 목적격 등으로 나타날 수 있다. 접사 파생에 의한 사동법은 어휘적인 제약이 많으나, '-게 하다'에 의한 사동법은 어휘적인 제약이 없이 생산적이다.

① 사동문도 피동문처럼 본래 문장의 주어가 부사격으로 바뀌어 실현될 수 있다.
② 접사 파생을 통해 실현된 피동문과 사동문에는 모두 목적어가 존재하지 않는다.
③ 피동문과 사동문 모두 접사 파생의 방식보다 통사적 구성에 의한 방식이 제약이 더 적다.
④ '얼음이 녹았다.'를 접사에 의한 사동문으로 만들 경우, '불이'와 같은 새로운 주어가 도입된다.

사동문과 피동문을 만드는 두 가지 방법에 대해 설명하고 있는 글입니다. 접사와 보조 용언으로 형성된 사동문과 피동문의 차이점도 나와 있으니, 문제를 풀면서 익혀 보시기 바랍니다.

높임법의 유형과 실현

02 다음 글을 이해한 내용으로 적절하지 않은 것은?

> 높임법이란 말하는 이가 듣는 이나 다른 대상을 높이거나 낮추는 정도를 언어적으로 구별하여 표현하는 문법 요소를 말한다. 높임법은 높이는 대상이 누구인가에 따라 크게 주체 높임법, 객체 높임법, 상대 높임법으로 나뉜다.
> 　주체 높임법은 행위의 주체(문장의 주어)를 대상으로 하는 높임법이다. 주로 서술어에 선어말 어미 '-(으)시-'가 붙어 실현되나, 부수적으로 주격 조사 '이/가' 대신 '께서'가 쓰이기도 하고 주어 명사에 '-님'이 덧붙기도 한다. '-(으)시-'는 높여야 할 주체가 주어가 아니라 '할아버지께서는 아직 귀가 밝으십니다.'와 같이 주어와 밀접한 관련을 맺고 있는 경우에도 쓰일 수 있다. 주어를 직접 높이는 경우를 직접 높임, 주어를 직접 높이지 않고 주어와 관련된 대상을 높이는 경우를 간접 높임이라고 한다. 직접 높임은 '계시다', '잡수시다', '편찮다'와 같은 특수 어휘에 의해 실현되는 경우도 있다. 하지만 간접 높임의 경우, 특수 어휘를 쓰지 않고 '-(으)시-'를 붙인다.
> 　행위가 미치는 쪽(문장의 목적어나 부사어)을 대상으로 하는 객체 높임법에서는 주로 '모시다', '드리다'와 같은 특수 어휘를 쓰고, 조사 '에게' 대신 '께'를 사용하기도 한다. 말을 듣는 상대, 곧 청자를 대상으로 하는 상대 높임법은 종결 표현으로 실현되는데, 의례적인 용법의 격식체에는 높임의 등급에 따라 '하십시오체', '하오체', '하게체', '해라체'가 있고, 정감을 드러내는 비격식체에는 존대에 '해요체'가, 비존대에 '해체'가 있다.
> 　실제 대화 상황에서는 다양한 차원의 높임법이 문장에 동시에 작용한다. 가령, 형이 동생에게 말하는 "할아버지께서 집에 다녀가셨어."는 두 차원의 높임법이 적용된 문장인데, 여기서 '할아버지'는 주체로서 '-시-'를 적용받고, 동시에 청자인 동생은 '-어'를 적용받고 있다. 높임법의 존대를 [+]로 비존대를 [-]로 나타낸다면, 이 문장은 [주체+], [상대-]로 표시할 수 있을 것이다. 이렇게 세 종류의 높임법을 각각 등급을 달리하여 조합하면, 많은 수의 높임 표현이 가능하게 됨을 알 수 있다.

① 상대 높임법과 달리 주체 높임법과 객체 높임법은 조사와 특수 어휘를 통해 실현될 수 있다.
② '교장 선생님의 인사 말씀이 계시겠습니다.'는 서술어를 잘못 사용한 주체 높임법에 해당한다.
③ '나는 친구에게 선물을 주었어.'는 [주체-], [객체-], [상대-]이므로 높임법이 나타나지 않는 문장이다.
④ '어머니, 이모가 할머니를 모시고 목욕탕에 가셨어요.'는 세 가지 차원의 높임법이 모두 적용된 문장이다.

문맥에 맞는 의미의 사용

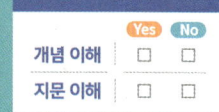

개념 POINT!

1. 동음이의어는 비교적 의미의 구별이 쉬우나, 다의어는 의미의 구별이 매우 어렵다. 따라서 연습하기(50~51쪽)를 통해 예문을 풀이하는 연습을 충분히 한다.
2. 의미론 문제는 독해 지문과 결합된 복합 문제로 출제된다.

1 문맥에 맞는 의미의 사용 - 동음이의어와 다의어

동음이의어는 소리는 같으나 뜻이 다른 단어로, 사전에 각각의 표제어로 실려 있다.
다의어는 소리도 같고 의미도 서로 연관이 있는 단어로, 미묘한 의미 차이를 구별하는 연습을 해야 한다.

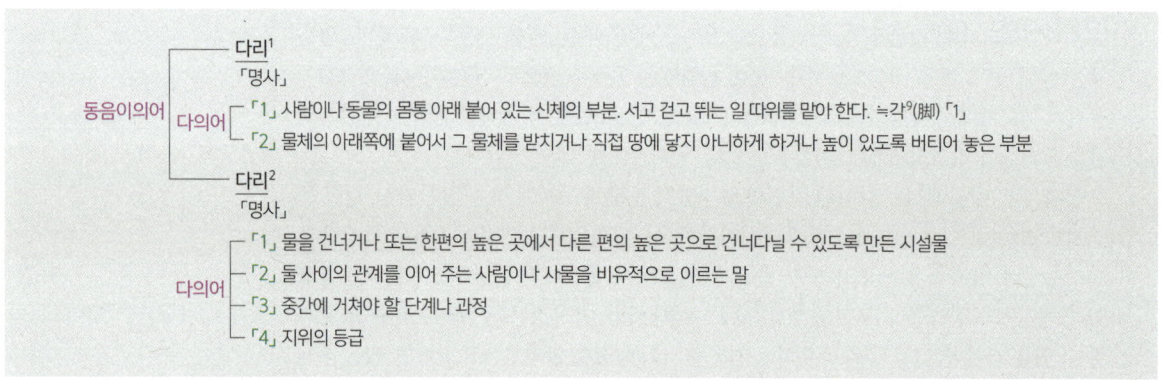

2 반의 관계

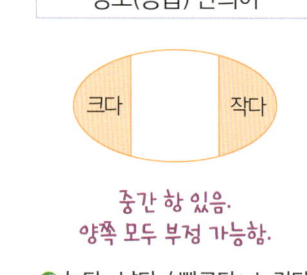

중간 항 있음.
양쪽 모두 부정 가능함.

예 높다-낮다 / 빠르다-느리다

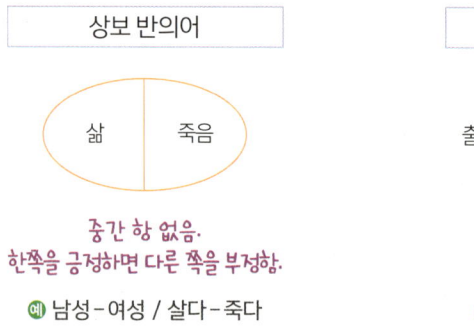

중간 항 없음.
한쪽을 긍정하면 다른 쪽을 부정함.

예 남성-여성 / 살다-죽다

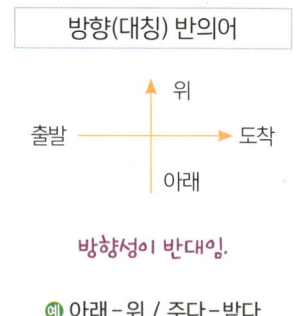

방향성이 반대임.

예 아래-위 / 주다-받다

개념 확인

01 '할아버지:손자'는 상하 관계를 이루는 단어들이다. ○ | ×

02 '살다–죽다'와 '뜨겁다–차갑다'는 반의 관계의 성격이 다르다. ○ | ×

03 '크다/작다'의 경우, 두 단어를 동시에 긍정하거나 부정하면 항상 모순이 발생한다. ○ | ×

04 '웃음>미소'에서 '웃음'은 상의어, '미소'는 하의어가 된다. ○ | ×

05 방향 반의어는 두 단어가 상대적 관계를 형성하며 의미상 대칭을 이루는데 '부모–자식', '주다–받다' 등의 예를 들 수 있다. ○ | ×

06 '연이 바람을 ㉠ 타고 하늘로 올라간다.'와 '그녀는 아버지의 음악적 소질을 ㉡ 타고 태어났다.'에서 ㉠과 ㉡은 서로 의미가 다르다. ○ | ×

07 '친구에게 줄 선물을 예쁜 포장지에 싼다.'의 '싸다'와 '내일 학교에 가려면 책가방을 미리 싸 두어라.'의 '싸다'는 문맥적 의미가 같다. ○ | ×

유형 확인

01 문맥상 ㉠의 의미와 가장 가까운 것은? 2025 지방직 9급

> 천상계와 지상계로 나누어진 영웅 소설의 세계 구조에서 서사적으로 중요한 것은 지상계의 일이지만 인과론적 구도로는 천상계가 우위에 있다. 천상계의 의지나 그 대리자의 개입에 의해서 지상계의 서사가 결정되기 때문이다. 천상계는 지상에서 ㉠ 일어나는 모든 사건의 발생과 귀결을 지배하는 초월적 세계로서, 일시적으로 고난에 빠졌던 주인공이 세상에 창궐한 악을 물리치고 승리하도록 해 주는 근거로 작용한다. 지상의 혼란이나 세계 질서의 모순은 일시적인 것일 뿐 현실의 구체적 갈등에 뿌리를 둔 것이 아니어서 초월적 세계가 이미 설계한 바에 따라 쉽사리 해소된다. 이런 모습의 세계 구조를 '이원적 세계상'이라고 부른다.

① 언니는 뽀얗게 일어나는 물보라에 손을 대었다.
② 그는 가까스로 일어나는 불꽃을 바라보고 있었다.
③ 아침 일찍 일어나는 습관을 들이는 것이 중요하다.
④ 싸움이 일어나는 동안 그는 숨어 있을 수밖에 없었다.

POINT 15 문맥에 맞는 의미의 사용

연습하기 동음이의어와 다의어: 문맥적 의미의 유추

정답과 해설 11쪽

01~17 밑줄 친 단어의 의미와 가장 유사한 것을 고르고, 그 뜻을 구별해 보시오.

01 목숨을 <u>걸다</u>.
① 그는 부당 해고라고 회사에 소송을 <u>걸었다</u>.
② 그는 옷걸이에 옷을 아무렇게나 <u>걸었다</u>.
③ 그는 친구를 보호하기 위해 자신의 직위를 <u>걸었다</u>.

02 답안을 <u>고치다</u>.
① 그는 나무 상자를 고쳐서 개집으로 만들었다.
② 늦잠 자는 습관을 <u>고치기</u>가 쉽지 않다.
③ 목수가 삐걱거리는 마루를 <u>고쳤다</u>.

03 인사를 <u>나누다</u>.
① 다음 글을 세 문단으로 <u>나누어</u> 보시오.
② 그들은 슬픔과 기쁨을 함께 <u>나누며</u> 산다.
③ 우리는 이웃끼리 정을 <u>나누며</u> 산다.

04 <u>다리</u>를 건너다.
① 마을 입구에 돌로 만든 <u>다리</u>가 있다.
② 이 의자는 <u>다리</u>가 하나 부러졌다.
③ 나는 그 사람을 잘 모르니 자네가 <u>다리</u>가 되어 주게나.

05 벽에 등을 <u>대고</u> 앉다.
① 아이는 공책에 책받침을 <u>대고</u> 글을 썼다.
② 나는 그와 서로 등을 <u>대고</u> 앉아 있었다.
③ 나는 수화기를 귀에 가까이 <u>대고</u> 통화를 했다.

06 라디오를 <u>듣다</u>.
① 정치가는 국민의 소리를 <u>들을</u> 줄 알아야 한다.
② 비명 소리를 <u>듣고</u> 밖으로 나갔지만 아무도 없었다.
③ 그는 윗사람들에게 좋은 평을 <u>듣고</u> 있다.

07 돈이 많이 <u>들다</u>.
① 꽃은 해가 잘 <u>드는</u> 데 심어야 한다.
② 언 고기가 익는 데에는 시간이 좀 <u>드는</u> 법이다.
③ 검사는 목격자의 증언을 증거로 <u>들었다</u>.

08 <u>마음</u>이 어진 사람
① 아내는 착한 <u>마음</u>을 가진 사람이다.
② 오늘은 날이 추워 도서관에 갈 <u>마음</u>이 없다.
③ 너무 욕심내지 말고 <u>마음</u>을 비워라.

09 연습 <u>문제</u>
① 학교는 입학 지원자의 감소로 존폐 <u>문제</u>가 거론되었다.
② 그는 학창 시절 늘 <u>문제</u>를 일으키는 학생이었다.
③ 나는 어렵지 않게 <u>문제</u>의 정답을 맞힐 수 있었다.

10 <u>바람</u> 한 점 없다.
① 그는 마루에 앉아 선풍기 <u>바람</u>을 쐬었다.
② 나의 <u>바람</u>대로 내일은 흰 눈이 왔으면 좋겠다.
③ 아이는 축구공에 <u>바람</u>을 가득 넣었다.

| 11 | 조명이 밝다. | ① 이 모임은 언제나 분위기가 밝다.
② 햇불이 밝게 타오르고 있다.
③ 그는 인사성과 예의가 밝은 사람이다. |

| 12 | 난생처음 보는 단어 | ① 여가 시간에는 책을 보는 습관을 들이는 것이 좋다.
② 교차로를 건널 때에는 신호등을 잘 보고 건너야 한다.
③ 그는 연극을 보는 재미로 극장에서 일한다. |

| 13 | 아이가 손을 흔든다. | ① 우리 집에는 늘 자고 가는 손이 많다.
② 범인은 경찰의 손이 미치지 않는 곳으로 도망갔다.
③ 할머니가 손자의 손에 용돈을 쥐여 주었다. |

| 14 | 재판에 지다. | ① 모닥불이 지면서 조금씩 한기를 느끼기 시작했다.
② 당신은 당신이 한 말에 책임을 져야 합니다.
③ 이 경기를 지면 결승 진출이 좌절된다. |

| 15 | 헛다리를 짚다. | ① 시험 문제를 짚어 주었는데도 성적이 좋지 않다.
② 그는 속을 짚어 내기가 어려운 사람이었다.
③ 나는 현기증이 나서 두 손으로 땅을 짚어야 했다. |

| 16 | 아끼던 화초가 죽다. | ① 시계가 죽는 바람에 늦잠을 잤다.
② 원래 그림의 섬세한 선이 다 죽어 버렸다.
③ 집에서 키우던 강아지가 병으로 죽었다. |

| 17 | 마당에 내놓은 음식이 매우 차다. | ① 기자 회견장은 취재 기자들로 가득 차서 들어갈 틈도 없었다.
② 마당에는 햇살이 비치고 있지만 방 안은 아직도 싸늘하게 차다.
③ 그는 상대편 선수를 발로 차는 비신사적인 행동을 했다. |

18~20 밑줄 친 단어의 의미를 〈보기〉에서 고르시오.

보기

고르다¹ 「동사」 ① 여럿 중에서 가려내거나 뽑다.

고르다² 「동사」 ② 울퉁불퉁한 것을 평평하게 하거나 들쭉날쭉한 것을 가지런하게 하다.

고르다³ 「형용사」 ③ 여럿이 다 높낮이, 크기, 양 따위의 차이가 없이 한결같다.
　　　　　　　　　④ 상태가 정상적으로 순조롭다.

---

18 방바닥이 고르지 않고 울퉁불퉁하다.

19 여기 쌓인 책들 중에 아무것이나 골라 내용을 살펴보자.

20 울퉁불퉁한 곳을 흙으로 메워 판판하게 골라 놓았다.

중의적 표현과 잉여적 표현

> **개념 POINT!**
> 1. 중의성은 어휘적 중의성, 은유적 중의성, 구조적 중의성으로 나뉜다.
> 2. 중의성은 ① 수식어를 피수식어 바로 앞으로 옮기거나, ② 보조사를 활용하여 의미를 한정하거나, ③ 쉼표를 사용하여 해소한다.

1 중의적 표현

① 어휘적 중의성 예 저 배를 보세요. → 복부/선박/과일

② 은유적 중의성 예 우리 선생님은 호랑이야. → ① 호랑이처럼 무섭다. ② 호랑이 역을 맡았다.

③ 구조적 중의성
  예 · 용감한 그의 아버지는 적군을 향해 돌진했다. → '용감한'이 누구를 수식하는지 모호함.
  · 선생님이 보고 싶은 학생이 많다. → '보고 싶은'의 주체가 누구인지 모호함.
  · 철이와 영선이는 결혼했다. → 각각 결혼했는지, 함께 결혼했는지 모호함.
  · 남편은 나보다 비디오를 더 좋아한다. → 정도의 문제인지, 대상의 문제인지 모호함.
  · 어머니께서 사과와 귤 두 개를 주셨다. → 합쳐서 두 개인지, 각각 두 개인지, 사과 하나와 귤 두 개인지 모호함.
  · 이것은 아버지의 그림이다. → ① 아버지가 그리신 ② 아버지를 그린 ③ 아버지가 소유한
  · 잔치에 초대한 친구가 다 오지 않았어요. → 모두 안 왔는지, 일부가 안 왔는지 모호함.
  · 그는 신발을 신고 있다. → 완료를 나타내는지, 진행을 나타내는지 모호함.
  · 그는 무릎을 꿇었다. → 신체 부위를 꿇은 것인지, 굴복한다는 의미인지 모호함.

2 잉여적 표현

의미상 불필요한 말이 사용된 표현으로, 주로 한자어와 우리말을 겹쳐서 쓸 때 발생한다.
  예 · 역전(驛前) 앞, 남은 여생(餘生), 근거 없는 낭설(浪說),
  · 불필요한 부분은 삭제(削除)하여 빼도록 합시다.
  · 모든 폭력을 완전히 근절(根絶)해야 합니다.
  · 돌이켜 회고(回顧)해 보건대, 나의 뇌리(腦裏) 속을 스치는 기억 하나가 있었다.
  · 공기(空氣)를 자주 환기(換氣)시켜야 한다는 의견이 과반수(過半數) 이상(以上)의 찬성을 얻었다.
  · 그것은 보는 관점(觀點)에 따라 달라질 수 있으니 자신이 이미 가지고 있던 기존(旣存)의 생각만을 고집해서는 안 된다.

개념 확인

01 '시장은 시민의 안전에 관하여 건설업계 관계자들과 논의하였다.'는 문장의 중의성을 해소하기 위해 '시장은 건설업계 관계자들과 시민의 안전에 관하여 논의하였다.'로 수정해야 한다. 인혁처 2차 예시 문제 ○ | ✕

02 '사람들이 다 오지 않았다.'는 중의적인 문장이 아니다. ○ | ✕

03 '그는 마음씨 좋은 할머니의 손자이다.'를 '그는 마음씨가 좋은 할머니의 손자이다.'로 고치면 중의성이 해소된다. ○ | ✕

04 '동생은 형보다 장난감을 더 좋아한다.'는 비교 대상이 모호하기 때문에 문장이 어색하다. ○ | ✕

05 '의약품 용어 표준화를 위한 자문 회의 참석 안내 알림'은 의미의 중복이 나타나는 문장이다. 인혁처 1차 예시 문제 ○ | ✕

06 '발언자마다 각각 다른 주장을 편다.'는 의미의 중복이 나타나는 문장이다. ○ | ✕

07 '나는 아무 생각 없이 길거리를 도보로 걸었다.'는 의미의 중복이 없는 문장이다. ○ | ✕

유형 확인

01 다음 글을 바탕으로 할 때, 문장의 의미가 가장 명확한 것은?

> 하나의 언어 표현이 두 가지 이상의 의미로 해석될 여지가 있는 것을 중의성이라고 하고, 중의성을 띤 문장을 중의문이라고 한다.

① 그는 똑똑한 그녀의 언니를 좋아한다.
② 철수는 고향에서 온 친구를 어제 만났다.
③ 훈민이는 모임에 혼자 안 갔다고 말했다.
④ 아기는 웃으면서 들어오는 아빠에게 안겼다.

02 다음 글을 참고할 때, 의미의 중복이 없이 자연스러운 문장은?

> 의미상 불필요한 말이 사용된 표현을 의미의 중복, 의미의 중첩이라고 한다. '역전 앞'은 '역전(驛前)'의 '전(前)'에 이미 '앞'이라는 의미가 포함되어 있기 때문에 의미의 중복이 나타난다.

① 우리는 지금 성공과 실패의 중대한 기로에 서 있습니다.
② 참석자의 과반수 이상이 그 안건에 찬성하였다.
③ 요즘 직장인들은 남은 여가를 활용하여 운동을 한다.
④ 그 문제는 다음 회의에서 다시 재론을 하기로 결정하였다.

PART 2
공문서 수정하기

POINT 01~10

공문서 수정하기 ①
: 올바른 문장 쓰기

	Yes	No
개념 이해	□	□
지문 이해	□	□

> **개념 POINT!**
> 1. 한국어는 주어가 앞에, 서술어가 맨 뒤에 위치하기 때문에 주술 호응을 틀리는 경우가 많다. 특히 서술어의 쓰임을 염두에 두고 문장을 분석하자.
> 2. 올바른 문장 구조는 '주술 호응 → 생략된 성분 확인 → 병렬 구조'를 살피면서 파악한다.

올바른 문장을 쓰기 위해서는 문장의 호응 및 병렬 구조를 주의 깊게 살펴야 한다. 병렬 구조란 문장의 어구가 연결될 때, 의미뿐만이 아니라 문법적 구성이 평행 관계를 이루는 것을 말한다. 다음의 순서로 문장의 구조를 분석하는 연습을 하면서, 올바른 문장 구성에 대해 학습하자.

1 호응을 확인하자 → 호응은 서술어를 중심으로 파악하라

① 이 사업의 긍정적인 점은 일자리 사업에 참여하신 어르신들의 만족도가 높았다.
→ 이 사업의 긍정적인 점은 ~ 높았다는 것이다: 주어가 '관형어 + 체언'인 경우, 서술어도 이에 맞추어 주어야 함.

② 현재의 복지 정책은 앞으로 손질이 불가피할 전망입니다.
→ 현재의 복지 정책은 ~ 불가피할 것으로 전망됩니다: 주술 호응의 오류

③ 아래에 제시된 자료를 살펴보면, 2000년대 이후 복지 정책에 큰 변화가 일어나고 있다.
→ ~ 큰 변화가 일어나고 있음을 알 수 있다: 주술 호응의 오류. 두 절의 주어를 일치시켜야 함.

2 생략된 성분을 확인하자 → 주어, 목적어, 필수 부사어를 확인하라

① 본격적인 공사가 언제 시작되고, 언제 개통될지 모른다.
→ ~ 도로가 언제 개통될지 모른다: 필수 성분인 주어가 생략됨.

② 모두 흥에 겨워 춤과 노래를 부르고 있다.
→ ~ 춤을 추고 노래를 부르고 있다: 필수 성분인 서술어가 생략됨.

③ 철수는 지금 당장 유학을 가려고 했지만, 자신의 경제적 사정을 고려하지 않은 성급한 결정이었다.
→ ~ 이것은 자신의 경제적 사정을 ~: 필수 성분인 주어가 생략됨.

3 연결되는 자리의 앞뒤를 확인하자 → 병렬 구조에 유의하라

① 우리나라의 에너지 절약 및 근무 능률을 향상시키는 데 노력하자.
→ 에너지를 절약하고 + (목적어+서술어)

② 우리는 균형 있는 식단 마련과 쾌적한 실내 분위기를 조성하는 노력을 해 왔다.
→ 균형 있는 식단을 마련하고 + (목적어+서술어)

③ 미세 먼지는 평년 수준 또는 약간 감소한 것으로 나타났습니다.
→ (미세 먼지는) 평년 수준을 유지하거나 + (미세 먼지는) 약간 감소한

유형 확인

01 〈공공 언어 바로 쓰기 원칙〉에 따라 〈공문서〉의 ㉠~㉣을 수정한 것으로 적절하지 않은 것은? 인혁처 1차 예시 문제

〈공공 언어 바로 쓰기 원칙〉

• 중복되는 표현을 삼갈 것
• 대등한 것끼리 접속할 때는 구조가 같은 표현을 사용할 것
• 주어와 서술어를 호응시킬 것
• 필요한 문장 성분이 생략되지 않도록 할 것

〈공문서〉

한국의약품정보원

수신: 국립국어원

(경유)

제목: 의약품 용어 표준화를 위한 자문 회의 참석 ㉠<u>안내 알림</u>

---

1. ㉡<u>표준적인 언어생활의 확립과 일상적인 국어 생활을 향상하기 위해</u> 일하시는 귀 원의 노고에 감사드립니다.

2. 본원은 국내 유일의 의약품 관련 비영리 재단 법인으로서 의약품에 관한 ㉢<u>표준 정보가 제공되고 있습니다.</u>

3. 의약품의 표준 용어 체계를 구축하고 ㉣<u>일반 국민도 알기 쉬운 표현으로 개선하여</u> 안전한 의약품 사용 환경을 마련하기 위해 자문 회의를 개최하니 귀 원의 연구원이 참석해 주시기를 바랍니다.

---

① ㉠: 안내
② ㉡: 표준적인 언어생활을 확립하고 일상적인 국어 생활의 향상을 위해
③ ㉢: 표준 정보를 제공하고 있습니다
④ ㉣: 의약품 용어를 일반 국민도 알기 쉬운 표현으로 개선하여

POINT 01 공문서 수정하기 ①: 올바른 문장 쓰기

연습하기 1

정답과 해설 13쪽

01~03 다음 글을 고쳐 쓰기 위한 의견이 맞으면 ○, 틀리면 ×를 하시오.

> 여성 폐암 환자의 경우에는 비흡연자가 많은데, 흔히 폐암은 흡연으로 인한 병이라는 인식이 강한 ㉠ 탓에, 여성들은 증상이 있어도 이를 간과하기 쉽다. 비흡연 여성에게서 폐암이 발생하는 이유는 무엇일까? ㉡ <u>최근 주목을 받고 있는 가설은 음식 조리에 의한 오염 물질 때문에 폐암이 발생한다.</u> ㉢ <u>세계 보건 기구[WHO] 산하 국제 암 연구소는 요리할 때 발생하는 연기와 미세 먼지 등이 암을 유발할 수 있다.</u> 중국의 역학 조사에서도 요리를 자주하는 여성이 그렇지 않은 여성에 비해 폐암 발생률이 3.4~8배나 높았다. 또한 요리할 때 발생하는 미세 먼지 농도가 10㎍/m³ 상승할 때마다 폐암 발생 위험이 22% 증가했다는 덴마크의 연구 결과도 있다.

01 ㉠은 문맥에 어울리지 않는 단어이므로 '덕'으로 바꾸는 것이 좋다. ○ | ×

02 ㉡은 주어와 서술어의 호응이 어색하므로, '~ 음식 조리에 의한 오염 물질 때문에 폐암이 발생한다는 것이다'로 고쳐 쓴다. ○ | ×

03 ㉢은 주어와 서술어의 호응을 고려하여, '세계 보건 기구[WHO] 산하 국제 암 연구소는 ~ 미세 먼지 등에 의해서 암이 유발될 수 있다'로 고친다. ○ | ×

04~06 다음 글을 고쳐 쓰기 위한 의견이 맞으면 ○, 틀리면 ×를 하시오.

> 우리나라의 지역 축제는 지방 자치 제도의 실시 이후, 단기간에 양적으로 급증하였다. 지역 축제는 ㉠ <u>지역 특색의 홍보와</u> 지역 주민의 결속을 다질 뿐만 아니라 경제적 효과도 거둘 수 있는 일종의 문화 산업이라고 할 수 있다. 이런 까닭으로 지방 자치 단체들은 앞다투어 다양한 축제를 개최하고 있다. 특산물 홍보를 위한 축제, 문화재를 활용한 축제, 지역 산업 활성화를 위한 영상 문화 축제 등이 그것이다. 그러나 ㉡ <u>우려되는 문제는</u> 이러한 지역 축제가 무분별하게 치러지고 있다. 치밀한 준비 과정 없이 일단 벌이고 보자는 식으로 축제를 시행하다 보니 축제에 대한 외지인의 호응도 적고 지역 주민의 참여도 저조하다. 언론에서는 지역에서 무차별적으로 행사를 거행해 선심성, 낭비성 행사가 많다고 비판한다.
> 지역 축제를 활성화하고 정착시키기 위해서는 주제가 중복되는 축제를 줄이고, ㉢ <u>적극적으로 참여하는</u> 축제 문화로 만들어 가야 한다. 올바른 지역 축제 문화의 정착이 지방 자치 제도 연착륙의 발판이 될 것이다.

04 ㉠은 문장의 병렬 구조를 고려하여 '지역의 특색을 홍보하고 ~'로 바꾸는 것이 자연스럽다. ○ | ×

05 ㉡은 주술 호응이 맞지 않으므로 '우려되는 문제는 ~ 치러지고 있기 때문이다'로 고쳐 쓴다. ○ | ×

06 ㉢의 앞에는 '지역 주민이'와 같은 적절한 주어를 넣어 주어야 한다. ○ | ×

07~20 다음 문장을 올바른 표현으로 고치시오.

07 생선의 신선도는 눈보다 아가미를 보고 고르는 것이 요령이다.
➡

08 내 생각은 집을 사서 이사하는 것이 좋겠다고 결정했다.
➡

09 현재의 복지 정책은 앞으로 손질이 불가피할 전망입니다.
➡

10 문학은 다양한 삶의 체험을 보여 주는 예술의 장르로서 문학을 즐길 예술적 본능을 지닌다.
➡

11 이 난로는 그을음과 열효율을 높이기 위하여 개발되었다.
➡

12 학교에서는 학생들의 건강과 쾌적한 교실 환경을 조성하기 위하여 공기 청정기를 설치하기로 하였다.
➡

13 이 연극에서 배우들과 무대 장치들이 기능을 얼마나 발휘할지 모르겠다.
➡

14 길을 다니거나 놀 때에는 차를 조심해야 한다.
➡

15 회사는 방송 판매를 통해 얻은 수익금 일부를 활용할 방침이다.
➡

16 신은 인간을 사랑하기도 하지만 시련을 주기도 한다.
➡

17 사고 원인 파악과 재발 방지 대책을 조속히 마련하겠습니다.
➡

18 신록의 계절에 귀하의 건승과 가정에 평안하심을 기원합니다.
➡

19 카메라 기능은 빠지고 문서 작성 기능만 살렸습니다.
➡

20 1반 축구팀은 불안한 수비와 문전 처리가 미숙하여 2반 축구팀에 패배하였다.
➡

POINT 01 공문서 수정하기 ①: 올바른 문장 쓰기

연습하기 2 다음 문장을 올바른 표현으로 고치시오.

정답과 해설 14쪽

01~21 올바른 조사와 어미의 사용

01 우리 연구부는 기술 개발의 산실로써 그 역할을 다하고 있습니다.
→

02 선거를 앞두고 후보자들은 진지한 연설로서 청중들을 설득했다.
→

03 정부 지원 단체의 비리가 발견되어 시민 단체에 고발된 것이 이번으로서 세 번째다.
→

04 시민 단체는 정부 당국에게 건의 사항을 전달했다.
→

05 ○○구청은 가로수 보호를 위해 나무에게 물을 주는 기계식 분사 장치를 구비하기로 하였다.
→

06 서울시는 영유아에게 한하여 무료 검진 서비스를 제공하기로 하였다.
→

07 설계도에 정한 기준에 따라 건축 면적을 산정해 보아라.
→

08 콩이 폐경 전 여성에서 유방암 발병을 억제한다고 알려져 있다.
→

09 A 후보자는 B 후보자의 정책이 옳지 않다라고 토론회에서 강하게 주장하였다.
→

10 대규모 소요 사태가 일어난 후 A는 "사람들이 매우 흥분해서 상황이 좋지 않았다."고 말했다.
→

11 그는 절전형 기기 보급 제도가 에너지를 합리적이고 효율적인 이용을 증진한다고 말했다.
➡

12 여러분과 여러분 가정에 행운이 가득하기를 기원하는 것으로 치사에 갈음합니다.
➡

13 이것은 숙취 해소에 좋은, 우리나라의 배로 갈아 만든 주스입니다.
➡

14 이번 기회에 작업복이 튼튼하고 활동하기에 편한 것으로 바꾸어야 한다.
➡

15 기자는 사회의 모순과 비리를 파헤치는 것을 앞장서야 한다.
➡

16 이곳을 마음대로 출입하거나 쓰레기를 무단으로 투기하는 행위는 법에 저촉됩니다.
➡

17 A 정치가는 술이 너무 많이 취해서 기억이 안 난다고 말하면서 혐의를 부정했다.
➡

18 ○○부는 이번 인사는 능력과 세대교체를 가장 염두해 두었다고 발표했다.
➡

19 정부는 금리를 올리던지 내리던지, 확고한 결단을 내려야 한다.
➡

20 이 일은 고도의 기술이 필요함으로 기존의 인력이 전문 인력으로 대체되었다.
➡

21 검찰이 성역 없는 수사를 한다고 해서 수사 결과를 두고 보겠다.
➡

POINT 01 공문서 수정하기 ①: 올바른 문장 쓰기

22~28 사동문과 피동문의 오류

22 기상청은 당분간 하늘이 맑게 개인 포근한 날씨가 계속될 것이라고 예보했다.
➡

23 비가 그친 것이 하늘이 곧 맑아질 것처럼 보여집니다.
➡

24 행정부 관계자는 주요 산업 육성을 위해 좋은 인재가 있으면 소개시켜 달라고 요청했다.
➡

25 이는 환경 보호를 위한 조치를 강화시킨 대표적인 예라고 할 수 있다.
➡

26 올해는 지난해 하위 팀들이 좋은 성적을 거둘 것으로 예상되어집니다.
➡

27 화재가 발생했지만 비상문이 열려져 있어 신속하게 대피할 수 있었다.
➡

28 요즘 리셋 증후군이 인터넷 중독의 한 유형으로 꼽혀지고 있다.
➡

29~31 중의적 표현

29 인사 혁신처의 주무관은 국어 출제 담당자와 영어 출제 담당자를 만났다.
➡

30 국민의 안전을 지키는 여러분의 경찰이 될 것입니다.
➡

31 부채 비율 축소나 계열사 정리 등에 여력이 없는 재벌이 당장 투자에 눈을 돌리기는 어려울 것이다.
➡

32~38 잉여적 표현

32 참석자의 과반수 이상이 그 안건에 찬성하였다.
➡

33 그 문제에 대해서는 더 이상 다시 재론할 필요가 없다.
➡

34 요즘 들어 여러 가지 제반 문제들이 한국 사회를 힘들게 한다.
➡

35 언어의 의미 변화가 왜 일어나는가의 원인을 살펴보기로 한다.
➡

36 이곳은 개인이 소유하고 있는 사유지로 무단 출입을 금합니다.
➡

37 우리 부서는 사치 풍조를 완전히 근절하기 위해 노력하는 홍보 행사에 앞장서기로 했다.
➡

38 나이가 어린 연소자는 탑승할 수 없습니다.
➡

39~43 틀리기 쉬운 용언의 활용

39 국방부는 어린이날을 기념하여 하늘을 날으는 신형 전투기를 새로이 공개하였다.
➡

40 경기 침체가 가속화되자 지자체들은 소상공인 지원 행사를 열음으로써 지역 경제를 살리려 했다.
➡

41 정부 관계자는 지금이 경기 부양책을 펴기에 알맞는 시점이라고 발표했다.
➡

42 계속된 중미 무역 분쟁으로 인해 결국 세계 경제는 엄청난 대가를 치뤄야 할 위기에 처했다.
➡

43 우리 정부는 이번 한미 관세 협약에서 만족스런 결과를 얻었다고 발표했다.
➡

44~47 올바른 문장 구조

44 지금까지는 문제를 회피하기만 했지만 이제는 문제 해결 방법을 찾을 때도 되었다는 생각이다.
➡

45 다음의 통계 자료를 살펴보면, 2000년대 이후 복지 정책에 큰 변화가 일어나고 있다.
➡

46 정부의 경제 활성화 대책은 손질이 불가피할 전망입니다.
➡

47 해안선에서 200미터 이내의 수역을 제외된 상태에서 논의를 진행하도록 하겠습니다.
➡

48~59 필요한 문장 성분의 생략

48 이 진공청소기는 소음과 제동력을 높이기 위해 개발된 제품이다.
➡

49 엘리베이터가 멈추었을 때 문에 기대거나 강제로 열려고 하면 안 됩니다.
➡

50 가능한 빠른 시일 내에 일을 마무리 짓도록 하시오.
➡

51 이 제품을 사용하다가 궁금한 점이나 고장이 났을 때에는 바로 연락을 주시기 바랍니다.
➡

52 작성 내용의 수정 또는 신청인의 서명이 없는 서류는 무효입니다.
➡

53 공단기는 정확한 수험 정보와 높은 적중률을 제공합니다.
➡

54 여야 간에 대화의 시도는 계속되고 있으나, 불필요한 공방으로 인하여 지연되고 있다.
➡

55 주민들은 현재 보상 거부와 토지 재평가를 주장하고 있습니다.
➡

56 사회 현실과 사회적 책임을 다하는 것이 공직자의 바른 자세이다.
➡

57 사고 원인 파악과 재발 방지 대책을 조속히 마련할 것을 지시하였습니다.
➡

58 소외된 이웃에 대한 인식의 변화와 관심이 높아지고 있다.
➡

59 우리가 플라스틱의 사용을 줄인다면 자원의 낭비와 깨끗한 환경도 유지할 수 있다.
➡

60~62 관형화·명사화 구성

60 당국은 다음과 같은 정책 과제를 중점 추진하겠다고 밝혔다.
➡

61 교통 통제로 인한 전 구간 차량 진행의 더딤을 보이고 있습니다.
➡

62 그는 권장 도서 목록 선정 기준의 알 수 없음에 불만을 터뜨렸다.
➡

63~65 번역 투의 영향을 받은 표현

63 오늘 오후에 팀 전체가 모여 회의를 갖겠습니다.
➡

64 이번 방학에 외가댁을 방문할 계획을 가지고 있다.
➡

65 이러한 주장은 지역 이기주의에 다름 아니다.
➡

공문서 수정하기 ②
: 올바른 문장 부호

개념 POINT!
1. 공문서에서 자주 쓰이는 올바른 문장 부호를 익힌다.
2. 예문에 적용하여 올바르게 표기하도록 연습한다.

1 주요 문장 부호

① 마침표(.)는 문장의 끝에 쓰지만, **제목이나 표어에는 쓰지 않는다**. 예) 압록강은 흐른다 / 꺼진 불도 다시 보자

② 마침표(.)는 아라비아 숫자만으로 **연월일을 표시할 때, 끝까지 찍는다**. 예) 1919. 3. 1.

③ 마침표(.)는 **특정한 의미가 있는 날**을 표시할 때, 아라비아 숫자 사이에 쓴다(가운뎃점도 허용).
예) 3.1 운동(3·1 운동) / 8.15 광복(8·15 광복)

④ 물음표(?)는 **선택적인 물음**이 이어질 때는 맨 끝에 한 번만 쓰고, 각 **물음이 독립적일 때**는 각각의 뒤에 쓴다.
예) 너는 중학생이냐, 고등학생이냐? / 언제 왔니? 어디서 왔니?

⑤ 물음표(?)는 **의심, 빈정거림 등**을 표시할 때, 또는 적절한 말을 쓰기 어려울 때 **소괄호(( )) 안**에 쓴다.
예) 30점이라, 거참 훌륭한(?) 성적이군.

⑥ 가운뎃점(·)은 일정한 기준으로 묶어서 나타내거나 짝을 이루는 어구들 사이에 쓴다.
예) 닭·지네, 개·고양이는 상극이다. / 수질의 조사·분석(수질의 조사, 분석)

⑦ 쌍점(:)은 표제 다음에 해당 항목을 들거나 설명을 붙일 때 쓴다.
예) 문방사우: 종이, 붓, 먹, 벼루 / 일시: 2014년 10월 9일 10시

⑧ 큰따옴표(" ")는 인용에 쓴다. 단, 인용한 말 안에 있는 인용한 말을 나타낼 때는 **작은따옴표(' ')**를 쓴다.
예) 그는 "여러분! '시작이 반이다.'라는 말 들어 보셨죠?"라고 말했다.

⑨ 소괄호(( ))는 **주석이나 보충적인 내용**을 덧붙일 때, **우리말 표기와 원어 표기**를 아울러 보일 때 쓴다.
예) 니체(독일의 철학자) / 자세(姿勢) / 커피(coffee)

⑩ 대괄호([ ])는 괄호를 겹쳐 쓸 때, 바깥쪽의 괄호로 쓴다. 또한 **고유어에 대응하는 한자어**를 함께 보일 때 쓴다.
예) 젊음[희망(希望)의 다른 이름]은 소중하다. / 나이[年歲], 낱말[單語]

⑪ **책의 제목이나 신문 이름 등**을 나타낼 때는 겹낫표(『 』), 겹화살괄호(《 》) 또는 큰따옴표(" ")를 쓸 수 있다. **소제목, 그림이나 노래와 같은 예술 작품의 제목, 상호, 법률, 규정 등**을 나타낼 때는 홑낫표(「 」), 홑화살괄호(〈 〉) 또는 작은따옴표(' ')를 쓸 수 있다.
예) · 《한성순보》는 우리나라 최초의 근대 신문이다.
　　· 〈한강〉은 사진집 《아름다운 땅》에 실린 작품이다.

개념 확인

01 '2025. 9. 19'에서 연월일을 숫자로만 쓸 때에는 마지막에 마침표를 찍지 않는다. ○ | ×

02 한 문장 안에 몇 개의 선택적인 물음이 이어질 때 각 물음의 뒤에 물음표를 쓴다. ○ | ×

03 '꺼진 불도 다시 보자'는 마침표가 없는 것으로 보아 제목이나 표어임을 알 수 있다. ○ | ×

04 나라들이 무역 장벽을 제거하여 무역을 자유롭게 하는 협정이 자유 무역 협정(FTA)이다. → 문장 부호의 사용이 옳지 않다. ○ | ×

05 젊음[희망(希望)의 다른 이름]은 가장 아름다운 꽃이다. → 묶음표의 쓰임이 잘못되었다. ○ | ×

06~09 잘못된 문장 부호를 바르게 고치시오.

06 너는 학생이냐? 군인이냐? 사회인이냐?

07 지금 필요한 것은 "지식"이 아니라 "실천"이다.

08 그는 글에 적절한 낱말(單語)을 사전(辭典)에서 찾고 있다.

09 《서시》는 윤동주의 유고 시집 [하늘과 바람과 별과 시]에 수록되어 있다.

유형 확인

01 다음 공문서에서 잘못된 문장 부호를 바르게 고치시오.

제목 : 3 / 4 분기 직무 연수 안내

　우리 부 직원들의 정보화 및 사무 자동화 능력 향상을 통해 업무 효율화에 기여하고자 아래와 같이 직무 연수를 진행합니다. 원활한 진행을 위해 신청 기간(20○○. 10. 8.(화)~20○○. 10. 11.(금))을 엄수하여 주시기 바랍니다.

- 아래 -

1. 신청 방법: 온라인 신청
2. 신청 기간: 20○○. 10. 8[화] ~ 10. 11[금]
3. 연수 일시: 20○○. 10. 25.(금) 14: 00~18: 00
4. 연수 대상: 우리 부 직원 누구나, 나이(年齡) 제한 없음.
5. 연수 장소: 5층 소회의실
6. 연수 비용: 무료
7. 혜택: 연수를 수료하시는 분들에게는 〈OA, 어렵지 않아요!〉 책을 증정합니다.

POINT 03 공문서 수정하기 ③
: 문법성에 따라 구별되는 표기

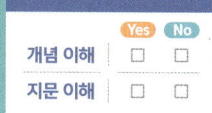

개념 POINT!
1. 형태는 비슷하지만 문법적 의미가 다른 주요 표기들을 정리해 두자.
2. 특히 공문서를 작성할 때 올바른 표기를 사용하도록 확실하게 학습한다.

❶ **로서/로써**
- 로서: 지위나 신분 또는 자격을 나타내는 격 조사
  - 예) 그것은 교사로서 할 일이 아니다.
- 로써: 재료나 원료, 수단이나 도구를 나타냄. 또는 시간을 셈할 때 한계를 나타냄.
  - 예) 쌀로써 떡을 만든다. / 고향을 떠난 지 올해로써 20년이 된다.

❷ **-대/-데**
- -대: '-다고 해'의 준말로, 간접 경험을 나타냄. / 어떤 사실에 대한 의문이나 못마땅함 등을 나타냄.
  - 예) · 김 씨는 어렸을 때부터 착했대. / 사람들이 그러는데 진옥이가 예쁘대.
  - · 왜 이렇게 일이 많대?
- -데: '-더라'의 뜻으로, 직접 경험을 나타냄.
  - 예) 사진을 보니 옛날에는 참 예뻤데. / 그 아이가 밥을 잘 먹데.

❸ **-던/-든**
- -던: 과거의 사건을 나타냄.
  - 예) 이것은 원시인이 사용하였던 돌칼이다.
- -든: 선택의 뜻으로, '-든지'의 준말
  - 예) 노래를 부르든 춤을 추든 한 가지는 해야 한다.

❹ **그러고/그리고**
- 그러고: '그리하고'가 줄어든 말
  - 예) 밥을 먹었다. 그러고 나서 물을 마셨다.
- 그리고: 단어, 구, 절, 문장 따위를 병렬적으로 연결할 때 쓰는 접속 부사
  - 예) 밥을 먹었다. 그리고 물을 마셨다.

❺ **-(으)므로/(-ㅁ, -음)으로(써)**
- -(으)므로: 까닭이나 근거를 나타내는 연결 어미
  - 예) 비가 오므로 외출하지 않았다.
- (-ㅁ, -음)으로(써): '-는 것으로(써)'라는 수단 또는 방법의 의미
  - 예) 담배를 끊음으로써 용돈을 줄이겠다.

68 수비니겨 공문서와 문법 독해

개념 확인

01 '내가 옆에 서 봤는데 농구 선수가 크긴 크데.'에서 '크데'는 적절한 표기이다. ○ | ×

02 '김 과장은 <u>그러고 나서</u> 서류를 보완해 달라고 했다.'는 밑줄 친 부분이 바르게 쓰이지 않았다. ○ | ×

03 '민원이 발생할 경우 매뉴얼대로 대응하므로써 혼란이 생기지 않도록 할 것'에서 '대응하므로써'는 틀린 표기이다. ○ | ×

유형 확인

01 다음 글을 읽고 수정한 내용으로 적절하지 않은 것은?

> 우리말에는 형태가 유사하여 혼동이 되는 말들이 있는데, 실생활에서 잘못 쓰는 일이 많이 있으므로 주의할 필요가 있다. 몇 가지 예를 살펴보자.
> '-노라고'는 자기 나름대로 꽤 노력했음을 나타내는 말로 '하노라고 한 것이 이 모양이다.'와 같이 쓰이고, '-느라고'는 앞의 내용이 뒤에 오는 내용의 목적이나 원인이 됨을 나타내는 말로 '공부하느라고 밤을 새웠다.'와 같이 쓰인다.
> '-대'는 '사람들이 그러는데 철수가 아주 똑똑하대.'와 같이 직접 경험한 사실이 아니라 남이 말한 내용을 간접적으로 전달할 때 쓰이거나, '왜 이렇게 일이 많대?'와 같이 어떤 사실에 대한 의문이나 못마땅함 등을 나타낼 때 쓰인다. 반면 '-데'는 '어제 보니 그이가 말을 아주 잘하데.'와 같이 화자가 직접 경험한 사실을 나중에 보고하듯이 말할 때 쓰이는 말로 '-더라'와 같은 의미를 전달한다.
> '-든(지)'는 선택의 의미를 지닌 말로 '배든지 사과든지 마음대로 먹어라.'와 같이 쓰이고, '-던(지)'는 과거 경험과 관계된 말로 '얼마나 놀랐던지 몰라.'와 같이 쓰인다.
> 마지막으로 '(으)로서'는 '지위나 신분, 자격'을 나타내는 말로 '사람으로서 그럴 수는 없다.'와 같이 쓰이고, '(으)로써'는 '재료, 수단, 도구' 등을 나타내는 말로 '닭으로써 꿩을 대신했다.'와 같이 쓰인다.

① '신입 사원 딴에는 열심히 보고서를 쓰느라고 쓴 것이다.'에서 '쓰느라고'는 자기 나름대로 꽤 노력했음을 나타낼 수 있도록 '쓰노라고'로 수정한다.

② '하필이면 야유회 날에 왜 이렇게 춥대?'의 '춥대'는 과거에 직접 경험한 사실을 나중에 보고한다는 의미를 나타낼 수 있도록 '춥데'로 수정한다.

③ '작성한 문서를 검토하던지 말던지 마음대로 하십시오.'에서 '검토하던지 말던지'는 어느 것이든 선택될 수 있음을 나타내도록 '검토하든지 말든지'로 수정한다.

④ '이재민들은 눈물로서 고통을 호소하였다.'에서 '눈물로서'는 수단이나 도구를 나타내도록 '눈물로써'로 수정한다.

POINT 04 공문서 수정하기 ④ : 두음 법칙과 사이시옷의 표기

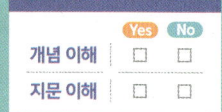
개념 이해
지문 이해

개념 POINT!

1. **두음 법칙**은 한자음 '녀, 뇨, 뉴, 니'와 'ㄹ' 음이 첫소리에 올 수 없는 법칙이다. 한자음을 확인하고, 첫 음의 조건을 살펴보도록 한다.
2. **사이시옷**은 합성 명사에서 사잇소리가 나는 것을 알려 주는 표기 방식이다. 따라서 사잇소리가 나는지를 살펴본 뒤, 법칙을 적용하도록 한다.

1 두음 법칙의 적용

년-리률(年利率) ⟶ 연-이율

① 한자음 '녀, 뇨, 뉴, 니'와 'ㄹ' 음을 찾는다.

女 年 念 / 欄 樂 冷 量 聯 老 雷 樓 率 陵 利
녀 년 념   란 락 랭 량 련 로 뢰 루 률 릉 리

② 찾은 한자음이 단어의 첫음절이거나, 독립된 단위의 앞에 놓였는지를 확인한다.
- 락뢰(落雷) → 낙뢰
  1 2   1
- 랭랭(冷冷)하다 → 냉랭하다
  1 2   1
→ 첫음절만 바뀜.

예) · 남녀(男女), 광한루(廣寒樓), 급랭(急冷), 생로병사(生老病死), 고랭지(高冷地)
  · 신-여성(新女性), 중-노동(重勞動), 공-염불(空念佛), 실-낙원(失樂園)
  · 남존-여비(男尊女卑), 남부-여대(男負女戴), 사상-누각(沙上樓閣), 회계 연도(會計年度)

③ 고유어나 외래어가 결합된 합성어의 경우, 한자어의 자리만 확인한다.
예) · 일양(量), 구름양(量), 알칼리양(量), 어머니난(欄), 토픽난(欄) → 한자어의 첫음절임.
  · 노동량(勞動量), 작업량(作業量), 가정란(家庭欄), 투고란(投稿欄), 태릉(泰陵) → 첫음절이 아님.

2 두음 법칙의 예외

① 모음이나 'ㄴ' 받침 뒤에 이어지는 '렬/률'은 '열/율'로 적는다.
예) 명중률(命中率), 성공률(成功率), 합격률(合格率) / 백분율(百分率), 선열(先烈), 균열(龜裂)

② 의존 명사는 그 의존성을 고려하여 두음 법칙을 적용하지 아니하고 본음대로 적는다.
예) 국제 평화 협정은 1994년도에 체결되었다.

3 사이시옷의 표기

① 사잇소리가 나는 단어인지 확인한다.
  - 예) 머리말, 머리글, 예사말(例事말), 인사말(人事말), 반대말(反對말): 사잇소리가 나지 않으므로 사이시옷을 표기하지 않음.

② 다음의 세 가지 조건을 확인한다.
  ① 명사 + 명사일 것(합성어) 비교 해님, 나라님
  ② 앞 명사는 모음으로 끝나고 뒤의 명사는 예사소리일 것 비교 개펄, 나루터, 뒤편, 뒤치다꺼리, 위층 / 위쪽, 뒤뜰
  ③ 앞뒤 명사 중 최소한 하나는 순우리말일 것
    - 예) · 푸줏간(푸줏間), 고깃간(고깃間) VS 기차간(汽車間), 마구간(馬廄間), 수라간(水剌▽間)
      · 개수(個數), 구두점(句讀點), 맥주잔(麥酒盞), 백지장(白紙張), 소주잔(燒酒盞), 이점(利點), 장미과(薔薇科), 전세방(傳貰房), 초점(焦點), 화병(火病) → 순우리말이 포함되지 않았으므로 사이시옷을 표기하지 않음.

③ 다음 한자어는 예외적으로 사이시옷을 표기한다.
  - 예) 곳간(庫間), 셋방(貰房), 숫자(數字), 찻간(車間), 툇간(退間), 횟수(回數)

④ 주의해야 할 사이시옷
  - 예) **값** 대푯값, 최댓값, 전셋값, 도맷값, 나잇값, 덩칫값 / **국** 북엇국, 만둣국, 고깃국, 순댓국, 뭇국, 선짓국
    길 등굣길, 귀갓길, 기찻길, 혼삿길, 고갯길, 빗길 / **돈** 노잣돈, 세뱃돈, 셋돈, 종잣돈
    밥 객짓밥, 공깃밥, 사잣밥, 제삿밥, 젯밥 / **집** 전셋집, 셋집, 소줏집, 처갓집, 잔칫집, 고깃집
    기타 장맛비, 막냇동생, 구둣주걱, 꼭짓점, 귓병, 건넛방, 빨랫줄, 고춧가루, 배냇저고리, 콧방울, 시곗바늘

〈한글 맞춤법〉 제30항 원문

1 순우리말로 된 합성어로서 앞말이 모음으로 끝난 경우
  (1) 뒷말의 첫소리가 된소리로 나는 것 예) 못자리, 부싯돌, 선짓국
  (2) 뒷말의 첫소리 'ㄴ, ㅁ' 앞에서 'ㄴ' 소리가 덧나는 것 예) 아랫니, 뒷머리
  (3) 뒷말의 첫소리 모음 앞에서 'ㄴㄴ' 소리가 덧나는 것 예) 두렛일, 베갯잇

2 순우리말과 한자어로 된 합성어로서 앞말이 모음으로 끝난 경우
  (1) 뒷말의 첫소리가 된소리로 나는 것 예) 전셋집(傳貰집), 찻잔(찻盞)
  (2) 뒷말의 첫소리 'ㄴ, ㅁ' 앞에서 'ㄴ' 소리가 덧나는 것 예) 곗날(契날), 툇마루(退마루)
  (3) 뒷말의 첫소리 모음 앞에서 'ㄴㄴ' 소리가 덧나는 것 예) 사삿일(私私일), 예삿일(例事일)

3 두 음절로 된 다음 한자어
  곳간(庫間), 셋방(貰房), 숫자(數字), 찻간(車間), 툇간(退間), 횟수(回數)

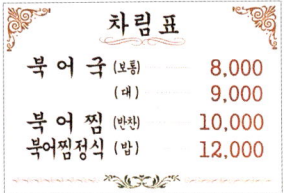

'북어찜'은 맞지만 '북어국'은 틀리다?

'북어찜[부거찜]'은 사잇소리가 나는 단어가 아니므로 사이시옷을 받쳐 적지 않는다. 그러나 '북엇국[부거꾹/부걷꾹]'은 사잇소리가 나는 단어이므로 사이시옷을 받쳐 적어야 한다.

POINT 04 공문서 수정하기 ④: 두음 법칙과 사이시옷의 표기

개념 확인

01 '흡입량, 구름양, 정답란, 칼럼난'은 맞춤법에 맞는 것으로만 묶여 있다. ○ ✕

02 '우리 기관에서는 신년도가 회계년도 기준으로 3월부터입니다.'는 올바른 표기이다. ○ ✕

03 '담뱃값 인상으로 흡연률이 줄고 있다.'는 〈한글 맞춤법〉에 맞는 문장이다. ○ ✕

04 '이 책은 머릿말부터 마음에 들었다.'의 '머릿말'은 단어의 표기가 옳지 않다. ○ ✕

05~08 밑줄 친 단어의 표기가 옳은 문장에 ○를 하고, 틀린 표기는 바르게 고치시오.

05 그가 양궁에서 거의 백발백중의 <u>명중율</u>을 보이자 상대 팀의 분위기가 급속히 <u>냉랭</u>해졌다.

06 그는 <u>에너지양</u>에 대해 설명하는 글을 잡지의 <u>어린이난</u>에 기고하였다.

07 <u>고냉지</u> 배추의 출하 시기가 다가옴에 따라 요즘 산지(産地)에서는 <u>작업양</u>과 <u>수확양</u>이 크게 증가하고 있다.

08 그는 <u>아랫층</u>의 <u>아랫방</u>을 <u>셋방</u>으로 내어 주고 <u>셋돈</u>을 받았다.

유형 확인

01 다음 글을 읽고 이해한 내용으로 적절하지 않은 것은?

> 〈한글 맞춤법〉 제10항~제12항은 국어의 두음 법칙에 대한 규정이다. 그중 제12항에서는 한자음 '랴, 럐, 로, 뢰, 루, 르'가 단어의 첫머리에 올 적에는 두음 법칙에 따라 '나, 내, 노, 뇌, 누, 느'로 적는다고 하였다. 즉 '樂園, 來日'은 두음 법칙을 적용하여 '락원, 래일'이 아닌 '낙원, 내일'로 적는 것이다.
> 또한 제12항은 [붙임]의 규정을 두었는데, [붙임 1]에서는 '쾌락(快樂), 거래(去來)'와 같이 단어 첫머리 이외의 경우는 두음 법칙이 적용되지 않으므로 본음대로 적는다고 하였다. '왕릉(王陵)'에 쓰이는 '릉(陵)'이나 '독자란(讀者欄)'에 쓰이는 '란(欄)'은 한 음절 한자어 형태소가 한자어 뒤에 결합한 것으로 이런 경우에는 '릉'과 '란'이 하나의 단어로 인식되지 않는다.
> [붙임 2]에서는 '중노동(重勞動)'과 같이 '접두사처럼 쓰이는 한자'가 결합하여 된 단어나, '육체-노동(肉體勞動)'과 같이 두 개 단어가 결합하여 된 합성어(또는 이에 준하는 구조)의 경우에는 두음 법칙이 적용된 형태로 적는다고 하였다. 한편 '표고(標高)가 높고 한랭한 곳'이란 뜻의 '高冷地'는 '고냉지'가 아닌 '고랭지'로 적는다. 발음이 [고랭지]이고 '고랭-지'로 분석되기 때문이다.

① '낙원(樂園)'과 '쾌락(快樂)'을 통해 한자음의 위치가 표기에 영향을 주는 것을 알 수 있다.
② '태릉(泰陵)'에서 '릉'은 단어의 첫머리에 오는 것이 아니므로 본음대로 적는다.
③ [붙임 1]에 따라 '家庭欄'은 '가정난'이 아니라 '가정란'으로 표기해야 한다.
④ '고랭지(高冷地)'는 [붙임 2]에 따라 두음 법칙을 적용한 형태로 적은 것이다.

02 다음 글을 읽고 추론한 내용으로 적절한 것은?

> 〈한글 맞춤법〉 제30항은 사이시옷을 받쳐 적는 조건을 규정하고 있는데, 사이시옷을 받쳐 적으려면 몇 가지 조건을 만족시켜야 한다.
> 먼저 사이시옷을 받쳐 적으려면 합성어이면서 다음과 같은 음운론적 현상이 나타나야 한다. '바다 + 가 → [바다까] → 바닷가'와 같이 뒷말의 첫소리가 된소리로 나거나, '비 + 물 → [빈물] → 빗물'과 같이 뒷말의 첫소리 'ㄴ, ㅁ' 앞에서 'ㄴ' 소리가 덧나거나, '뒤 + 일 → [뒨:닐] → 뒷일'과 같이 뒷말의 첫소리 모음 앞에서 'ㄴㄴ' 소리가 덧나야 한다. 예를 들어 '위'는 '길, 물'과 결합할 때는 사이시옷이 들어가서 '윗길, 윗물'이 되지만 '턱, 쪽'과 결합할 때는 '위턱, 위쪽'으로 쓴다. 뒷말의 첫소리가 된소리로 나거나 'ㄴ' 소리가 덧나는 경우가 아니기 때문이다.
> 이외에도 합성어를 이루는 구성 요소 중에서 적어도 하나는 고유어여야 하고 구성 요소 중에 외래어도 없어야 한다는 조건이 덧붙는다. 예를 들어 '개수(個數)', '초점(焦點)', '기차간(汽車間)', '전세방(傳貰房)'은 '갯수', '촛점', '기찻간', '전셋방'으로 잘못 쓰는 일이 많지만 여기에는 고유어가 들어 있지 않으므로 사이시옷이 들어가지 않는다. 또한 '오렌지빛, 피자집'과 같은 경우에는 '오렌지', '피자'라는 외래어가 들어 있기 때문에 사이시옷을 쓰지 않는다.

① '위 + 면(面)'은 '윗면'으로 적지만 '위 + 편(便)'은 '위편'으로 적는다.
② '후(後) + 일'은 순우리말인 '뒷일'과는 달리 사이시옷을 받쳐 적지 않는다.
③ '전세(傳貰) + 집'은 '전셋방(傳貰房)'과 마찬가지로 사이시옷을 받쳐 적는다.
④ '個數'는 사이시옷을 받쳐 적기 위한 음운론적 현상이 나타나지 않아 '개수'로 적는다.

공문서 수정하기 ⑤ : 준말의 표기

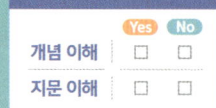

개념 POINT!

1. 준말은 발음이 줄어든 대로 적되, 다양한 원칙이 있으므로 반드시 형태적인 특성을 익혀야 한다.
2. 특히 모음의 준말을 많이 틀리기 때문에, 올바른 표기를 정확히 익히도록 한다.

① 어간 'ㅚ-'와 어미 '-어'는 'ㅙ'의 형태로 축약된다. (ㅚ+ㅓ → ㅙ)
  예 · 볕을 쬐어라. → 쫴라 / 선을 뵈어 드렸다. → 봬
    · 그는 훌륭한 사람이 되서 돌아왔다. (×) → 되어서/돼서, 되어/돼
    · 나쁜 사람이 됀면 안 되. 그러면 안 돼지. (×) → 나쁜 사람이 되면 안 돼. 그러면 안 되지.

② 'ㅏ, ㅗ, ㅜ, ㅡ' 뒤에 '-이어'가 어울려 줄어질 적에는 준 대로 적는다.
  예 보이어 → 뵈어, 보여 / 쏘이어 → 쐬어, 쏘여 / 트이어 → 틔어, 트여

③ '-지+않- → -잖-', '-하지+않- → -찮-'으로 줄어든다.
  예 · 그렇지 않은 → 그렇잖은 / 적지 않은 → 적잖은
    · 만만하지 않다 → 만만찮다 / 변변하지 않다 → 변변찮다

④ 어간의 끝에 '하'가 오는 단어의 경우,
  앞에 울림소리가 오면 거센소리로, 앞에 안울림소리가 오면 예사소리로 줄어든다.
  예 · 간편하게 → 간편케 / 다정하다 → 다정타 / 연구하도록 → 연구토록
    · 거북하지 → 거북지 / 생각하건대 → 생각건대 / 섭섭하지 않다 → 섭섭지 않다

⑤ '준말의 어간+모음 어미'는 인정하지 않는다.
  예 딛다 → 딛어(×) / 머물다 → 머물어(×) / 서툴다 → 서툴어(×)

⑥ '명사+이에요/이어요', '용언(아니다)+에요/어요'의 형태로 쓴다.
  예 · 그는 공무원이에요(공무원이어요). / 공무원이예요(×)
    · 아니에요-아녜요(축약), 아니어요-아녀요(축약) / 아니예요(×)

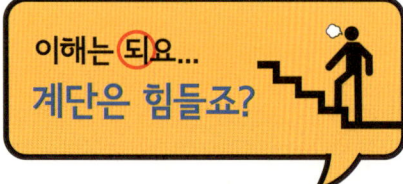

이해는 돼요...
맞춤법은 힘들죠?

'돼요'는 '되+어요'가 '되어요 → 돼요'로 축약된 말로,
'되어요/돼요'가 바른 표기이다.

개념 확인

01 '규정에 따라 딱 세 명만 선발토록 했다.'의 '선발토록'은 어법에 맞는 표현이다. O | X

02 '생각컨대 그의 보고서는 공정하지 못했다.'의 '생각컨대'는 맞춤법이 올바르다. O | X

03 '신제품을 선뵀어도 매출에는 큰 영향이 없을 거예요.'의 '선뵀어도'는 맞춤법이 옳다. O | X

04~07 표기가 옳은 것을 고르시오.

04 설을 쇘으니/쇴으니 내일은 할머니를 찾아가 봬요/뵈요 .

05 그는 지게를 벗어 작대기로 괘/괴 놓고는 바람을 쐐/쐬 가며 땀을 식혔다.

06 이제 밥만 푸면 돼는데/되는데 국을 쏟는 바람에 밥상이 엉망이 됐다/됬다 .

07 이 지역 지리에 익숙지/익숙치 않을 텐데도 일찍 오다니, 그는 정말 부지런다/부지런타 .

유형 확인

01 다음 글을 읽고 ㉠~㉤ 중 준말의 표기가 옳은 것만을 고른 것은?

> 〈한글 맞춤법〉 제39항과 제40항은 준말의 표기와 관련된 내용이다.
> 　제39항에서는 어미 '-지' 뒤에 '않-'이 어울려 '-잖-'이 될 적과 '-하지' 뒤에 '않-'이 어울려 '-찮-'이 될 적에는 준 대로 적는다고 규정하고 있다. '가지어'와 '그치어'의 준말을 '가져'와 '그쳐'로 적는 방식(〈한글 맞춤법〉 제36항)에 따른다면 '-지 않-'과 '-치 않-'이 줄어든 말은 '쟎'과 '챦'으로 적어야 한다. 그렇지만 이미 한 단어로 굳어져 원형을 밝혀야 할 필요가 없는 경우에는 소리 나는 대로 '잖', '찮'으로 적는 것이 합리적이다.
> 　제40항에서는 어간의 끝음절 '하'가 줄어들면 줄어드는 대로 적을 것을 규정하고 있다. 그런데 어간의 끝음절 '하'가 줄어드는 방식은 두 가지이다. 첫째, '하'가 통째로 줄지 않고 'ㅎ'이 남아 뒤에 오는 말의 첫소리와 어울려 거센소리가 되는 경우이다. 이럴 때는 '부지런하다 → 부지런타'와 같이 소리 나는 대로 적는다. 둘째, '하'가 통째로 줄어드는 경우이다. 이때도 '익숙하지 못하다 → 익숙지 못하다'와 같이 소리 나는 대로 적는다. '하'가 줄어드는 기준은 '하' 앞에 오는 받침의 소리이다. '하' 앞의 받침의 소리가 [ㄱ, ㄷ, ㅂ]이면 '하'가 통째로 줄고 그 외의 경우에는 'ㅎ'이 남는다.

> ㉠ 간편하게 → 간편케
> ㉡ 깨끗하지 않다 → 깨끗치 않다
> ㉢ 만만하지 않다 → 만만잖다
> ㉣ 변변하지 않다 → 변변찮다
> ㉤ 생각하다 못해 → 생각다 못해

① ㉠, ㉢, ㉣
② ㉠, ㉣, ㉤
③ ㉡, ㉢, ㉣
④ ㉡, ㉢, ㉤

공문서 수정하기 ⑥
: 주요 공문서 띄어쓰기

> **개념 POINT!**
> 1. 단어는 띄어 쓰는 것을 원칙으로 하므로, 단어와 구를 구별해야 한다.
> 2. 의존 명사는 띄어 쓰고, 조사·어미·접사는 붙여 쓴다.
> 3. 본용언과 보조 용언은 경우에 따라 둘 다 허용한다.

1 단어와 구의 구별

하나의 통합적 의미를 지닌 한 단어는 붙여 쓰고, 단어와 단어가 모인 구는 띄어 쓴다.

예)
- 한∨잔: 띄어 썼으므로 각 단어의 의미가 유지되는 구
- 한잔: 붙여 썼으므로, '한+잔'이 하나의 통합적인 의미를 형성하는 한 단어. '간단하게 한 차례 마시는 차나 술 따위'라는 뜻이다.

- 큰∨집: 띄어 썼으므로 각 단어의 의미가 유지되는 구
- 큰집: '맏집'이라는 뜻의 한 단어

단어 VS 구

단어		구	단어		구
큰사람 훌륭하거나 위대한 사람		큰∨사람	한걸음 쉬지 아니하고 내처 걷는 걸음		한∨걸음
큰소리 야단치거나 과장하는 말		큰∨소리	한번 어떤 일을 시험 삼아 시도함. / 지난 어느 때나 기회		한∨번
큰코다치다 크게 봉변을 당하거나 무안을 당하다.		큰∨코∨다치다	한마디 짧은 말. 간단한 말		한∨마디
큰일 중대한 일		큰∨일	한발 행동이 약간의 간격을 두고 일어남.		한∨발

2 띄어 쓰는 경우

① '대로/만큼/뿐'은 체언 뒤에 오면 붙여 쓰고, 용언의 관형사형 뒤에 오면 띄어 쓴다.
예)
- 약속대로 이행하라. VS 약속한 대로 이행하라.
- 당신만큼 일을 했다. VS 애쓴 만큼 얻었다.
- 나뿐만이 아니다. VS 일을 할 뿐만이 아니라 성과도 봤다.

② '지/만'은 시간의 경과나 횟수 또는 앞말이 뜻하는 동작·행동이 가능하거나 타당한 이유가 있음을 나타낼 때에는 띄어 쓴다.
예) 집을 떠난 지 사흘 만에 돌아왔다. / 그가 화를 낼 만도 하다.

③ '데/바'는 뒤에 조사가 오면, 일반적으로 띄어 쓴다.
예)
- 나는 선생님인데, 이 점이 행동하는 데 불편하기도 하다.
- 의지할 데 없는 그를 설득하는 데 며칠이 걸렸다.
- 우리의 나아갈 바는 이미 정해진바 우리는 이제 그에 따를 뿐이다.

❹ **'것/줄/수'**는 의존 명사일 경우는 띄어 쓰고, 한 단어일 경우는 붙여 쓴다.
  예 · 그 책은 내 거다(것이다). VS 아무것이나 전해 줘. / 보잘것없다
    · 할 수가 있다.   VS 하면 할수록 힘들다.

❺ **'차/판/중/간'**은 의존 명사일 경우는 띄어 쓰고, 한 단어일 경우는 붙여 쓴다.
  예 · 차: 고향을 갔던 차에 인사를 드렸다. VS 고향에 인사차 들렀다.
    · 판: 바둑 한 판을 두다.   VS 노름판이 벌어지다.
    · 중: 근무 중, 회의 중, 수업 중   VS 은연중, 무의식중, 한밤중, 부재중
    · 간: 국가 간의 협의   VS 부부간, 동기간, 형제간, 얼마간 / 사흘간, 며칠간 (-간: '동안'의 뜻을 더하는 접미사)

❻ **단위를 나타내는 명사**는 띄어 쓴다.
  다만, 차례를 나타내거나 아라비아 숫자 뒤에 오면 붙여 쓸 수 있다(허용).
  예 · 한 개 / 차 한 대 / 금 서 돈 / 꽃 한 송이
    · 두시 삼십분 오초 / 제일과 / 삼학년 / 1446년 10월 9일 / 7미터 (둘 다 허용)

❼ **수를 적을 때**에는 '만(萬)' 단위로 띄어 쓴다. 예 십이억 삼천사백오십육만

❽ 두 말을 **이어 주거나 열거**하는 경우는 띄어 쓴다.
  예 국장 겸 과장 / 열 내지 스물 / 청군 대 백군 / 책상, 걸상 등

❾ **성과 이름, 성과 호** 등은 붙여 쓰고, 이에 덧붙는 **호칭어, 관직명** 등은 띄어 쓴다.
  '씨'의 경우, **성씨**를 나타낼 때는 붙여 쓴다.
  예 · 채영신 씨 / 최치원 선생 / 충무공 이순신 장군
    · 김 씨 (호칭) / 우리나라에는 김씨 성이 많다. (성씨)

3 붙여 쓰는 경우

❶ **조사**는 둘 이상 겹쳐지거나, 어미 뒤에 붙는 경우에도 붙여 쓴다.
  예 집에서처럼, 학교에서만이라도, 나가면서까지도

❷ **체언 + '같이'**는 붙여 쓰고, **'같은'**은 띄어 쓴다. '같이하다'는 한 단어이다.
  예 · 공유같이 멋진 배우와 만나다니, 영화 같은 일이다.
    · 매일같이 일을 하다니, 이 같은 경우를 봤나.
    · 황소 같은 친구와 노비같이 일을 같이했다.

❸ **'밖에'**가 '오직 그것뿐'을 나타낼 때도 조사이므로 붙여 쓴다.
  예 · 너밖에 없어서 일을 할 수밖에 없다.
    · 너 밖에도 사람은 많아.

❹ 접사 **'제(第)-, -여(餘), -짜리, -어치, -씩, -꼴, -당(當), -백(白)'** 등은 붙여 쓴다.
  예 제2 차 세계 대전 / 사과 백여 개가 있다. / 얼마짜리니?

POINT 06 공문서 수정하기 ⑥: 주요 공문서 띄어쓰기

4 둘 다 허용

① **보조 용언**은 띄어 씀을 원칙으로 하되, 경우에 따라 붙여 씀도 허용한다.
　예) 비가 올 듯하다/비가 올듯하다, 할 만하다/할만하다, 아는 척하다/아는척하다

　예외1) 앞말에 조사가 붙거나 앞말이 복합어인 경우, 그리고 중간에 조사가 들어갈 적에는 띄어 쓴다.
　　예) 책을 읽어도 보고, 덤벼들어 보아라, 올 듯도 하다

　예외2) 보조 용언처럼 보이더라도, 한 단어인 경우는 붙여 써야 한다.
　　예) 한 단어: 놀아나다, 돌아보다, 물어보다, 빌려주다, 알아보다, 찾아보다 등

② '안'과 '못'은 부정문의 경우는 띄어 쓰되, 한 단어인 경우는 붙여 쓴다.
　예) • 노래를 못 하다(하지 못하다). VS 노래를 못하다(잘하지 않다).
　　• 농사가 안돼 큰일이다. / 공부가 안된다. / 우리 중 안되어도 세 명은 합격한다.
　　• 그것참, 안됐군. / 얼굴이 안되다.

정답과 해설 19쪽

 개념 확인

01 '한번 실패했더라도 또 도전하면 된다.'와 '노래나 한번 불러 볼까?'에서 밑줄 친 부분의 띄어쓰기는 모두 옳다. O | X

02 '교재의∨제∨일장'에서 '제-'는 접두사이므로 뒷말에 붙여 써야 하는데, 띄어 썼으므로 맞지 않다. O | X

03 '졸지에 부도를 맞았다니 참 안됐어.'의 '안됐어'는 붙여 쓰지만, '그렇게 독선적으로 일을 처리하면 안∨돼.'의 '안∨돼'는 띄어 써야 한다. O | X

04 '○○개 정보 시스템을 폐기하는데 짧게는 ○개월, 길게는 ○개월이 소요되었다.'에서 '폐기하는데'의 띄어쓰기는 옳다. O | X

05 '위원회에서는 이동 전화 요금 감면 확대 정책을 시행한바 있다.'의 '시행한바'는 '시행한∨바'와 같이 띄어 써야 한다. O | X

유형 확인

01 다음 〈안내문〉의 ㉠~㉣을 어법에 맞게 수정하기 위한 방안으로 적절하지 않은 것은?

지방 선거 안내문

▷ 우리 동네 후보자, 선거 벽보 살펴보기
- 선거 벽보에는 소속 정당명(무소속 후보자는 무소속), 후보자 사진, 기호, 경력, 학력 등이 나와 있습니다.
- 선거 벽보는 후보자의 ㉠ 기호 순서대로 거리 등 사람이 많이 오가는 곳에 6월 1일까지 부착할 예정입니다.
※ 정당한 사유 없이 ㉡ 훼손하거나 철거하면 〈공직 선거법〉에 따라 처벌됩니다.

▷ 선거 공보 꼼꼼히 살펴보기
- 매 세대에 법정 홍보물인 선거 공보가 ㉢ 발급됩니다. 선거 공보에는 정당과 후보자의 정보가 실려 있습니다.
- 선거 공보의 두 번째 면에는 '후보자 정보 공개 자료'가 나와 있습니다.
- 이 자료에는 후보자를 선택할 때 꼭 필요한 ㉣ 후보자의 인적 사항 뿐만 아니라, 재산, 병역, 납세, 전과 기록 등의 정보가 나와 있습니다. 유권자는 이 정보를 참고하여 투표할 후보자를 선택할 수 있습니다.

---

① '대로'가 의존 명사로 쓰였으므로 ㉠은 '기호∨순서∨대로'로 띄어 쓴다.
② ㉡에는 '훼손하거나' 앞에 생략된 필수 성분인 '선거 벽보를'을 넣어 준다.
③ ㉢은 맥락상 적절하지 못한 단어이므로 '발송됩니다'로 수정한다.
④ '뿐'과 '만'은 모두 조사이므로 ㉣은 '후보자의∨인적∨사항뿐만∨아니라'로 고쳐 쓴다.

공문서 수정하기 ⑦
: 주요 공문서 외래어 표기

개념 POINT!

1. 외래어 표기는 원지음을 바탕으로 하므로, 각 단어의 발음을 고려하여 표기한다.
2. 외래어는 국어의 24 자모만으로 표기하며, 국어의 어법에 어긋나게 적지 않는다.

1 핵심 외래어 표기

❶ 외래어의 1 음운은 원칙적으로 1 기호로 적는다. 예 환타지(×) → 판타지(○)

❷ 받침에는 'ㄱ, ㄴ, ㄹ, ㅁ, ㅂ, ㅅ, ㅇ'만을 쓴다. 예 커피숖(×) → 커피숍(○)

❸ 파열음 표기에는 된소리를 쓰지 않는 것을 원칙으로 한다.
   예 까페(×) → 카페(○), 꼬냑(×) → 코냑(○), 빠리(×) → 파리(○)

❹ '쟈, 져, 죠, 쥬, 챠, 쳐, 쵸, 츄' 등으로 표기하지 않는다. 예 텔레비전, 레저, 레이저, 주니어, 주스, 시추에이션, 스케줄

❺ 짧은 모음 다음의 어말 무성 파열음([p], [t], [k])은 받침으로 적는다. 예 gap 갭, book 북
   비교 bulldog 불도그, cake 케이크, flute 플루트 / lobster 로브스터, 랍스터

❻ 어말의 [ʃ]는 '시'로 적고, 자음 앞의 [ʃ]는 '슈'로, 모음 앞의 [ʃ]는 뒤따르는 모음에 따라 '샤', '섀', '셔', '셰', '쇼', '슈', '시'로 적는다. 예 flash[flæʃ] 플래시, shrub[ʃrʌb] 슈러브, shark[ʃɑːrk] 샤크, milk shake[ʃeɪk] 밀크셰이크

❼ 장모음의 장음은 따로 표기하지 않는다. 예 news 뉴스, route 루트, tulip 튤립, Denmark 덴마크, Turkey 터키

❽ [ou]는 '오'로 적는다. 예 boat 보트, snow 스노, window 윈도, eye shadow 아이섀도

❾ 어중의 [l]이 모음 앞에 오거나, 모음이 따르지 않는 비음([m], [n]) 앞에 올 때에는 'ㄹㄹ'로 적는다.
   예 slide[slaid] 슬라이드, film[film] 필름, glass[glɑːs] 글라스

정답과 해설 19쪽

개념 확인

01 다음 중 표기가 옳은 것을 고르시오.

> 서울시가 컨소시엄/콘소시엄 ①consortium을 이루어 참여한 미술관이 내일 개관을 한다. 미술관 개관에 맞추어 현대 미술 컬렉션/콜렉션 ②collection을 공개하는 전시회가 열린다. 이번 전시회의 컨셉/콘셉트 ③concept은/는 '화합'이다. 개관을 기념하여 주말에는 화합의 컨서트/콘서트 ④concert도 열릴 예정이다. 또한 전국의 중·고·대학생 및 일반인 등을 대상으로 사진 컨테스트/콘테스트 ⑤contest도 진행한다고 한다. 아울러 이번 전시회의 내용을 컨텐츠/콘텐츠 ⑥contents로 제작해 각급 학교에 무상으로 제공할 예정이다.

유형 확인

01 〈공공 언어 바로 쓰기 원칙〉에 따라 〈공문서〉의 ㉠~㉣을 수정한 것으로 적절하지 않은 것은? 2025 국가직 9급

〈공공 언어 바로 쓰기 원칙〉
- 생소한 외래어나 외국어는 우리말로 다듬을 것
- 주어와 서술어의 관계를 명확하게 표현할 것
- 문맥에 맞는 정확한 어휘를 사용할 것
- 지나친 명사 나열을 피하고 적절한 조사와 어미를 활용하여 문장을 구성할 것

〈공문서〉

□□개발 연구원

1. 귀 기관의 무궁한 발전을 기원합니다.
2. 본원은 디지털 교육 ㉠마스터플랜 수립을 위해 종합 성과 조사를 실시합니다. 본 조사의 대상은 지난 3년간 □□개발 연구원의 주요 사업을 수행한 ㉡기업을 대상으로 합니다.
3. 별도의 전문 평가 기관에 조사를 ㉢위탁하며, 이 조사 결과를 바탕으로 ㉣학교 현장 교수 학습 환경 개선 정책 개발 및 디지털 교육 문화를 정착시키는 데에 기여하고자 합니다. 귀 기관의 협조를 부탁드립니다.

① ㉠: 기본 계획
② ㉡: 기업입니다
③ ㉢: 수주하며
④ ㉣: 학교 현장의 교수 학습 환경을 개선하는 정책을 개발하고

보충 자료 다듬어서 써야 할 외래어·외국어

*국립국어원, 《한눈에 알아보는 공공 언어 바로 쓰기》의 핵심 내용을 정리한 것입니다.

외래어/외국어	다듬은 말	외래어/외국어	다듬은 말
거버넌스	민관 협력, 협치, 관리, 정책	싱크탱크	참모진, 참모 집단, 두뇌 집단
니즈	필요, 수요, 바람	아카이브	자료 보관소, 자료 저장소, 자료 전산화, 기록 보관
롤모델	본보기, 본보기상, 모범	액션 플랜	실행 계획
리스크	위험, 손실 우려, 손해 우려	어젠다	의제
마스터플랜	종합 계획, 기본 계획, 기본 설계	오피니언 리더	여론 주도자, 여론 주도층
매뉴얼	지침, 설명서, 안내서	쿼터	한도량, 할당량
바우처	이용권	태스크포스	특별 팀, 전담 팀, (특별) 전담 조직
스크린 도어	안전문	투 트랙	양면, 두 갈래
스타트업	창업 초기 기업, 새싹 기업	허브	중심, 중심지

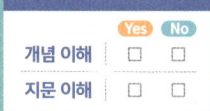

POINT 08 공문서 수정하기 ⑧ : 어휘

1 공문서에 유의해서 써야 하는 한자 어휘

01	개발(開發)	토지나 천연자원 따위를 유용하게 만들거나 지식이나 재능, 산업이나 경제 따위를 발전하게 함.	예 유전 개발 / 능력 개발 / 산업 개발 / 새로운 물건을 만들거나 새로운 생각을 내어놓음. 예 신제품 개발
	계발(啓發)	슬기나 재능, 사상 따위를 일깨워 줌.	예 상상력 계발 / 외국어 능력의 계발
02	개재(介在)	어떤 것들 사이에 끼여 있음.	예 사적 감정의 개재가 이 일의 변수이다.
	게재(揭載)	글이나 그림 따위를 신문이나 잡지 따위에 실음.	예 논문을 유명 학술지에 게재하였다.
	계제(階梯)	어떤 일을 할 수 있게 된 형편이나 기회	예 이것저것 가릴 계제가 아니다.
03	갱신(更新)	법률관계의 기간이 끝났을 때 그 기간을 연장하는 일	예 계약 갱신 / 비자 갱신
	경신(更新)	기록경기 따위에서, 종전의 기록을 깨뜨림. 예 마라톤 세계 기록 경신 / 종전 최고치나 최저치를 깨뜨림.	예 무더위로 최대 전력 수요 경신이 계속되고 있다.
04	게시(揭示)	여러 사람에게 알리기 위하여 내붙이거나 내걸어 두루 보게 함. 또는 그런 물건	예 행사 일정표의 게시
	계시(啓示)	사람의 지혜로써는 알 수 없는 진리를 신(神)이 가르쳐 알게 함.	예 신의 계시를 받다.
05	결재(決裁)	결정할 권한이 있는 상관이 부하가 제출한 안건을 검토하여 허가하거나 승인함.	예 결재 서류 / 결재가 나다.
	결제(決濟)	일을 처리하여 끝을 내거나 거래 관계를 끝맺는 일	예 결제 자금 / 어음의 결제
06	공포(公布)	일반 대중에게 널리 알림.	예 정부는 한강에 환경 오염이 심하다고 공포했다.
	공표(公表)	여러 사람에게 널리 드러내어 알림.	예 학회는 결정적 증거가 나오기 전까지 새 학설의 공표를 미루기로 결정하였다.
07	구명(究明)	사물의 본질, 원인 따위를 깊이 연구하여 밝힘.	예 그는 그 원리를 구명하는 데에 평생을 바쳤다.
	규명(糾明)	어떤 사실을 자세히 따져서 바로 밝힘.	예 주민들은 사건의 진상 규명을 촉구하였다.
08	구별(區別)	성질이나 종류에 따라 차이가 남. 또는 성질이나 종류에 따라 갈라놓음.	예 신분의 구별 / 공과 사의 구별
	구분(區分)	일정한 기준에 따라 전체를 몇 개로 갈라 나눔.	예 구분을 짓다. / 서정시와 서사시의 구분은 상대적일 뿐이다.
09	기일(期日)	정해진 날짜	예 무슨 일이 있더라도 기일 내에 이 일을 끝마쳐라.
	기한(期限)	미리 한정하여 놓은 시기	예 납품 기한 / 제출 기한 / 기한을 어기다. / 기한을 정하다.
10	내력(來歷)	일정한 과정을 거치면서 이루어진 까닭 예 일의 내력을 살핌. / 조상으로부터 내려오는 유전적인 특성	예 집안 내력
	내역(內譯)	물품이나 금액 따위의 내용	예 공사비 내역 / 물품 내역 / 사업 내역
11	년도(年度)	「의존 명사」 (해를 뜻하는 말 뒤에 쓰여) 일정한 기간 단위로서의 그해	예 1985년도 출생자 / 1970년도 졸업식
	연도(年度)	편의상 구분한 일 년 동안의 기간. 또는 앞의 말에 해당하는 그해	예 졸업 연도 / 제작 연도
12	단합(團合)	많은 사람이 마음과 힘을 한데 뭉침. =단결(團結)	예 우리 팀은 단합이 잘된다.
	담합(談合)	서로 의논하여 합의하거나 미리 입찰 가격이나 낙찰자 따위를 정하는 일	예 그들 사이에 모종의 담합이 있다.
13	막역(莫逆)하다	허물없이 아주 친하다.	예 이 친구와 나는 아주 막역한 사이이다.
	막연(漠然)하다	갈피를 잡을 수 없게 아득하거나 어렴풋하다.	예 앞으로 살아갈 길이 막연하다. / 막연한 기대
14	모사(模寫)	사물을 형체 그대로 그리거나 원본을 베끼어 씀.	예 그는 초상화를 모사에 불과하다고 말했다.
	묘사(描寫)	대상을 언어로 서술하거나 그림을 그려서 표현함.	예 생생한 현장 묘사
15	반증(反證)	반대되는 근거를 들어 증명함.	예 우리에겐 그 사실을 뒤집을 만한 반증이 없다.
	방증(傍證)	주변의 상황을 밝힘으로써 간접적으로 증명에 도움을 줌.	예 선생님의 해박한 지식을 방증하는 듯한 강의

16	보전(補塡)	부족한 부분을 보태어 채움. 예 적자의 보전	
	보전(保全)	온전하게 보호하여 유지함. 예 생태계 보전 / 환경 보전 / 보전에 힘쓰다.	
	보존(保存)	잘 보호하고 간수하여 남김. 예 보존 창고 / 유물 보존 / 영토 보존	
17	부문(部門)	일정한 기준에 따라 분류하거나 나누어 놓은 낱낱의 범위나 부분 예 중공업 부문 / 자연 과학은 여러 부문으로 나뉜다.	
	부분(部分)	전체를 이루는 작은 범위. 또는 전체를 몇 개로 나눈 것의 하나 예 썩은 부분을 잘라내다. / 그의 진술에서는 이해가 안 되는 부분이 많다.	
18	성패(成敗)	성공과 실패를 아울러 이르는 말 예 성패를 가름하다. / 이 일에 회사의 성패가 달려 있다.	
	승패(勝敗)	승리와 패배를 아울러 이르는 말 예 승패를 가르다. / 그는 승패에 연연하지 않는다.	
19	실재(實在)	실제로 존재함. 예 실재의 인물 / 객관적으로 존재하는 물질세계 / 관념론에서, 사물의 본질적 존재	
	실제(實際)	「명사」 사실의 경우나 형편 예 실제 상황 / 실제와 이론 / 그는 실제 나이보다 젊게 보인다. /「부사」=실제로(實際로) 예 그 약은 광고는 거창하나 실제 효과를 보았다는 사람은 별로 없다.	
20	운영(運營)	조직이나 기구, 사업체 따위를 운용하고 경영함. 예 조직 운영에 대한 책임을 지다. / 어떤 대상을 관리하고 운용하여 나감. 예 대학의 학사 운영	
	운용(運用)	무엇을 움직이게 하거나 부리어 씀. 예 자본의 운용 / 법의 운용을 멋대로 하다.	
21	유래(由來)	사물이나 일이 생겨남. 또는 그 사물이나 일이 생겨난 바 예 한식의 유래 / 유래가 깊다.	
	유례(類例)	같거나 비슷한 예 예 그들의 잔혹한 통치 정책은 세계에서 유례를 찾기 힘든 것이다. / 이전부터 있었던 사례. =전례(前例) 예 역사상 유례가 없는 이변	
22	이탈(離脫)	어떤 범위나 대열 따위에서 떨어져 나오거나 떨어져 나감. 예 근무지 이탈	
	일탈(逸脫)	정하여진 영역 또는 본디의 목적이나 길, 사상, 규범, 조직 따위로부터 빠져 벗어남. 예 권위와 통제만으로는 조직이나 어떤 사상으로부터 개개인들의 일탈을 막을 수 없다.	
23	일절(一切)	아주, 전혀, 절대로의 뜻. 흔히 어떤 일을 하지 않을 때에 쓰는 말 예 출입을 일절 금하다.	
	일체(一切)	「명사」 모든 것 예 도난에 대한 일체의 책임을 지다. / 그는 재산 일체를 학교에 기부하였다. /「부사」 모든 것을 다 예 걱정 근심일랑 일체 털어 버리고 자, 즐겁게 술이나 마시자.	
24	임대(賃貸)	돈을 받고 자기의 물건을 남에게 빌려줌. 예 임대 가격이 싸다. / 임대 조건이 좋다.	
	임차(賃借)	돈을 내고 남의 물건을 빌려 씀. 예 돈을 빌려 사무실을 임차하였다.	
25	자처(自處)	자기를 어떤 사람으로 여겨 그렇게 처신함. 예 애국자를 자처하다.	
	자청(自請)	어떤 일에 나서기를 스스로 청함. 예 그는 그 일을 맡겠다고 자청을 하고 나섰다.	
26	재고(再考)	어떤 일이나 문제 따위에 대하여 다시 생각함. 예 그 일의 결과는 재고의 여지도 없다.	
	제고(提高)	수준이나 정도 따위를 끌어올림. 예 생산성의 제고 / 능률의 제고 / 기업 이미지를 제고하다.	
27	지양(止揚)	더 높은 단계로 오르기 위하여 어떠한 것을 하지 아니함. 예 남북 사이의 이질화를 지양하다.	
	지향(志向)	어떤 목표로 뜻이 쏠리어 향함. 예 평화 통일 지향 / 출세 지향	
28	체계(體系)	일정한 원리에 따라서 짜임새 있게 조직되어 통일된 전체 예 명령 체계 / 교통 신호 체계	
	체제(體制)	생기거나 이루어진 틀. 또는 그런 됨됨이. = 체재(體裁) / 국가나 사회를 조직하고 유지하는 전체적인 틀 또는 그 상태를 이르는 말 예 냉전 체제 / 체제 개편	
29	추돌(追突)	자동차나 기차 따위가 뒤에서 들이받음. 예 앞차와 추돌하다.	
	충돌(衝突)	서로 맞부딪치거나 맞섬. 예 자동차 충돌 / 온건파와 개혁파의 충돌	
30	혼돈(混沌/渾沌)	마구 뒤섞여 있어 갈피를 잡을 수 없음. 또는 그런 상태 예 외래문화의 무분별한 수입은 가치관의 혼돈을 초래하였다. / 하늘과 땅이 아직 나누어지기 전의 상태	
	혼동(混同)	구별하지 못하고 뒤섞어서 생각함. 예 그는 현실과 꿈 사이에서 혼동을 일으켰다. / 서로 뒤섞이어 하나가 됨.	

2 구별해서 써야 하는 단어의 표기

01	가름	나누거나 구분하는 일 ⓔ 둘로 가름. / 승부나 등수 따위를 정하는 일 ⓔ 선수들의 투지가 승패를 가름했다.
	갈음	다른 것으로 바꾸어 대신함. ⓔ 이것으로 축사를 갈음합니다.
02	거치다	무엇에 걸리거나 막히다. ⓔ 칡덩굴이 발에 거치다. / 오가는 도중에 어디를 지나거나 들르다. ⓔ 영월을 거쳐 왔다.
	걷히다	'걷다'의 피동사 ⓔ 안개가 걷히다. / 이불이 걷히다. / 여러 단체에서 걷힌 찬조금
03	걷잡다	한 방향으로 치우쳐 흘러가는 형세 따위를 붙들어 잡다. ⓔ 걷잡을 수 없는 사태 / 마음을 진정하거나 억제하다. ⓔ 걷잡을 수 없이 흐르는 눈물
	겉잡다	겉으로 보고 대강 짐작하여 헤아리다. ⓔ 예산을 대충 겉잡아서 말하지 마시오.
04	느리다	어떤 동작을 하거나 어떤 일이 이루어지거나 지나는 데 걸리는 시간이 길다. ⓔ 행동이 느리다. / 진도가 느리다.
	늘리다	물체의 부피 따위를 본디보다 커지게 하다. ⓔ 주차장의 규모를 늘리다. / '늘다'의 사동사 ⓔ 학생 수를 늘리다.
	늘이다	본디보다 더 길어지게 하다. ⓔ 바짓단을 늘이다. / 아래로 길게 처지게 하다. ⓔ 주렴을 늘이다.
05	맞추다	똑바르게 하다. ⓔ 줄을 맞추어 서다. / 비교하다. ⓔ 친구와 답을 맞추어 보다.
	맞히다	'맞다'의 사동사 ⓔ 정답을 맞히다. / 화살을 과녁에 정확하게 맞히다.
06	바치다	신이나 웃어른께 드리다. ⓔ 하늘에 제물을 바치다. / 모든 것을 아낌없이 내놓다. ⓔ 평생을 과학 연구에 몸을 바치다.
	받치다	물건의 밑·옆 등에 다른 물체를 대다. ⓔ 커피를 쟁반에 받치다. / 지지하거나 뒷받침하다. ⓔ 배경 음악이 그 장면을 잘 받쳐 주었다.
	받히다	'받다'의 피동사 ⓔ 마을 이장이 소에게 받혀서 꼼짝을 못 한다.
	밭치다	구멍이 뚫린 물건 위에 국수 따위를 올려 물기를 빼다. ⓔ 삶은 국수를 체에 밭쳐 놓았다.
07	반드시	틀림없이 꼭 ⓔ 약속은 반드시 지켜라.
	반듯이	비뚤어지거나 기울거나 굽지 않고 바르게 ⓔ 고개를 반듯이 들어라.
08	부딪치다	'부딪다'를 강조하여 이르는 말 ⓔ 파도가 바위에 부딪쳤다.
	부딪히다	'부딪다'의 피동사 ⓔ 배가 세찬 파도에 부딪혔다. / 배가 빙산에 부딪혀 가라앉았다.
09	부치다	ⓔ 힘에 부치는 일 / 편지를 부친다. / 논밭을 부친다. / 빈대떡을 부친다. / 식목일에 부치는 글 / 회의에 부치는 안건 / 삼촌 집에 숙식을 부친다.
	붙이다	ⓔ 우표를 붙인다. / 책상을 벽에 붙였다. / 흥정을 붙인다. / 불을 붙인다. / 감시원을 붙인다. / 조건을 붙인다. / 취미를 붙인다. / 별명을 붙인다.
10	시키다	어떤 일이나 행동을 하게 하다. ⓔ 인부에게 일을 시키다.
	식히다	'식다'의 사동사 ⓔ 끓인 물을 식히다. / 열정을 식히다.
11	안치다	음식을 만들기 위하여 그 재료를 솥이나 냄비 따위에 넣고 불 위에 올리다. ⓔ 솥에 쌀을 안치러 부엌으로 갔다.
	앉히다	'앉다'의 사동사 ⓔ 아이를 무릎에 앉히다. / 잠자리를 손가락 끝에 앉히다. / 사장이 자기 아들을 부장 자리에 앉혔다.
12	이따가	조금 지난 뒤에. ≒이따 ⓔ 이따가 갈게. / 이따가 단둘이 있을 때 얘기하자.
	있다가	'있다'에 연결 어미 '-다가'가 붙은 말 ⓔ 집에 있다가 무료해서 밖으로 나왔다.
13	저리다	쑤시듯이 아프거나 감각이 둔하다. ⓔ 오래 앉았더니 다리가 저리다.
	절이다	'절다'의 사동사 ⓔ 배추를 소금물에 절이다.
14	조리다	고기나 채소를 물에 넣고 끓여서 양념이 배게 하다. ⓔ 멸치를 간장에 조렸다.
	졸이다	'졸다'의 사동사 ⓔ 찌개를 졸이다. / 속을 태우다시피 초조해하다. ⓔ 마음을 졸이다.

15	-노라고	자기 나름대로 꽤 노력했음. 예 하노라고 한 것이 이 모양이다.
	-느라고	앞의 내용이 뒤에 오는 내용의 목적이나 원인이 됨. 예 공부하느라고 밤을 새웠다.
16	-느니보다 (어미)	-는 것보다 예 나를 찾아오느니보다 집에 있거라.
	-는 이보다 (의존 명사)	-는 사람보다 예 오는 이가 가는 이보다 많다.
17	-(으)리만큼 (어미)	-(으)ㄹ 정도로 예 나를 미워하리만큼 그에게 잘못한 일이 없다.
	-(으)ㄹ 이만큼 (의존 명사)	-(으)ㄹ 사람만큼 예 찬성할 이도 반대할 이만큼이나 많을 것이다.
18	-(으)러(목적)	가거나 오거나 하는 동작의 목적 예 공부하러 간다.
	-(으)려(의도)	어떤 행동을 할 의도나 욕망을 가지고 있음. 예 서울에 가려 한다.

정답과 해설 19쪽

개념 확인

01 '이 일은 정말 힘에 부치는 일이다.'에서 '부치다'는 어법에 맞는 표기이다. ○ | ✕

02 '경기장에는 겉잡아서 천 명이 넘게 온 듯하다.'에서 '겉잡다'는 단어의 쓰임이 올바르다. ○ | ✕

03 '그들의 끈기가 이 경기의 승패를 ㉠ 했다.'에서 ㉠에 들어갈 말은 '가름'이다. ○ | ✕

04~09 표기가 옳은 것을 고르시오.

04 소에게 받치니/받히니 설움이 북받쳐/북받혀 집에서 술을 밭쳐/바쳐 먹었다.

05 그의 답안지를 정답과 맞춰/맞혀 보니 모든 문제의 답을 다 맞췄다/맞혔다 .

06 여행 계획을 비밀에 부쳤는데/붙였는데 어떻게 알았는지 동생이 자기도 부쳐/붙여 달라고 졸랐다.

07 그는 시골구석에서 재능을 썩이고/썩히고 있으면서 부모의 속을 썩였다/썩혔다 .

08 나는 여기에 좀 더 이따가/있다가 갈 거야. 이따가/있다가 3시에 집 앞에서 만나자.

09 ○○○ 차관은 "지역 활성화를 위해 민관이 협업함으로서/협업함으로써 지역의 문화·역사 자원을 늘리는/늘이는 것이 중요하다."라고 강조하였다.

POINT 08 공문서 수정하기 ⑧: 어휘

연습하기 다음 문장에 맞는 단어를 고르시오. 정답과 해설 20쪽

01 기상청은 비가 오는 날에는 강수량/강우량 을 측정해서 각국에 보도 자료를 배부한다.

02 세계 각국은 코로나 백신 개발/계발 에 총력을 기울이고 있다.

03 주가가 반등세를 보이며 연중 최고치 갱신/경신 이 가능할 것으로 보인다.

04 우리 부서는 복잡한 결재/결제 절차를 단순화하여 일의 효율을 높였다.

05 이번에 새로이 발명된 이 약품은 암 치료에 계기/전기 를 마련하였다.

06 관계 당국은 경기 침체로 조세 납부/수납 에 차질을 빚고 있다고 말했다.

07 전문가들은 올해 경장 성장률이 2%를 넘기/능가하기 힘들 것으로 전망했다.

08 ○○부는 내년의 물가 상승률을 정확히 맞춰서/맞혀서 올바른 경제 지표 자료를 마련하고자 한다.

09 환율이 오르고 원화 가치가 떨어졌다는 것은 경제가 안 좋아졌다는 것을 반증한다/방증한다 .

10 그는 악의적인 내용을 유포한 사람들에 대해서 수사 의뢰까지도 불사하겠다는/불사하지 않겠다는 입장을 밝히며 선처는 없다고 말했다.

11   공무원은 불편부당한/불편부당하지 않은 태도를 가져야 한다.

12   선수들의 정신력이 경기의 성패/승패 를 좌우하기도 한다.

13   대통령은 대표적인 피해 지역을 방문해 이번 호우로 발생한 이재민의 슬픔/애환 을 위로하였다.

14   그 사건은 아직까지도 인류 역사상 가장 끔찍한 일 중 하나로 여겨지고/회자되고 있다.

15   코로나바이러스로 인해 공무원 시험이 석 달 뒤로 연기되었다/연장되었다 .

16   신용 카드 대금 연체 시 연 10%의 연체 이자/이자율 을/를 납부하여야 합니다.

17   그에 따른 일절/일체 비용은 회사가 부담한다.

18   정부는 수출 부진을 전개하기/타개하기 위해 새로운 경기 부양책을 내놓았다.

19   ○○구청은 보조금을 수령할 구민들은 관련 서류를 구청으로 접수하라는/제출하라는 통지를 발송했다.

20   의료 복지는 보편주의와 평등주의를 지양해야/지향해야 한다.

공문서 수정하기 ⑨ : 실전 문제 풀이

01 〈공공 언어 바로 쓰기 원칙〉에 따라 수정한 것으로 적절하지 않은 것은? 2025 지방직 9급

〈공공 언어 바로 쓰기 원칙〉

• 표현의 정확성
  ㉠ 의미에 맞는 정확한 단어 쓰기
  ㉡ 부적절한 피·사동 표현에 유의함.

• 여러 뜻으로 해석되는 표현 삼가기
  ㉢ 하나의 뜻으로 해석되는 문장을 사용함.

• 대등한 것끼리 접속
  ㉣ '-고', '-(으)며', '와/과' 등으로 접속되는 말에는 구조가 같은 표현을 사용함.

① "납세자의 결정 세액이 기납부 세액보다 적은 경우 그 차이만큼 납세자에게 환급할 예정이다."를 ㉠에 따라 "납세자의 결정 세액이 기납부 세액보다 적은 경우 그 차이만큼 납세자에게 환수할 예정이다."로 수정한다.

② "경제 성장에 방해가 되는 요소를 배제시켜야 한다."를 ㉡에 따라 "경제 성장에 방해가 되는 요소를 배제해야 한다."로 수정한다.

③ "시 의회는 관련 단체와 시민들을 초청하기로 결정하였다."를 ㉢에 따라 "시 의회는 관련 단체와 협의하여 시민들을 초청하기로 결정하였다."로 수정한다.

④ "사업 전체 목표 수립과 세부 사업별 추진 전략을 제시한다."를 ㉣에 따라 "사업 전체 목표를 수립하고 세부 사업별 추진 전략을 제시한다."로 수정한다.

02 〈공공 언어 바로 쓰기 원칙〉에 따라 수정한 것으로 적절하지 않은 것은? 인혁처 2차 예시 문제

〈공공 언어 바로 쓰기 원칙〉

- 주어와 서술어의 호응
  - ㉠ 능동과 피동의 관계를 정확하게 사용함.

- 여러 뜻으로 해석되는 표현 삼가기
  - ㉡ 중의적인 문장을 사용하지 않음.

- 명료한 수식 어구 사용
  - ㉢ 수식어와 피수식어의 관계를 분명하게 표현함.

- 대등한 구조를 보여 주는 표현 사용
  - ㉣ '-고', '와/과' 등으로 접속될 때에는 대등한 관계를 사용함.

① "이번 총선에서 국회 의원 ○○○명을 선출되었다."를 ㉠에 따라 "이번 총선에서 국회 의원 ○○○명이 선출되었다."로 수정한다.
② "시장은 시민의 안전에 관하여 건설업계 관계자들과 논의하였다."를 ㉡에 따라 "시장은 건설업계 관계자들과 시민의 안전에 관하여 논의하였다."로 수정한다.
③ "5킬로그램 정도의 금 보관함"을 ㉢에 따라 "금 5킬로그램 정도를 담은 보관함"으로 수정한다.
④ "음식물의 신선도 유지와 부패를 방지해야 한다."를 ㉣에 따라 "음식물의 신선도를 유지하고, 부패를 방지해야 한다."로 수정한다.

POINT 09 공문서 수정하기 ⑨: 실전 문제 풀이

01 〈공공 언어 바로 쓰기 원칙〉에 따라 ㉠~㉣을 수정한 것으로 적절하지 않은 것은?

〈공공 언어 바로 쓰기 원칙〉

- 생소한 외래어나 외국어는 우리말로 다듬을 것
- 중복되는 표현을 삼갈 것
- 문맥에 맞는 정확한 어휘를 사용할 것
- 대등한 것끼리 접속할 때는 구조가 같은 표현을 사용할 것

제목: ㉠ 도지사 지시 사항 알림 안내

1. 담당 부서에서는 시간제 근무와 관련된 ㉡ 제도의 정비와 시범 실시 기관에 행정적인 지원을 강화하기 위해 노력해 주시기 바랍니다.

2. 아울러 〈도지사 지시 사항 관리 강화 계획〉에 따라 추진 중인 지시 사항 관리 카드 갱신을 매달 진행해 주십시오. 또한 지시 사항 관리 시스템 사용 ㉢ 매뉴얼에 따라 갱신된 내용을 올려 지시 사항 이행과 추진 상황 점검에 소홀함이 없도록 해 주시기 바랍니다.

3. 대변인은 도지사 지시 사항을 도내 공직자 등이 알 수 있도록 ㉣ 게시판에 개재하여 주시기 바랍니다.

① ㉠: 도시자 지시 사항 알림
② ㉡: 제도를 정비하고 시범 실시 기관에 행정적인 지원의 강화를 위해
③ ㉢: 지침에 따라
④ ㉣: 게시판에 게재하여

02 〈공공 언어 바로 쓰기 원칙〉에 따라 수정한 것으로 적절하지 않은 것은?

〈공공 언어 바로 쓰기 원칙〉

- 주어와 서술어의 호응
  - ㉠ 능동 및 피동의 관계를 정확하게 사용함.

- 대등한 구조를 보여 주는 표현 사용
  - ㉡ '와/과' 등 대등한 것끼리 접속할 때는 구조가 같은 표현을 사용함.

- 조사의 정확한 사용
  - ㉢ 부적절한 조사를 쓰거나 조사를 과도하게 생략하지 않도록 주의함.

- 어법에 맞는 문장 쓰기
  - ㉣ 필요한 문장 성분이 생략되지 않도록 함.

---

① "○○ 박물관에서는 타악 공연이 열리고 민속놀이 체험장이 운영된다."를 ㉠에 따라 "○○ 박물관에서는 타악 공연이 열리고 민속놀이 체험장이 운영한다."로 수정한다.

② "공사 대금의 즉시 지급, 민원을 신속하게 처리하는 등 설 연휴 전 ○○청의 중소기업 지원이 확대된다."를 ㉡에 따라 "공사 대금을 즉시 지급하고, 민원을 신속하게 처리하는 등 설 연휴 전 ○○청의 중소기업 지원이 확대된다."로 수정한다.

③ "○○구청은 관용 차량을 일자리 희망 버스로 개조함으로서 예산을 절감할 수 있었다."를 ㉢에 따라 "○○구청은 관용 차량을 일자리 희망 버스로 개조함으로써 예산을 절감할 수 있었다."로 수정한다.

④ "관계자는 청소년 법제관 제도를 통해 법치주의를 이해하는 데 도움이 되었으면 한다고 밝혔다."를 ㉣에 따라 "관계자는 청소년 법제관 제도를 통해 청소년들이 법치주의를 이해하는 데 도움이 되었으면 한다고 밝혔다."로 수정한다.

03 다음 〈보도 자료〉의 ㉠~㉣을 고쳐 쓴 것으로 적절하지 않은 것은?

〈보도 자료〉

　○○○처는 호국·보훈의 달 행사가 종료되는 시점인 지난 6월 30일부터 7월 3일까지 전국 15세 이상 1,000명을 대상으로 '국민 보훈 의식 지수'를 조사하였다. '독립운동가 등 ㉠<u>보훈 대상자가 국가를 지키고 발전시키는 데</u> 기여했다고 보느냐'라는 질문에 85.5점(80.2 → 85.5), '국가 유공자를 존경하느냐'라는 질문에 81.4점(77.2 → 81.4)으로 ㉡<u>전년 대비</u> 상승한 결과가 나타났다.
　○○○처는 '국민 보훈 의식 지수'에는 홍보 및 ㉢<u>선양 활동 뿐만 아니라</u> 각종 보훈 정책 및 내용도 영향을 주고 있다고 판단하고, 현재 국정 과제로 추진 중인 ㉣<u>'보훈 대상 및 보상 체계 개편'</u>을 지속 추진해 나갈 예정이다.

① ㉠: 보훈 대상자가 국가를 지키고 발전하는 데
② ㉡: 지난해보다
③ ㉢: 선양 활동뿐만 아니라
④ ㉣: '보훈 대상 및 보상 체계 개편'을 지속적으로 추진해 나갈 예정이다

04 〈공공 언어 바로 쓰기 원칙〉에 따라 수정한 것으로 적절하지 않은 것은?

〈공공 언어 바로 쓰기 원칙〉

- 주어와 서술어의 호응
  - ㉠ 주어와 서술어의 관계를 명확하게 표현함.

- 중복적 표현 삼가기
  - ㉡ 비슷하거나 같은 뜻을 나타내는 표현을 반복하여 쓰지 않음.

- 어법에 맞는 문장 쓰기
  - ㉢ 필요한 문장 성분이 생략되지 않도록 함.

- 정확한 용어 선택
  - ㉣ 문맥에 맞는 정확한 의미의 단어를 사용함.

① "○○청 발표에 따르면 봄꽃 개화 시기가 작년보다 3일 정도 늦을 것으로 예상했다."는 ㉠에 따라 "○○청은 봄꽃 개화 시기가 작년보다 3일 정도 늦을 것이라고 발표했다."로 수정한다.
② "이번 행사에는 약 30여 명의 블로그 기자들이 참여하였다."는 ㉡에 따라 "이번 행사에는 30여 명의 블로그 기자들이 참여하였다."로 수정한다.
③ "법인 사업으로 전환하려는 개인 사업자 또는 희망하는 창업자"는 ㉢에 따라 "법인 사업으로 전환하려는 개인 사업자 또는 이를 희망하는 창업자"로 수정한다.
④ "제출한 서류는 일절 반환하지 않습니다."는 ㉣에 따라 "제출한 서류는 일체 반환하지 않습니다."로 수정한다.

05 다음은 보도 자료의 일부이다. ㉠~㉢을 고쳐 쓴 방안으로 적절하지 않은 것은?

> 사료 작물 섞어 심기로 생산성 28% 향상
>
> ○○청(청장 ○○○)은 14일 이탤리언라이그래스와 귀리 섞어 심기 2차 수확 기술 시연회를 연다.
>
> 이번 기술 시연회는 국립 축산 과학원에서 개발한 이탤리언라이그래스와 귀리 섞어 심기 재배 기술의 현장 보급을 확대하기 위해 열린다. 이날 ㉠<u>섞어 심기 재배 기술 교육과 저수분 발효 사료 수확 작업을 선보이며</u> 현장에서 기술 정보도 나눌 예정이다.
>
> 이 기술은 두 가지 사료 작물 종자를 가을(9월)에 동시에 파종하여 1차로 그해 11월에 귀리를 수확하고, 이듬해 5월에 2차로 이탤리언라이그래스를 수확하는 획기적인 재배 기술이다.
>
> 이 재배 기술로 단위 면적당 거친 사료의 생산성은 28% 향상되고, 경영 소득은 39% 증가해 ㉡<u>국내 거친 사료 생산의 경제성이 확보한다.</u>
>
> ○○청 초지 사료과 김○○ 과장은 "해당 기술을 생산 현장에 적용하면 농가는 단위 면적당 거친 사료의 생산성을 높일 수 있다."라며 "㉢<u>한 번 파종하면 두 번 수확할 수 있기 때문에</u> ㉣<u>노동력 경영비 절감이 가능하다.</u>"라고 강조했다.

① ㉠: 섞어 심기 재배 기술 교육 및 저수분 발효 사료 수확 작업을 선보이며
② ㉡: 국내 거친 사료 생산의 경제성이 확보된다
③ ㉢: 한 번 작물을 파종하면 두 번 수확할 수 있기 때문에
④ ㉣: 노동력과 경영비를 줄일 수 있다

06 다음은 공문서의 일부이다. ㉠~㉣을 수정한 것으로 적절하지 않은 것은?

> **제목:** 공공 기관 지방 이전 계획의 차질 없는 이행 협조 요청
>
> 1. ○○○부는 관계 법령에 따라 수도권에 있는 157개 공공 기관을 지방으로 이전하는 일을 추진하고 있으며, 여러 차례 공공 기관의 지방 이전에 대한 확고한 추진 의지를 밝힌 바 있습니다.
>
> 2. 최근 ㉠<u>혁신 도시 건설 사업의 지연과 지방 이전 사업이 중단될 우려</u> 등이 제기되고 있습니다만, ○○○부는 혁신 도시 건설 및 공공 기관 지방 이전 사업을 최초 계획대로 추진한다는 점을 다시 한번 명확히 밝힙니다.
>
> 3. 이와 관련하여, 해당 실국에서는 이전 ㉡<u>목표 연도까지</u> ㉢<u>지방 이전이 차질 없이 추진되어질 수 있도록</u> 지방 이전 대상 산하 공공 기관이 지방 이전과 관련한 내년도 예산을 확보하도록 조치하여 주시기 바랍니다.
>
> 4. 아울러, 이 건은 공공 기관 예산 조기 집행과 직결된 사항이므로 ㉣<u>신속 검토하여 우리 부가 상반기 중에 조기 집행 목표를 달성할 수 있도록</u> 협조하여 주시기 바랍니다. 끝.

① 앞뒤의 문장 구조를 맞추어 ㉠을 '혁신 도시 건설 사업이 지연되고 지방 이전 사업이 중단될 우려'로 수정한다.
② 어문 규정에 맞추어 ㉡을 '목표 년도까지'로 수정한다.
③ 피동 표현의 중복을 피하기 위해 ㉢을 '지방 이전이 차질 없이 추진될 수 있도록'으로 수정한다.
④ 수식 관계를 고려하여 ㉣을 '신속히 검토하여 우리 부가 상반기 중에 조기 집행 목표를 달성할 수 있도록'으로 수정한다.

07 〈공공 언어 바로 쓰기 원칙〉에 따라 보도 자료의 ㉠~㉣을 수정한 것으로 적절하지 않은 것은?

〈공공 언어 바로 쓰기 원칙〉

- 문맥에 맞는 정확한 단어를 사용할 것
- 필요한 문장 성분이 생략되지 않도록 할 것
- 대등한 구조를 보여 주는 표현을 사용할 것
- 지나친 명사 나열을 피하고 적절한 조사와 어미를 활용하여 문장을 구성할 것

○○청 사칭, 전자 우편에 속지 마세요

1. 최근 불특정 다수를 상대로 하여 ㉠ 사칭하는 전자 우편을 보내는 사례가 지속적으로 발생하고 있습니다.

2. ○○청에서는 누리집 알림창에 악성 전자 우편 대응 지침을 올리고, 악성 전자 우편을 발견한 즉시 ㉡ 대형 포털 해당 전자 우편 차단 요청, 경찰 수사 요청 등 피해를 최소화하고자 노력하고 있습니다.

3. ○○청 사칭이 의심되는 전자 우편을 받으면 ㉢ 연결된 사이트 주소와 정상 사이트의 일치 여부를 반드시 확인하시기 바랍니다.
   - ㉣ 백신 프로그램의 최신 버전 유지와 출처가 불분명한 첨부 파일은 주의하여 실행하시기 바랍니다.

---

① ㉠: ○○청으로 사칭하는 전자 우편을 보내는
② ㉡: 대형 포털에 해당 전자 우편을 차단할 것을 요청하거나 경찰에 수사를 요청하는 등
③ ㉢: 연결된 사이트 주소와 정상 사이트의 일치 유무를 반드시 확인하시기
④ ㉣: 백신 프로그램은 최신 버전으로 유지하고 출처가 불분명한 첨부 파일은 주의하여 실행하시기

08 다음 보도 자료의 ㉠~㉢을 고쳐쓰기 위한 방안으로 적절하지 않은 것은?

○○ 지역 산불 피해 복구 지원단 가동

1. ○○○부는 4월 21일(월) '○○ 지역 산불 피해 복구 지원단(이하 '지원단')'을 ㉠ <u>운영한다라고 밝혔다</u>. 지원단은 이재민 지원과 관계 기관 간 연계 사업을 추진하기 위한 별도의 전담 기구이다.

2. 앞으로 지원단은 복구 계획에 따른 이재민 구호와 산불 피해 복구를 위한 ㉡ <u>구체적인 실행 방안 마련과 이행 사항을 지속적으로 관리한다</u>. 특히, 피해 지자체의 건의 사항과 이재민 요청 사항을 빠짐없이 검토해 ㉢ <u>가능한 빨리 지원한다는 방침이다</u>.

3. ○○○ 지원단장은 "정부는 산불 피해 지역 주민의 목소리에 귀를 기울여, 피해 지역의 회복을 위한 ㉣ <u>구체적이고 체계적인 지원이 이루어지게 될 수 있도록</u> 노력하겠다."라고 밝혔다.

---

① ㉠은 어법에 맞게 '운영한다고 밝혔다'로 고쳐 쓴다.
② ㉡은 문장의 병렬 관계를 고려하여 '구체적인 실행 방안 마련 및 이행 사항을 지속적으로 관리한다'로 고쳐 쓴다.
③ ㉢은 수식 관계를 고려하여 '가능한 한 빨리 지원한다는 방침이다'로 고쳐 쓴다.
④ ㉣은 과도한 피동 표현이므로 '구체적이고 체계적인 지원이 이루어질 수 있도록'으로 고쳐 쓴다.

POINT 09 공문서 수정하기 ⑨: 실전 문제 풀이

09 〈공공 언어 바로 쓰기 원칙〉에 따라 보도 자료의 ㉠~㉣을 수정한 것으로 적절하지 않은 것은?

〈공공 언어 바로 쓰기 원칙〉

- 어법에 맞는 정확한 조사를 사용할 것
- 주어와 서술어의 관계를 명확하게 할 것
- 하나의 뜻으로 해석되는 표현을 사용할 것
- 대등한 구조를 보여 주는 표현을 사용할 것

　행정 안전부 스마트 복지 안전 공동체 추진단(이하 '추진단')은 지역의 유명 축제와 연계하여 위기 가구 발굴·지원 정책을 홍보해 복지 사각지대에 있는 우리 주변의 위기 가구를 지원한다. 이를 위해 추진단은 오는 19일 ㉠<u>축제 준비 위원회 실무자들과 홍보 책임자를 만나</u> 홍보 방안을 논의하기로 했다.
　추진단은 위기 가구 발굴·지원 정책 홍보 외에도 ㉡<u>다양한 정책과 사업들을 추진하고 있다</u>. 읍·면·동 중심의 민관 협력형 복지·안전 관리 체계 구축 활동을 지원하는 '읍·면·동 복지·안전 서비스 개선 모델' 공모, AI를 활용해 ㉢<u>읍·면·동 직원의 단순·반복적 업무 경감과 위기 가구를 효과적으로 발굴하는</u> 'AI 활용 위기 가구 모니터링' 지원 등을 시행한다.
　한 관계자는 "국민적 관심이 높은 지자체의 유명 축제와 연계해 위기 가구의 발굴·지원 메시지가 ㉣<u>보다 많은 국민에게 전달되기를 기대한다."고 밝혔다</u>.

① ㉠: 축제 준비 위원회 실무자들과 함께 홍보 책임자를 만나
② ㉡: 다양한 정책과 사업들이 추진되고 있다
③ ㉢: 읍·면·동 직원의 단순·반복적 업무를 경감하고 위기 가구를 효과적으로 발굴하는
④ ㉣: 보다 많은 국민에게 전달되기를 기대한다."라고 밝혔다

10 〈공공 언어 바로 쓰기 원칙〉에 따라 ㉠~㉣을 수정하기 위한 방안으로 적절하지 않은 것은?

〈공공 언어 바로 쓰기 원칙〉

- 주어와 서술어를 호응시킬 것
- 필요한 문장 성분이 생략되지 않도록 할 것
- 대등한 구조를 보여 주는 표현을 사용할 것
- 지나친 명사 나열은 피하고 적절한 조사와 어미를 활용하여 문장을 구성할 것

㉠ ○○도 교육청은 영어 교육 도시 유학생 유치를 위하여 아시아 청소년 포럼을 개최한다.
㉡ ○○○ 청장은 해양 주권 수호와 국민의 안전을 책임지기 위해 더욱 노력하겠다고 말했다.
㉢ 학생이 휴대 전화 단말기의 비상 단추를 누르면 긴급 상황임이 학부모 휴대 전화에 자동으로 전송된다.
㉣ ○○청은 운전면허를 간편하고 적은 비용으로 취득할 수 있도록 면허 시험 취득 절차 간소화를 시행한다.

① ㉠: 지나친 명사 나열을 피해 '영어 교육 도시 유학생 유치를 위하여'는 '영어 교육 도시에 유학생을 유치하기 위하여'로 수정한다.
② ㉡: 대등한 구조를 보여 주는 표현을 사용하여 '해양 주권 수호와'는 '해양 주권을 수호하고'로 수정한다.
③ ㉢: 주어와 서술어의 호응을 위해 '전송된다'는 '전송한다'로 수정한다.
④ ㉣: '간편하고'가 수식하는 내용이 생략되었으므로 '간편하고'는 '간편한 절차와'로 수정한다.

공문서 수정하기 ⑩
: 실전 자료 훈련

다음은 국립국어원이 발간한 《한눈에 알아보는 공공 언어 바로 쓰기》에 있는 자료를 바탕으로 만든 것입니다.

01~10 밑줄 친 부분을 어법에 맞게 수정하고, 지나치게 어려운 표현은 쉽게 고치시오.

01

수 신 자	수신자 참조
(경 유)	
제 목	용어 표준화를 위한 자문 회의 참석 요청

1. 귀 원의 무궁한 발전을 기원하며, 국어 생활의 향상 및 표준적인 언어생활의 발판 마련을 위해 힘쓰시는 귀 원의 노고에 감사드립니다.

2. 본원은 국내 유일의 의약품 정보 제공 비영리 ㉠<u>재단 법인으로써</u> 표준화된 의약품 정보를 구축하여 제공하고 있으며, 관련 정보를 제공하는 등 ㉡<u>의약품 정보에 대한 국민의 알권리 충족과 합리적인 의약품 사용 기반을 조성하기 위하여</u> 노력하고 있습니다.

3. 의약품의 제형·투여 경로·용기 등에 관한 표준화된 용어를 구축하고 용어를 일반 국민도 ㉢<u>알기 쉬운 표현으로 개선시키고자</u> 합니다. 의약품의 안전한 사용을 위한 기반을 마련하는 데 이바지할 수 있도록 ㉣<u>귀 원에 자문을 구하니</u> 부디 좋은 의견 주시기를 부탁드립니다.

4. 이에 의약품 영문 표기 관련 회의를 개최하오니 참석하여 주시기 바랍니다.

❶ ㉠: 재단 법인으로써 ➡

❷ ㉡: 의약품 정보에 대한 국민의 알권리 충족과 합리적인 의약품 사용 기반을 조성하기 위하여 ➡

❸ ㉢: 알기 쉬운 표현으로 개선시키고자 ➡

❹ ㉣: 귀 원에 자문을 구하니 ➡

02

수 신 자	수신자 참조
(경 유)	
제 목	우리 부 서식 정비를 위한 행정 규칙 일괄 개정 통보 및 소속 기관 내규 서식 자체 정비 요청

1. ㉠ <u>개인 정보의 적극적 보호와 서식 간의 통일성 및 일관성을 확보하기 위해</u> 우리 부 행정 규칙을 다음과 같이 일괄 개정하고 ㉡ <u>소속 기관에 알려 드리오니</u>, 업무에 참고하시기 바랍니다.

2. 아울러, 기업 도시 개발 사업의 원활한 추진을 위해 운영 중인 〈전국 기업 도시 협의회〉 실무자 ㉢ <u>워크샵</u>을 개최하오니 참석 가능 여부를 오는 11. 21.까지 통보하여 주시면 감사하겠습니다.

3. 또한 각 소속 기관에서는 내부 규정상 서식 일체를 자체적으로 정비하여 20○○. 11. 28.(금)까지 규제 개혁 법무 담당관실로 정비 결과를 통보하여 주시기 바랍니다.
   ※ ㉣ <u>서식이 있는 내규 일체 개정 완료 후</u>, 개정 전문을 보내 주시기 바랍니다.

❶ ㉠: 개인 정보의 적극적 보호와 서식 간의 통일성 및 일관성을 확보하기 위해 ➡

❷ ㉡: 소속 기관에 알려 드리오니 ➡

❸ ㉢: 워크샵 ➡

❹ ㉣: 서식이 있는 내규 일체 개정 완료 후 ➡

POINT 10 공문서 수정하기 ⑩: 실전 자료 훈련

03

수 신 자	수신자 참조
(경 유)	
제 목	비영리 사단 법인 동일 명칭 사용 여부 조회 의뢰

1. 우리 부에 비영리 사단 법인 설립 허가를 신청해 옴에 따라 비영리 법인의 동일 명칭 사용 여부를 조회하오니 ㉠ 20○○. 11. 11(화)까지 회신하여 주시기 바라며, 기한 내 회신이 없으면 동일한 명칭을 사용한 법인이 없는 것으로 간주하고 업무를 처리할 계획임을 알려 드립니다. 신속한 업무 처리를 위해 ㉡ <u>가능한 빨리 회신해 주실 것을</u> 부탁드립니다.

2. 최근 독감의 영향으로 어려움을 겪는 ㉢ <u>관광업계의 경영난과 관광 산업 활성화를 도모하고자</u> 관광 진흥 개발 기금 특별 융자를 아래와 같이 시행하오니, 귀 시·도의 관광 사업체가 융자 혜택을 받을 수 있도록 관광 관련 단체·협회·사업자 등에게 널리 알려 주시기 바랍니다.

　가. 선정 규모: 100억 원
　나. 융자 대상 업종 및 조건
　　• 융자 대상 업종: 〈관광 진흥법〉 제3조에 따른 일반 여행업, 관광호텔업(1~3급에 한함), 관광 식당업, 국외 여행업, ㉣ <u>국내 여행업을 운영 중인</u> 중소기업체(제주특별자치도에 있는 사업체 제외)
　　• 융자 한도: 20○○년 판매 관리비의 30% 이내로 3억 원
　　• 대여 기간: 2년 거치 2년 상환

[붙임] 20○○년 관광 진흥 개발 기금 특별 융자 지원 지침 1부. 끝.

❶ ㉠: 20○○. 11. 11(화)까지 ➡
❷ ㉡: 가능한 빨리 회신해 주실 것을 ➡
❸ ㉢: 관광업계의 경영난과 관광 산업 활성화를 도모하고자 ➡
❹ ㉣: 국내 여행업을 운영 중인 ➡

04

수 신 자	수신자 참조
(경 유)	
제 목	정부 및 공공 기관 정보화 사업 관련 조사 협조 요청

1. 새만금 방조제 개통과 관련, 20○○년 4월 귀 도와 우리 부가 공동으로 추진하기로 한 ㉠ 기념 문화 축제 사업에 예산이 반영되어짐에 따라 〈보조금의 예산 및 관리에 관한 법률〉 ㉡ 제12조에 의거 귀 도에 기 통보한 바 있습니다.

2. 또한 소프트웨어 산업의 핵심 자원 정보를 효율적으로 관리하고 소프트웨어 사업 하도급 계약의 현황을 분석하기 위해 실적 조사 및 실태 조사를 실시하고자 하오니 ㉢ 관련 기관에서는 적극적인 협조하여 주시기 바랍니다.

   가. 조사 내용: 공공 기관 소프트웨어 사업 실적 조사: 20○○년도 정보화 사업 현황, 하도급 현황, 제품 현황 등
   나. 조사 기간: 20○○. 9. 15.(월)~10. 10.(금)
   다. 제출 방법: 전자 우편 또는 팩스로 ㉣ 송부

❶ ㉠: 기념 문화 축제 사업에 예산이 반영되어짐에 따라 ➡

❷ ㉡: 제12조에 의거 귀 도에 기 통보한 ➡

   ㉣: 송부 ➡

❸ ㉢: 관련 기관에서는 적극적인 협조하여 ➡

05

수 신 자	수신자 참조
(경 유)	
제 목	외부 행사 참석 관련 협조 요청

1. 귀 기관의 무궁한 발전을 기원합니다.

2. 우리 위원회에서 개최 예정인 토론회에 귀 기관 직원이 참석하여 상시 학습 시간을 인정받을 수 있도록 협조하여 주시기 바랍니다.

3. 아울러, 20○○. 11. 8. 개최 예정이던 가족 걷기 대회는 신종 독감 전염병 위기 단계를 ㉠ 경계에서 최고 단계인 심각으로 격상(11. 3.)됨에 따라 무기한 연기되었음을 알려 드리오니 착오 없으시기 바랍니다.

    가. 행사명: 〈장애인 차별 금지법〉과 웹 포털 접근성 보장 방안
    나. 일시 및 장소: 20○○. 11. 14. 14:00~17:30, 서울 ○○
    다. 참석 대상: 기관별 희망자 2명 이내
    라. ㉡ 설명회에 참석한 때에는 대중교통을 이용해 주시기 바랍니다.
    마. 행사가 끝나고 나서, ○○○ 연구소 개소 50주년을 맞이하여 ㉢ 연구소의 경쟁력 강화와 생산성을 향상하는 데에 뛰어난 공적이 있는 ㉣ 직원들에 대하여 장관 표창을 주고자 합니다.

❶ ㉠: 경계에서 최고 단계인 심각으로 격상(11. 3.)됨에 따라 ➡

❷ ㉡: 설명회에 참석한 때에는 ➡

❸ ㉢: 연구소의 경쟁력 강화와 생산성을 향상하는 데에 ➡

❹ ㉣: 직원들에 대하여 ➡

06

보 도 자 료

이동 전화 요금 감면 신청 절차 대폭 간소화
- 361만 명 대상, 신분증 하나로 요금 감면 신청 절차 완료 -

　○○○○ 위원회는 8월 11일부터 기초 생활 수급자 등 요금 감면 대상자가 이동 전화 요금 감면을 신청할 때 별도의 증빙 서류 제출 없이 주민 자치 센터, 이동 통신사 대리점 등 신청 장소에서 ㉠<u>감면 신청과 그 결과를 확인할 수 있는</u> 일괄 서비스를 제공한다고 밝혔다.

　㉡<u>그 동안</u> 기초 생활 수급자 등 감면 대상자가 요금 감면 혜택을 받으려면 적격 대상임을 증명하는 서류를 주민 자치 센터(읍면동 주민 센터) 등에서 발급받아 ㉢<u>이동 통신사 대리점에 접수해야</u> 하고, ㉣<u>매 1년마다 같은 절차로 반복해서</u> 감면 신청을 해야 하는 등 이용자의 불편이 컸다. 그러나 ○○○○부의 적극적인 협조로 절차를 대폭 줄일 수 있게 되었다.

　기초 생활 수급자 등 이동 전화 요금 감면 대상자는 앞으로 가정에서 온라인으로도 감면 신청을 할 수 있으며, 신분증만 가지고 가까운 이동 통신사 대리점을 방문하거나 읍면동 주민 센터 등 ㉤<u>주민 자치 센터에 가서 신청하고</u> 현장에서 감면 대상임이 확인되면 곧바로 감면 절차를 마칠 수 있다.

　위원회에서는 지난해 10월부터 저소득층이 소득 대비 통신비 부담이 높은 점을 고려하여, 이동 전화 요금 감면 확대 정책을 ㉥<u>시행한바 있다.</u>

❶ ㉠: 감면 신청과 그 결과를 확인할 수 있는 ➡

❷ ㉡: 그 동안 ➡　　　　　　/ ㉥: 시행한바 있다 ➡

❸ ㉢: 이동 통신사 대리점에 접수해야 ➡

❹ ㉣: 매 1년마다 같은 절차로 반복해서 ➡

❺ ㉤: 주민 자치 센터에 가서 신청하고 ➡

07

보 도 자 료

해외 한식당이 싹 바뀐다
- ○○○부, 오는 8월부터 해외 한식당 종사자 교육 실시 -

□ ○○○부는 오는 8월부터 해외 한식당 종사자를 대상으로 경영 및 조리·서비스 교육 프로그램을 운영한다.
  • 이번 교육은 지난 5월 4일에 발표된 〈한식 세계화 추진 전략〉의 ㉠'한식 이미지 제고 프로젝트'의 하나로 추진되는 것이다.

□ 그동안 외국인이 가지고 있는 한식에 대한 이미지는 다소 부정적인 부분이 있었다.
  • 예를 들면, 같은 메뉴라도 식당마다 ㉡음식 맛의 심한 차이나 종업원이 먹는 방법 등을 제대로 설명해 주지 않아 외국인들이 한식을 먹어 보려 해도 어려운 점이 있었다.
  • 이러한 문제점은 현지 인력 대부분이 한식 교육을 체계적으로 받지 못한 외국인인 경우가 많기 때문인 것으로 보인다.

□ 현지에서 시행되는 이번 교육은 첫해인 올해에는 미국 로스앤젤레스·일본 도쿄·중국 베이징 등 3개 지역에서 실시된다.
  • 이번 교육은 도시별로 경영자·조리사·종업원 각각 30명씩 2회에 걸쳐 진행되며, ㉢실력 있는 강사진이 이들을 직접 교육시킬 예정이다.
  • 또한 관계자는 "해외 한식당 교육은 ㉣그 대상 지역의 확대와 정례화하는 방향으로 추진하겠다."라며 "외국의 유명 요리 학교와도 ㉤이에 대해 협력해 나가고 있다."고 덧붙였다.

❶ ㉠: '한식 이미지 제고 프로젝트'의 하나로 ➡
❷ ㉡: 음식 맛의 심한 차이나 종업원이 먹는 방법 등을 제대로 설명해 주지 않아 ➡
❸ ㉢: 실력 있는 강사진이 이들을 직접 교육시킬 예정이다 ➡
❹ ㉣: 그 대상 지역의 확대와 정례화하는 방향으로 ➡
❺ ㉤: 이에 대해 협력해 나가고 있다."고 덧붙였다 ➡

08

보 도 자 료

| ○○청, 일하는 방식의 혁신을 위한 마라톤 토론회 개최 |

1. ○○청은 4차 산업 혁명 시대에 맞게 일하는 방식의 새로운 실천 방안을 논의하는 ㉠ 마라톤 토론회를 개최된다고 밝혔다.

2. 이번 행사에는 본청과 지방청에서 통계 혁신 업무를 맡고 있는 50여 명이 참석하여 '적극 행정을 위한 창의성 증대', '정보 통신 기술·데이터를 활용한 업무 처리 효율화' 등을 주제로 ㉡ 새로운 아이디어와 구체적인 실천 계획을 세운다.

3. ○○청장은 '일하는 방식의 혁신' 추진이 ㉢ 단순 업무 효율성 향상에만 그치지 않고, 적극 행정으로 국민이 체감할 수 있도록 통계 서비스를 개선할 수 있는 방안도 같이 모색하겠다고 밝혔다.

❶ ㉠: 마라톤 토론회를 개최된다고 밝혔다 ➡
❷ ㉡: 새로운 아이디어와 구체적인 실천 계획을 세운다 ➡
❸ ㉢: 단순 업무 효율성 향상에만 그치지 않고 ➡

09

장관 취임 후 100일간의 정책 대응 및 향후 과제

☐ 주요 성과
- 정책 신뢰 회복
  - 경제 상황을 객관적으로 진단하고 ㉠ <u>시장과 진솔하게 소통하므로써</u> 정직한 정부의 모습을 구현함.
  - 경제 팀 내 ㉡ <u>팀워크를</u> 긴밀하게 유지하여 일관된 메시지를 전달함.
  - 정책 방향을 분명히 제시하고 ㉢ <u>정책간</u> 우선순위를 명확히 설정함.
- 민생 안정을 위한 일자리 추경 편성
  - 취임 이후부터 국회 논의 과정까지 ㉣ <u>총 50여회의</u> 대외 협의·설명 등을 통해 추경의 필요성과 시급성에 대한 사전 공감대를 형성함.
- 금융·외환 시장의 안정화
  - ㉤ <u>중기 대출 만기 지연</u>, 신용 보증 공급 확대 등으로 신용 경색을 완화함.
  - 외환 시장을 자세히 ㉥ <u>모니터링하고</u> 외환 보유액을 확충함.
- 국제 사회에서의 위상 강화
  - 위기 극복을 위한 국제 공조 논의에 참여하여 보호 무역주의 차단, 부실 자산 처리 원칙 마련 등에 우리 목소리를 적극 반영함.
  - 적극적인 대해외 언론 대응 노력 강화로 ㉦ <u>대외 신인도 유지 및 한국 경제에 대한 국외의 시각을 개선함</u>.

❶ ㉠: 시장과 진솔하게 소통하므로써 ➡

❷ ㉡: 팀워크를 ➡   / ㉥: 모니터링하고 ➡

❸ ㉢: 정책간 ➡   / ㉣: 총 50여회의 ➡

❹ ㉤: 중기 대출 만기 지연 ➡

❺ ㉦: 대외 신인도 유지 및 한국 경제에 대한 국외의 시각을 개선함 ➡

10

○○도 ○○ 교육 지원청 상담 센터 직원 채용 공고

1. ○○도 ○○ 교육 지원청은 상담 센터에서 근무할 전문 상담사와 사회 복지사를 모집합니다.

2. **근무 조건**
   - 신분: 1년 미만의 계약직 ㉠ <u>신분으로써</u> 계약 기간 만료 후 고용 관계가 소멸됨.
   - 근무 조건: 우리 교육 지원청 〈계약 직원 취업 규칙〉 ㉡ <u>제 4장</u> 복무규정에 따름.

3. **유의 사항**
   - ㉢ <u>지원서 기재 사항의 누락 또는 구비 서류를 제출하지 않으면</u> 그로 인한 불이익은 응사자 본인의 책임으로 합니다.
   - 제출한 서류는 ㉣ <u>일체 반환하지 않습니다</u>.
   - 응시 원서나 각종 증명서의 기재 내용이 사실과 다르거나 시험에 관한 규정을 위반한 자는 응시를 무효로 하며, ㉤ <u>합격을 취소할 수 있습니다</u>.
   - 응시 원서 접수 결과 ㉥ <u>응시자의 수가 선발 예정 인원수와 같거나 미달하더라도</u> 적격자가 없는 경우 선발하지 않을 수 있습니다.

❶ ㉠: 신분으로써 ➡
❷ ㉡: 제 4장 ➡
❸ ㉢: 지원서 기재 사항의 누락 또는 구비 서류를 제출하지 않으면 ➡
❹ ㉣: 일체 반환하지 않습니다 ➡
❺ ㉤: 합격을 취소할 수 있습니다 ➡
❻ ㉥: 응시자의 수가 선발 예정 인원수와 같거나 미달하더라도 ➡

POINT 10 공문서 수정하기 ⑩: 실전 자료 훈련

> 다음은 국립국어원이 발간한 《한눈에 알아보는 공공 언어 바로 쓰기》와 《쉬운 공문서 쓰기 길잡이》에 있는 자료를 바탕으로 만든 것입니다.

11~26 다음 공문서를 읽고 물음에 답하시오.

11

> **제목:** 유원 시설 안전 관리자 교육 관련 질의 회신
>
> 1. 유원 시설 업체의 안전 관리자가 ㉠ <u>ㄱ 사업장의 안전 교육 이수와 ㄴ 사업장으로 이직한 때에는</u> ㉡ <u>ㄴ 사업장에는 처음 배치한 것이나 법률 해석상</u> ㉢ <u>안전 관리자 개인의 안전 교육으로 판단되어 재교육을 받을 필요는 없다고 보며</u>, 안전 관리자로 사업장에 배치 전 안전 관리 교육 이수도 인정되어야 하는 것으로 생각함.
>
> 2. 또한 여름철에 한시적으로 운영되는 물놀이 유원 시설 업체 등의 장기간 휴업으로 안전 관리자가 퇴사하고 없을 때에는 ㉣ <u>포함되지 않는 것이</u> 타당하다고 보며, 다시 영업을 개시할 때에는 안전 관리자 교육을 이수해야 함.

❶ ㉠을 어법에 맞게 고치시오.

❷ ㉡을 어법에 맞는 표현으로 고치시오.

❸ ㉢을 자연스러운 표현으로 고치시오.

❹ ㉣에 생략된 문장 성분을 넣어 바르게 고치시오.

12

> **제목:** 전문가 초청 워크숍 참가 안내
>
> 1. 우리 원은 문화 예술 관련 기관·단체 소속 실무자 및 예술 교육 ㉠ <u>담당자를 위한 문화 예술 전문 역량 강화를 위해</u> 다양한 교육 과정을 기획·운영하고 있습니다.
>
> 2. 이러한 사업의 하나로 ○○ 필하모닉 교육 부서와 연계하여 오는 10월 5일에 '예술 교육 음악으로 다가가기'를 주제로 전문가 초청 워크숍을 개최하오니, 각 기관에서는 최소 1명 이상 참석하여 주시기 바랍니다.
>
> 3. 아울러, 정부 중앙 청사에 ㉡ <u>열린 문화 공간 조성 및 근무 환경을 개선하기 위해</u> 귀 기관으로부터 ㉢ <u>미술품을 대여하고자</u> 하오니 협조하여 주시기 바랍니다.

❶ ㉠을 자연스러운 표현으로 고치시오.

❷ ㉡과 ㉢을 어법에 맞게 고치시오.

㉡:

㉢:

13

제목: 일반 경쟁 입찰 안내

1. 우리 청에서 시행하는 일반 경쟁 입찰의 참가 등록은 ㉠ 등록이 수시로 가능하며, 등록하시기 전에 종합 지원 센터에 비치되어 있는 등록 안내서, 등록 신청서 등을 먼저 열람하시기 바랍니다.

2. 제안서 및 과업 지시서는 입찰 참가 ㉡ 신청자에게 한하여 교부합니다. 입찰자는 사전에 ㉢ 제한 사항 확인 및 입찰 등록 장소에 비치되어 있는 입찰 유의 사항, 계약서 등을 열람한 후 응찰하시기 바라며 ㉣ 확인하지 못한 책임은 입찰자에게 있습니다.

❶ ㉠, ㉡, ㉢을 어법에 맞고 자연스러운 표현으로 고치시오.

㉠:

㉡:

㉢:

❷ ㉣에 생략된 문장 성분을 넣어 바르게 고치시오.

14

제목: 신종 플루 대응 복무 지침의 철저한 이행 요청

1. 최근 신종 플루 유행 지표의 급격한 증가에 따라, 정부는 20○○년 11월 3일 자로 위기 경보를 '심각 단계'로 ㉠ 조종하는 한편, ○○○○부 내 중앙 재난 대책 본부를 구성·가동하여 부처별 조치 상황을 실시간으로 점검하는 등 신종 플루 확산 방지에 전력을 다하고 있습니다.

2. 특히 최근 전국적으로 신종 플루 감염 사망자가 40명을 넘어서고 있으며 항바이러스제 투약 건수 및 집단 발병 사례 등도 빠르게 증가하고 있어, 부내 감염 확산을 저지하기 위한 선제 조치가 필요한 시점으로 판단됩니다.
   ※ ㉡ 최근 독감 의심 환자의 1/2가량은 신종 플루 감염으로 보여짐.

3. 이에 따라, 전 직원은 이미 통보한 우리 부 신종 플루 대응 복무 지침을 철저히 숙지하여 ㉢ 감염 확산 방지에 철저를 기하여 주시기 바라며, 감염 확산의 우려가 있으면 감염 확산 방지를 위해 ㉣ 적의 조치를 취한 후 이를 지체 없이 인사과로 통보하여 주시기 바랍니다. ○○○○부에서는 ㉤ 우리 부 내 감염 원인 파악과 재감염 방지 대책을 조속히 마련하도록 하겠습니다. 끝.

❶ ㉠을 문맥에 맞는 단어로 고치시오.

❷ ㉡과 ㉤을 어법에 맞는 표현으로 고치시오.

㉡:

㉤:

❸ ㉢을 쉬운 표현으로 고치시오.

❹ ㉣을 순화된 말로 다듬어 쓰시오.

POINT 10 공문서 수정하기 ⑩: 실전 자료 훈련

15

제목: 위탁 교육 운영 계약 체결 의뢰

　㉠ 최근 통계 자료를 살펴보면, 2000년대 이후 정보화 정책에 상당히 큰 변화가 일어나고 있습니다. 우리 부 직원들의 정보화 능력 향상을 통해 ㉡ 경쟁력 강화와 업무 효율성을 개선하고자 '20○○ 하반기 부내 정보화 교육'을 추진할 ㉢ 계획인 바, 이 교육의 위탁 운영을 위한 계약 체결을 아래와 같이 의뢰하오니 조치하여 주시기 바랍니다.

- 아래 -

가. 교육 운영 개요
　・교육 내용: 한글, 엑셀, 파워포인트
　　- ㉣ 각 기초반및 활용반등 5개 반 운영
　・교육 대상: 본부 및 소속 기관 직원
　・교육 일정: ㉤ 20○○. 11~12 중(과정별 2일 14시간)
　・위탁 교육 기관: (주)○○(수의 계약)
　　- 관련 근거: 〈국가를 당사자로 하는 계약에 관한 법률〉 시행령 제26조 1항 5호

❶ ㉠을 문장 성분의 호응을 고려하여 바르게 고치시오.

❷ ㉡을 어법에 맞는 표현으로 고치시오.

❸ ㉢과 ㉣을 띄어쓰기를 고려하여 올바르게 고치시오.

　㉢:

　㉣:

❹ ㉤의 문장 부호를 바르게 고치시오.

16

제목: 공공 기관 지방 이전 계획의 차질 없는 이행 협조 요청

1. ○○부는 〈공공 기관 지방 이전에 따른 혁신 도시 건설에 관한 특별법〉에 따라 수도권에 있는 157개 공공 기관을 지방으로 이전하는 일을 추진하고 있습니다.

2. 최근 ㉠ 혁신 도시 건설 사업의 지연 및 중단될 가능성에 대한 우려가 제기되고 있습니다만, 〈혁신 도시 관계 시·도 부지사 회의〉에서 확인된 바와 같이 ○○부는 혁신 도시 건설 및 공공 기관 지방 이전 사업을 최초 계획대로 ㉡ 추진된다는 점을 다시 한번 명확히 밝힙니다.

3. 사업 계획서 사본의 추가 요구 시 사업 신청자는 ㉢ 10부 범위 내에서 접수처에 제출하여야 합니다.

❶ ㉠과 ㉡을 어법에 맞고 자연스러운 표현으로 고치시오.

　㉠:

　㉡:

❷ ㉢에 생략된 문장 성분을 넣어 바르게 고치시오.

17

제목: 정기 대관 신청 승인 및 계약 안내

1. 우리 박물관에서는 지역민들에게 현대 미술에 대한 ㉠ <u>다양한 지식과 정보 제공을 위하여</u> '박물관에서 만나는 현대 미술'을 주제로 박물관 대학을 진행하고 있습니다.

2. 귀하께서 우리 극장에 ㉡ <u>접수하신</u> 20○○년도 정기 대관 신청을 승인하오니 승인 조건을 숙지하시고 문서 접수일로부터 5일 이내에 ㉢ <u>우리 극장과 체결하여</u> 주시기 바랍니다.

3. ㉣ <u>작성 내용의 정정 또는 신청인의 서명이 없는</u> 서류는 무효임을 알려 드리니 착오 없으시기 바랍니다.

❶ ㉠과 ㉣을 어법에 맞고 자연스러운 표현으로 고치시오.

㉠:

㉣:

❷ ㉡을 문맥에 맞는 단어로 고치시오.

❸ ㉢에 생략된 문장 성분을 넣어 바르게 고치시오.

18

제11회 사진 공모전 안내

㉠ <u>푸른 산과 맑은 물이 흐르는 계곡으로 가자!</u>

1. 참가 대상: 산과 사진을 좋아하는 누구나

2. 공모 주제: 산과 함께한 아름다운 순간
   - 산의 아름다움을 독창적인 감각으로 나타낸 작품
   - 산과 함께한 아름다웠던 순간과 추억을 담은 작품
   - 사람과 산이 조화된 작품

3. 제출 기간: 20○○년 ○월 ○일부터 ○월 ○일까지

4. 제출 방법: ○○ 공사 ㉡ <u>홈페이지</u> 사진 공모전 공지 글에서 출품 신청서, 개인 정보 제공 동의서를 ㉢ <u>다운로드</u> 후 작성. 작품과 함께 압축하여 ㉣ <u>이메일</u> 접수

❶ ㉠을 어법에 맞게 고치시오.

❷ ㉡~㉣을 순화된 말로 다듬어 쓰시오.

㉡:

㉢:

㉣:

POINT 10 공문서 수정하기 ⑩: 실전 자료 훈련

19

보 도 자 료

외국인 불법 체류! 불법 고용! 더는 안 됩니다

1. 단속이 강화됩니다.
   - 올해 하반기 중에 강력한 정부 합동 단속이 예정되어 있으며,
   - 불법 고용주는 최고 2,000만 원의 ㉠ <u>범칙금 부과 또는 형사 처벌을 받게 되고</u>, ㉡ <u>정상적인 외국인 고용을 제한됨</u>.

2. 자진하여 출국하면 혜택을 받습니다.
   - 처벌이 면제되고,
   - ㉢ <u>다시 입국할 수 있도록 완화됨</u>.

3. 외국인을 합법적으로 고용할 수 있습니다.
   - 고용 허가제, 방문 취업제 등 외국 인력 고용 제도 적극 활용

❶ ㉠과 ㉡을 어법에 맞게 고치시오.

㉠:

㉡:

❷ ㉢에 생략된 문장 성분을 넣어 바르게 고치시오.

20

보 도 자 료

○○시, 전국 최초 녹색 성장 청사진 마련

　○○시는 녹색 성장 ㉠ <u>선도 도시로써의</u> 위상을 강화하고자 전국 최초로 ㉡ <u>마스터플랜</u>을 마련하고, 시정 각 분야에 적극적으로 접목해 나가기로 했다.

　이를 위해 ○○시는 1,000만 그루 나무 심기, 도시 생태 공원 조성 등을 시행하여 ㉢ <u>시민의 삶의 질 개선과 도시의 위상 강화 방향을 추진해 나갈 계획이다</u>. 또한 계획 수립 과정에서 관련 전문가 그룹인 녹색 성장 기획 연구단에 자문하여 녹색 성장 종합 추진 계획을 확정할 예정이다.

❶ ㉠을 어법에 맞게 고치시오.

❷ ㉡을 순화된 말로 다듬어 쓰시오.

❸ ㉢을 어법에 맞는 표현으로 고치시오.

21

조사 안내문

안녕하십니까?

저는 통계청과 법무부에서 ㉠ <u>공동 실시하는</u> '이민자 체류 실태 및 고용 조사'를 위해 방문한 조사원입니다. 이미 우편으로 조사 협조문을 받으셔서 귀하가 조사 대상자로 선정되었음을 알고 계실 것입니다. 만일 조사 협조문을 받지 못하셨다면 이 자료를 보시기 바랍니다.

법무부와 통계청에서는 한국에 거주하는 외국인, 한국으로 국적을 바꾼 귀화인의 체류 상황과 고용 현황을 조사하고자 합니다. ㉡ <u>조사 내용은 공통 조사 항목과 체류 자격에 따라 추가로 조사하는 항목들이 있습니다.</u> 저희는 ㉢ <u>여러 제반 법률적·행정적 기한을</u> 충실하게 준수하되, 가능한 한 신속히 조사를 마치도록 노력하겠습니다.

❶ ㉠을 어법에 맞게 고치시오.

❷ ㉡을 주술 호응을 고려하여 자연스러운 문장으로 고치시오.

❸ ㉢을 자연스러운 표현으로 고치시오.

22

'공공 기관 온실가스 최적 관리 시스템' 시범 보급으로 본격적인 온실가스 감축 유도

1. ○○부(㉠ <u>○○○ 장관</u>)는 지자체의 온실가스 감축 기반 시설을 강화하기 위하여 올해 말까지 5개 광역시를 대상으로 〈공공 기관 온실가스 최적 관리 시스템〉을 시범 보급한다.

2. 특히, ○○시는 자체적으로 올해 상반기에 이미 관내 ㉡ <u>150여개</u> 공공 기관의 온실가스 ㉢ <u>배출양</u> 자료를 원단위로 분석해 왔고, 하반기에는 ㉣ <u>본격적으로 운영할 예정이어서</u>, 타 지자체에 모범 사례로 활용될 전망이다.

3. 이 시스템은 ㉤ <u>온실가스 감축 수단에 따른 저감 시나리오 제공과 해당 기관의 감축 목표를 체계적으로 관리할 수 있다.</u>

❶ ㉠을 언어 예절에 맞게 고치시오.

❷ ㉡, ㉢, ㉤을 어법에 맞게 고치시오.

㉡:

㉢:

㉤:

❸ ㉣에 생략된 문장 성분을 넣어 바르게 고치시오.

POINT 10 공문서 수정하기 ⑩: 실전 자료 훈련

23

지하철 열차 안, 역사 안내 방송

안내 말씀 드립니다.

우리 공사는 열차 안 질서를 어지럽히는 잡상 행위를 집중적으로 단속하고 있습니다. 열차 안에서 물건을 사지 않으면 ㉠<u>잡상 행위를 근절될 수 있습니다.</u>

㉡<u>고객</u> 여러분의 적극적인 협조를 부탁드리며, 열차 안에서 물건을 파는 사람이 있으면 가까운 고객 센터로 신고하여 주시기 바랍니다.

안내 말씀 드립니다.

현재 승강장 ㉢<u>스크린 도어</u> 공사를 하고 있어서 출입문을 계속 열어 놓고 있습니다.

열차를 이용하실 ㉡<u>고객</u>께서는 안전선 밖에서 대기하셨다가 열차가 완전히 멈춘 뒤 승차하여 주시기 바랍니다. 또한 열차 내에서는 ㉣<u>출입문에 기대거나 강제로 열려고</u> 하지 마십시오.

❶ ㉠을 어법에 맞고 자연스러운 표현으로 고치시오.

❷ ㉡을 문맥에 맞는 단어로 고치시오.

❸ ㉢을 순화된 말로 다듬어 쓰시오.

❹ ㉣에 생략된 문장 성분을 넣어 바르게 고치시오.

24

20일, 육·해·공군 '○○대 자전거 시대' 개막

1. 장군 숙소에서, 영외 군인 아파트에서 자전거를 이용해 출퇴근하는 ㉠<u>간부들의 끝없는 행렬은</u> ○○대 자전거 시대의 서막을 알려 주고 있다.

2. ㉡<u>이날 행사는</u> 육·해·공군 ○○대 전 장군과 일반 간부 1,100여 명이 본청 동문 앞에서 발대식을 한 후, 본청 동문·무궁화 회관 앞·○○탑 로터리·벽천 호수까지 영내 자전거 도로 약 1.5km 구간을 행진한다.

3. 각 군은 자전거 이용 기반 시설 구축과 여건 조성을 위해 차선 일부를 전용하여 영내 지역을 자전거 겸용 도로로 지정하여 ㉢<u>자전거 이용자의</u> 편의를 제공하고 있다. 또한 자전거 출퇴근 코스에 ㉣<u>안전등 설치 및 가로등 점등 시간 연장</u>, 자전거 이용자의 샤워 여건 보장을 위해 주요 건물마다 샤워실을 갖추고 있다.

❶ ㉠과 ㉣을 어법에 맞는 표현으로 고치시오.

㉠:

㉣:

❷ ㉡과 ㉢을 어법에 맞게 고치시오.

㉡:

㉢:

25

20○○년도 제2회 도시 사진전

1. 우리 시에서는 20○○년 9월 1일부터 9월 7일까지 시청 앞 광장에서 ㉠ 제2회 도시 사진전을 개최됩니다.

2. 이 사진전은 우리 시의 다양한 풍경을 기록하고 ㉡ 이를 공유하기 위해 마련된 것으로, 본 행사를 통해 더 많은 시민들이 우리 시의 역사와 문화를 알게 되는 계기가 되기를 바랍니다.

3. ㉢ 지난달 수해로 인한 준비 기간이 짧았기 때문에 사진전의 규모가 작년보다 줄어들었음을 ㉣ 양지하여 주시기 바랍니다.

❶ ㉠과 ㉢을 어법에 맞게 고치시오.

㉠:

㉢:

❷ ㉡에 생략된 문장 성분을 넣어 바르게 고치시오.

❸ ㉣을 순화된 말로 다듬어 쓰시오.

26

공연장 이용 수칙[무대 안전 이용 수칙]

1. 공연장 무대 이용 시간은 다음과 같습니다.
   * 이용 시간: (오전) 09:00~12:00
              (오후) 13:00~17:00

2. ㉠ 물품을 들여오거나 무대에서 내가려면 담당 직원에게 미리 허가를 받아야 합니다.

3. 출연자는 분장실 내에서 ㉡ 담배를 피면 안 됩니다.

4. 출연자는 분장을 하고 나면 로비나 외부로 ㉢ 출입을 삼가하여 주십시오.

5. 공연장 휴관 기간 ㉣ (7. 28(월)~7. 31(목))에는 공연장 이용이 제한될 수 있습니다.

❶ ㉠에 생략된 문장 성분을 넣어 바르게 고치시오.

❷ ㉡과 ㉢을 맞춤법을 고려하여 바르게 고치시오.

㉡:

㉢:

❸ ㉣의 문장 부호를 바르게 고치시오.

POINT 10 공문서 수정하기 ⑩: 실전 자료 훈련

27~35 밑줄 친 부분을 어법에 맞고 자연스러운 표현으로 고치시오.

27

<u>한일 과거사를 극복하고 미래 지향적인 양국 간 관계 발전을 위한</u> 전문가 양성 및 상호 교류

28

학교 특색 살리기 계획 추진
- 일반 고교를 대상으로 100개 교를 공모, 성과 협약 체결
  * 20○○학년도 대입 전형이 조기 안정화되는 등 대학 입시 3단계 <u>자율화 방안이 차질 없이 추진 중</u>

29

○○청 초지 사료과 김○○ 과장은 "해당 기술을 생산 현장에 적용하면 농가는 단위 면적당 사료 생산성을 높일 수 있다."라며 <u>"한 번 파종하면 두 번 수확할 수 있기 때문에</u> 노동력과 경영비를 줄일 수 있다."라고 말했다.

30

세계적 과학 기술 인재 양성 및 유치
• 국제 공동 연구 사업(EU 국가 공동 연구 등) 참여, <u>다른 선진국들과의 협력을 지속 추진하여</u> 기술 개발 및 과학 인력 국제적 연결망 구축

31

정부는 <u>노인 복지 종합 계획을 수립</u>, 올 하반기부터 시행하기로 하였다.

32

시장은 건설 현장에서 <u>건설업계 관계자들과 시민의 안전에 관하여</u> 논의하였다.

33

자유 민주주의 사회에서 지도자는 평화 수호와 인권을 보장하는 것을 목표로 삼아야 한다.

34

○○시는 해마다 취업 박람회를 개최하여 구인·구직자 간 만남의 장을 마련하고 취업 알선, 구직자의 채용 기회, 기업의 일자리 홍보 기회를 제공하고 있습니다.

35

20○○. 4. 3. 군 계획 위원회에서는 ○○○ 사육사 6곳에 대한 허가 안건을 대기 오염, 침출수 발생 등이 우려된다는 이유로 모두 부결하였습니다. 특히 기 설치된 시설 및 추가 설치 신청이 예상되므로 폐기물 처리 시설 및 재활용 시설에 대한 관리 지침 마련이 필요하다는 의견이 대부분이었습니다.

MEMO

가장 많은 수험생들이 선택하는 공무원 국어 1위

선재국어

가장 많은 수험생들이 선택하는 공무원 국어 1위

2026 신규강의

가장 많은 수험생들이 선택하는 공무원 국어 1위*
*공단기 국어 과목 패스 수강생 기준

쉽고 빠르게 익히는

수비니겨 공문서와 문법 독해

정답과 해설

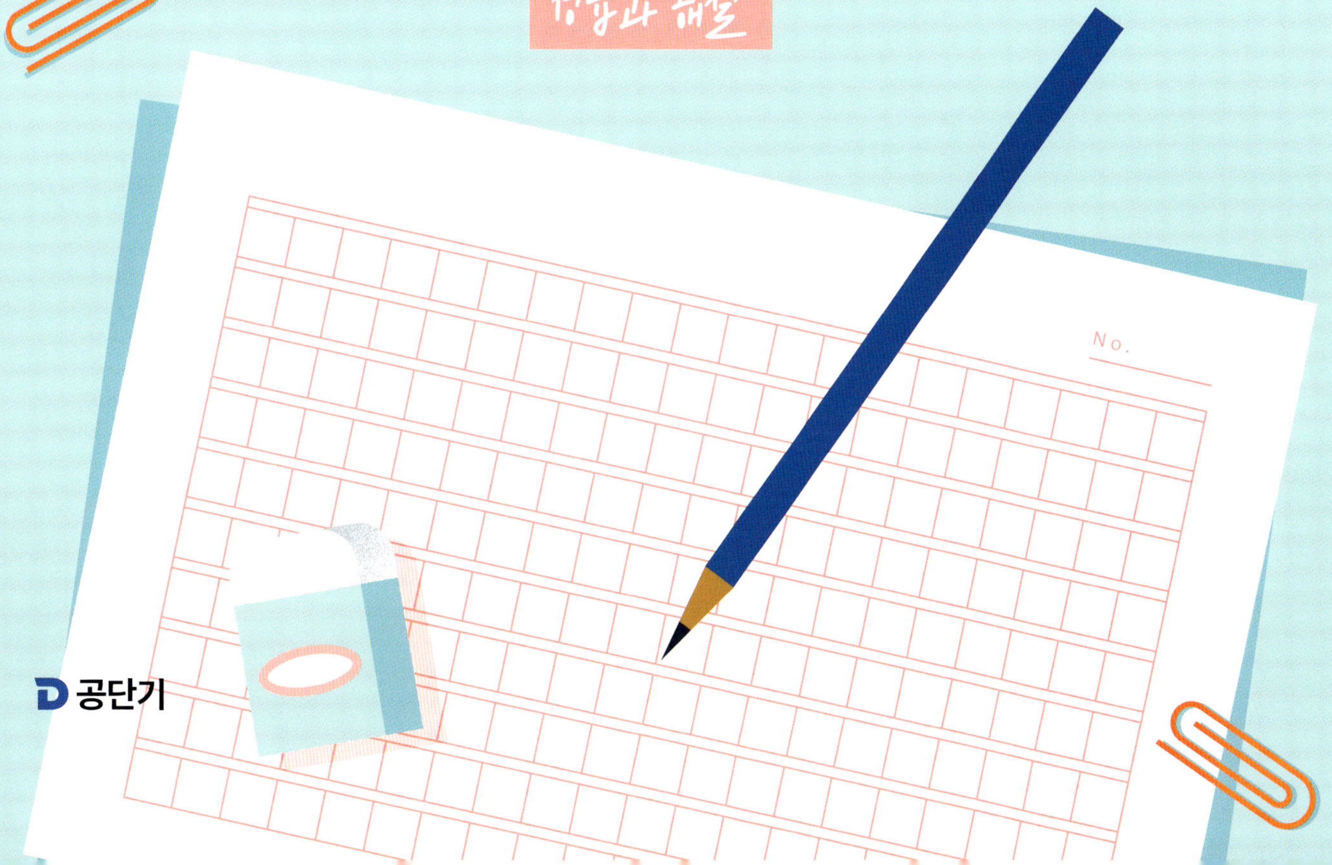

공단기

PART 1 문법 개념과 독해

POINT 01 언어의 특성

개념 확인
01 ◯ 02 ✕ 03 ◯

01 ◯ '부추'의 의미는 동일하지만 지역마다 다른 이름으로 불리는 것으로 언어의 자의성을 확인할 수 있다. 언어의 자의성이란 언어의 형식인 음성과 내용인 의미 사이에는 필연적이 아닌 자의적, 임의적 관계만 존재하는 것을 말한다.

02 ✕ 동일한 내용을 표현하는 형식이 각 언어마다 다르다는 것은 언어의 자의성과 관련이 있다. 즉 언어의 형식인 음성과 내용인 의미 사이에는 필연적이 아닌 자의적, 임의적 관계만 존재한다는 것이다.

03 ◯ 언어의 추상성이란 서로 다른 사물들에서 공통적인 개념을 추출할 수 있는 언어의 성질을 말한다. 따라서 '무궁화, 진달래, 개나리' 등에서 '꽃'이라는 공통 개념을 묶어 낸 것은 언어의 추상성과 관련이 있다.

유형 확인

01 ④ 언어 능력은 '자기 모국어에 대해 사람들이 내재적으로 가지고 있는 지식'이고, 언어 수행은 '사람들이 실제로 발화하는 행위'이다. 그런데 1문단에 따르면, 랑그는 '머릿속에 내재된 추상적인 언어의 모습'이고, 파롤은 '구체적인 언어의 모습으로 랑그를 사용하는 개인적인 행위'이다. 즉 언어 능력은 랑그에, 언어 수행은 파롤에 대응한다. 따라서 ㉣을 '랑그가 언어 능력에 대응한다면, 파롤은 언어 수행에 대응'으로 수정하는 것은 적절하다.

[오답 풀이] ①·② 악보는 고정되고, 실제 연주는 사람에 따라 달라진다. 1문단에 따르면, 랑그는 특정한 언어 공동체가 공유하는 추상적인 언어이고, 파롤은 랑그를 사용하는 개인적인 행위이다. 이를 바탕으로 할 때, 랑그는 고정되어 변하지 않는 악보에, 파롤은 개인에 따라 변하는 실제 연주에 비유할 수 있다. 따라서 ㉠과 ㉡은 수정하지 말고 그대로 두어야 한다.
③ '책상'에 대한 발음이 사람마다 다르다는 것은 개인적인 행위인 파롤에 해당한다. 따라서 ㉢은 수정하지 말고 그대로 두어야 한다.

02 ① 같은 언어 안에도 다양한 방언 형태가 존재한다는 것은, 하나의 언어 의미에 다양한 말소리가 나타난다는 뜻이다. 이는 말소리와 의미 간에 필연적 관계가 없다는 것을 의미하므로, 언어의 자의성을 보여 주는 사례로 적절하다.

[오답 풀이] ② 언어의 사회성은, 언어에서 형식과 내용의 관계에 대한 사회적 약속은 한번 정해지면 개인이 쉽게 바꿀 수가 없다는 것이다. 대화 대상에 따라 다른 표현을 사용하는 사례는 이와 무관하다.
③ 언어의 역사성은, 언어는 시간의 흐름에 따라 끊임없이 변화한다는 것이다. 유행어가 시간이 지나도 표준어로 인정되지 않는 사례는 이와 무관하다.
④ 언어의 추상성은, 하나의 언어 형식은 수많은 구체적 대상이 가진 공통적인 속성을 개념화하여 표현한 것임을 의미한다. 줄임말이 끊임없이 만들어지고 있는 현상은 이와 무관하다.

읽기 자료

01 ① 1문단에 따르면, 언어의 형식적 요소에는 '음운', '형태', '통사'의 3가지가 있으며 언어의 내용적 요소에는 '의미' 1가지가 있다. 따라서 언어는 형식적 요소가 내용적 요소보다 다양하다는 것이 적절한 이해이다.

[오답 풀이] ② 2문단에 따르면, 언어의 각각의 탐구에 해당하는 음운론, 문법론, 의미론은 서로 관련된다. 따라서 언어의 형태 탐구인 형태론과 의미 탐구인 의미론은 서로 관련된다.
③·④ 의사소통의 첫 단계는 화자의 발신이다. 2문단에 따르면, 화자의 측면에서 언어를 발신하는 경우에는 의미론에서 문법론을 거쳐 음운론의 방향으로 가므로, 언어의 의미를 형식으로 전환하는 것이다. 청자의 측면에서 언어를 수신하는 경우에는 반대의 방향으로 작용한다. 이때 문법론(형태론 및 통사론 포괄)을 거치므로, 언어를 발신하고 수신하는 과정에서 통사론도 활용된다.

02 ④ [출전] 남기심 외, 《표준 국어 문법론》, 수정
계열 관계란 같은 성질을 가지는 다른 말로 바꿀 수 있다는 의미인데, 계열 관계가 성립하면 큰 문법 단위를 작은 문법 단위로 분석할 수 있다. 그리고 형태소는 의미를 가지는 가장 작은 말의 단위이다. 따라서 '푸르다'의 '푸'를 '거, 다, 부'로 대체하면 '거르다, 다르다, 부르다'가 되지만, '푸'가 '푸르다'와 관련하여 어떠한 의미도 가지지 못하므로 '푸르다'를 '푸'와 '르다'의 형태로 분석할 수는 없다.

[오답 풀이] ① 2~마지막 문단에 따르면, '하늘이 푸르다'는 계열 관계와 통합 관계를 통해 '하늘이'와 '푸르다'라는 두 개의 문법 단위로 분석된다. 하지만, '하늘이'와 '푸르다'는 의미를 가지는 최소 단위라고 보기 어렵기 때문에 '하늘이', '푸르다' 자체를 각각 하나의 형태소라고 할 수는 없다. 즉 모든 문법 단위가 형태소가 될 수 있는 것은 아니다.
② 대치는 같은 성질을 가지는 다른 말로 바꿀 수 있는 계열 관계를 의미한다. '언니가 밥을 먹는다'에서 '밥을'과 '반찬을, 빵을, 사탕을'은 모두 같은 성질을 가져 바꾸어 쓸 수 있으므로 대치에 해당한다.
③ 통합 관계는 어떤 말의 앞이나 뒤에 다른 말이 올 수 있다는

뜻을 가진다. 따라서 '날씨가 춥다'에서 '날씨가' 앞뒤에 '겨울, 매우' 등을 삽입할 수 있는 것은 통합 관계와 관련이 있다.

POINT 02 국어의 특성

개념 확인   01 ○   02 ✗

01 ○ '예쁜 꽃', '매우 예쁘다'와 같이 수식어가 피수식어 앞에 온다.

02 ✗ 고유어의 의미 범위가 한자어에 비해 넓어, 세분된 의미를 표현하는 데는 한자어가 더 적합하다.

유형 확인

01 ② 임지룡 외, 《학교 문법과 문법 교육》, 수정
마지막 문단에 따르면, 국어는 '주어 - 목적어 - 서술어'의 어순을 지니고, 꾸미는 말이 꾸밈을 받는 말 앞에 온다. 즉 어순에 따른 제약이 전혀 없는 것은 아니다.
오답 풀이 ① 2문단의 '그들의'와 마찬가지로, '먹었다'는 '먹(eat)었(과거형)다(평서형 종결)'의 세 개의 형태소가 각각의 문법적 기능을 가진다.
③ 마지막 문단에 따르면, 국어는 중심이 되는 말인 서술어를 문장의 맨 뒤에 놓는 특성이 있다. 따라서 말을 끝까지 들어야 뜻을 제대로 이해할 수 있다.
④ 3문단의 내용에서 알 수 있다. 국어는 '군밤, 큰형'과 같이 용언의 관형사형과 명사를 합하여 새로운 명사를 만들기도 하고, '접칼, 덮밥'과 같이 용언의 어간과 명사를 합하여 새로운 명사를 만들기도 한다.

POINT 03 음운의 종류

개념 확인   01 ○   02 ✗

01 ○ 한 언어 내에서의 음운은 그 수효가 한정되어 있다. 다른 두 소리가 있을 때 이 둘이 별개의 음운인지 아닌지를 판단할 때에는 그 두 음성에 의해서만 뜻이 구별되는 단어쌍, 즉 최소 대립쌍[minimal pair]이 존재하는지를 살펴야 한다. '말[馬] - 발[足]'은 자음의 차이에 의한 최소 대립쌍의 예이고 '돌[石] - 둘[二]'은 모음의 차이에 의한 최소 대립쌍의 예이다. 이와 같이 최소 대립쌍을 성립하게 하는 말소리들은 모두 별개의 음운에 속한다.

02 ✗ 최소 대립쌍인 '나리'와 '다리'에서 추출되는 음운은 'ㄴ'과 'ㄷ'이다. '잇몸소리(치조음)'에는 'ㄷ, ㄸ, ㅌ, ㅅ, ㅆ, ㄴ, ㄹ'이 있고, '파열음'에는 'ㅂ, ㅃ, ㅍ, ㄷ, ㄸ, ㅌ, ㄱ, ㄲ, ㅋ'이 있다. 따라서 '잇몸소리'이면서 '파열음'의 조건을 모두 충족한 음운은 'ㄷ'뿐이다. 'ㄴ'은 '잇몸소리'이면서 '비음'이다.

유형 확인

01 ③ 이삼형, 고등학교 《언어와 매체》 교과서, 지학사, 수정
'모래'와 '마루'는 'ㅗ'와 'ㅏ'도 다르고, 'ㅐ'와 'ㅜ'도 다르다. 즉 오직 한 가지 요소에 의해서만 의미가 구별되는 최소 대립쌍으로 볼 수 없다.
오답 풀이 ① '보리'와 '소리'는 'ㅂ'과 'ㅅ'의 차이에 의해서만 의미 차이가 생기므로 최소 대립쌍이며, 이때 음운 'ㅂ'과 'ㅅ'을 추출할 수 있다.
② '나비'와 '너비'는 'ㅏ'와 'ㅓ'의 차이에 의해서만 의미 차이가 생기므로 최소 대립쌍이며, 이때 음운 'ㅏ'와 'ㅓ'를 추출할 수 있다.
④ '쌀'은 '말'과 'ㅆ'과 'ㅁ'의 차이에 의해서만 의미가 구별되고, '물'은 '말'과 'ㅜ'와 'ㅏ'의 차이에 의해서만 의미가 구별된다. 따라서 '쌀'과 '물'은 각각 '말'의 최소 대립쌍이 될 수 있다.

POINT 04 음운의 변화

개념 확인   01 ○   02 ✗   03 ✗

01 ○ 부엌일: [부억닐](음절의 끝소리 규칙 - 교체, ㄴ 첨가 - 첨가) → [부엉닐](비음화 - 교체). '부엌일'에 일어나는 음운 변동의 유형은 '교체'와 '첨가'이다.

02 ✗ 흙먼지: [흑먼지](자음군 단순화 - 탈락) → [흥먼지](비음화 - 교체). 음절 끝에 'ㄱ, ㄴ, ㄷ, ㄹ, ㅁ, ㅂ, ㅇ' 이외의 자음이 오면 이 7개의 자음 중 하나로 바뀌는 규칙인 '음절의 끝소리 규칙'과는 관련이 없다.

03 ✗ '식용유'는 [시굥뉴](ㄴ 첨가 - 첨가)로 발음되므로 음운의 개수가 늘어난다. '입학생'은 [이팍생](자음 축약 - 축약) → [이팍쌩](된소리되기 - 교체)'으로 발음되므로 음운의 개수가 줄어든다. 따라서 '식용유'와 '입학생'은 각각 음운 변동 전과 후의 음운 개수가 다르다.

유형 확인

01 ③ 고등학교 《독서와 문법》 교과서, 교학사
어간 '끄-'가 어미 '-어라'와 만나 '꺼라'가 되는 것은, 1문단의 '쓰-+-어라 → 써라'의 경우와 마찬가지로 어간의 끝모음 'ㅡ'가 탈락되는 현상이므로 모음 탈락에 해당한다.
오답 풀이 ① '끓이다[끄리다]'는, 1문단의 '좋은[조:은]'의 경우와 마찬가지로 용언 어간의 끝소리 'ㅎ'이 모음으로 시작되

는 어미나 접사 앞에서 탈락한 것이다. 즉 음운 1개(ㅎ)의 탈락 현상만 나타난다.

② '많다[만:타]'는, 2문단의 '좋고[조:코]'의 경우와 마찬가지로 예사소리 'ㄷ'과 'ㅎ'이 만나 거센소리 'ㅌ'이 된 것이므로, 자음 축약에 해당한다.

④ 1문단에 따르면, '우는 새'의 '우는'은 'ㄹ' 탈락 현상이 나타난 것이다. '하늘을 나는 새'의 '나는'도 '날-+-는'에서 어간의 끝소리 'ㄹ'이 탈락한 것이므로 'ㄹ' 탈락 현상이 나타난다.

연습하기

01 뜻하다: [뜯하다]① → [뜨타다]②
· 음운 변동 후 바뀐 음운의 개수: -1 ③개

02 바깥일: [바깓일]① → [바깓닐]② → [바깐닐]③
· 음운 변동 후 바뀐 음운의 개수: +1 ④개

03 훑는: [훌는]① → [훌른]②
· 음운 변동 후 바뀐 음운의 개수: -1 ③개

04 ① 온카고 ② 음절의 끝소리 규칙 - 교체 ③ 오타고
④ 자음 축약 - 축약 ⑤ 2 ⑥ 1 ⑦ 줄어든다

05 ① 닥만 ② 자음군 단순화 - 탈락 ③ 당만 ④ 비음화 - 교체
⑤ 2 ⑥ 1 ⑦ 줄어든다

06 ① 이팍생 ② 자음 축약 - 축약 ③ 이팍쌩
④ 된소리되기 - 교체 ⑤ 2 ⑥ 1 ⑦ 줄어든다

07 ① 풀닢 ② ㄴ 첨가 - 첨가 ③ 풀닙
④ 음절의 끝소리 규칙 - 교체 ⑤ 풀립 ⑥ 유음화 - 교체
⑦ 3 ⑧ 1 ⑨ 늘어난다

08 ① 능막염 ② 비음화 - 교체 ③ 능막념 ④ ㄴ 첨가 - 첨가
⑤ 능망념 ⑥ 비음화 - 교체 ⑦ 3 ⑧ 1 ⑨ 늘어난다

09 ① 넙죽하다 ② 자음군 단순화 - 탈락 ③ 넙쭉하다
④ 된소리되기 - 교체 ⑤ 넙쭈카다 ⑥ 자음 축약 - 축약
⑦ 3 ⑧ 2 ⑨ 줄어든다

10 오늘은 밭이랑 [반니랑]: 음절의 끝소리 규칙/ㄴ 첨가/비음화①에 농작물 [농장물]: 비음화②을 심는 날이다. 나는 맏형 [마텽]: 자음 축약③과 함께 부모님을 따라 '─' 탈락④ 나섰다. 부모님은 너는 굳이 [구지]: 구개음화⑤ 일손을 거들지 않아도 된다고 말씀하셨지만 나는 돕고 싶었다. 밭에서 피어오르는 흙냄새 [흥냄새]: 자음군 단순화/비음화⑥가 좋았다.

읽기 자료

01 ③ 출전 임지룡 외, 《학교 문법과 문법 교육》

2문단의 '영어에서는 이 두 소리가 ~ 존재하지 않기 때문이다'에서 알 수 있다. 즉 영어에서는 [p]와 [b]는 같은 음성 환경에 나타나서, 의미 구별 구실을 한다. 반면 한국어에서는 서로 다른 음성 환경에 나타나서, 의미 구별 구실을 하지 못한다.

오답 풀이 ① 1문단에 따르면, [p]와 [b]는 물리적으로 분명히 다른 소리이다. 다만 영어에서는 물리적으로 서로 다른 소리인 [p]와 [b]를 구별하여 사용하고 있고, 한국어에서는 이 두 소리의 다름을 인식하지 못하므로 구별하여 사용하지 못하는 것이다.

② 음운은 모국어 화자가 심리적으로 인식하고 있는 말소리이다. 그런데 2~3문단에 따르면, 영어를 모국어로 쓰는 사람들은 [p]와 [b]의 다름을 쉽게 알아차리지만, 한국 사람들은 이 두 소리의 다름을 쉽게 알아차리지 못하고 하나의 소리처럼 받아들인다. 따라서 [p]와 [b]는 영어에서 각각 음운의 자격을 가지지만, 한국어에서는 하나의 음운이다.

④ 3~4문단에 따르면, 한국어를 모국어로 쓰는 사람들은 [p]와 [b]를 구별하지 못하고, '바보[pabo]'와 같이 두 소리를 하나의 음소인 /ㅂ/으로 인식한다. 이를 바탕으로 할 때, 한국인들이 'read'의 'r'과 'lead'의 'l'을 모두 [ㄹ]로 발음하는 것은 한국어에서 [r]과 [l]이 음소 /ㄹ/의 변이음이기 때문임을 추론할 수 있다.

보충 자료 01 × 02 × 03 ×

01 × ㉠ 차례[차레](×) → [차례](○): '예, 례' 이외의 'ㅖ'는 [ㅔ]로도 발음할 수 있으나 '예', '례'는 [ㅖ]로만 발음하므로 [차례]만 표준 발음이고 [차레](×)로 발음하는 것은 허용하지 않는다.

㉡ 충의의[충의의/충의에/충이의/충이에](○): 단어의 첫음절 이외의 '의'는 [ㅣ]로 발음할 수 있으므로, '충의의'에서 '충의'의 표준 발음은 [충의/충이]이다. 한편 조사 '의'는 [ㅔ]로도 발음할 수 있으므로 [충의의], [충의에], [충이의], [충이에]는 모두 표준 발음이다.

02 × · 풀꽃아[풀꼬다](×) → [풀꼬차](○): 홑받침이나 쌍받침이 모음으로 시작된 조사나 어미, 접미사와 결합되는 경우에는, 제 음가대로 뒤 음절 첫소리로 옮겨 발음해야 한다.

· 늙습니다[늑씀니다](○): 겹받침 'ㄺ'은 어말 또는 자음 앞에서 [ㄱ]으로 발음한다.

03 × · 뚫는[뚤는](×) → [뚤른](○): 'ㅀ' 뒤에 'ㄴ'이 결합되는 경우에는 'ㅎ'을 발음하지 않고 [뚤는]으로 발음하고, 'ㄴ'이 'ㄹ' 뒤에서 유음화가 일어나 최종적으로 [뚤른]으로 발음한다.

· 밝히다[발키다](○): 받침 'ㄱ(ㄺ)'이 뒤 음절 첫소리 'ㅎ'과 결합되는 경우에는, 두 음을 합쳐서 [ㅋ]으로 발음한다.

04 혜택 [혜:택/헤:택]을 받기 위해서는 주의 [주:의/주:이] 사항이 있다고 귀띔 [귀띰] 해 주었다.

05 바위를 밟고 [밥:꼬] 서서 시 한 수를 읊는다 [음는다].

06 마음 밭이 [바치] 깨끗한 사람이 황무지를 개간하여 밭을 [바틀] 일구고 닭을 [달글] 키웠다.

07 ② 거의[거의/거이]: 1문단에 따르면, 첫음절 이외의 음절에서 'ㅢ'는 [ㅢ]로 발음하는 것이 원칙이나 [ㅣ]로도 발음할 수 있다. 따라서 '거의'의 '의'는 [ㅢ]나 [ㅣ]로 발음할 수 있으므로, '거의'는 한 가지 발음만 가능하다는 설명은 적절하지 않다.

> 오답 풀이 ① 꽃의[꼬츼/꼬체]: 1문단에 따르면, 조사 '의'는 [ㅢ]로 발음하는 것이 원칙이나 [ㅔ]로도 발음할 수 있다. 또한 2문단에 따르면, '문의 손잡이'에서의 '문의'와 같이 앞 음절의 받침이 뒤 음절의 초성으로 오더라도 조사 '의'는 [ㅢ]나 [ㅔ]로 발음하는 원칙이 적용된다. 따라서 '꽃의'에서 조사 '의'는 [ㅢ]나 [ㅔ]로 발음하므로, '꽃의'는 두 가지 발음이 가능하다는 설명은 적절하다.
> ③ 편의점[펴늬점/펴니점]: 2문단에 따르면, 명사 '문의(問議)'처럼 앞 음절의 받침이 뒤 음절의 초성으로 오게 되는 경우에 'ㅢ'는 [ㅢ]나 [ㅣ]로 발음하는 원칙이 적용된다. 따라서 '편의점'의 '의'는 [ㅢ]나 [ㅣ]로 발음할 수 있으므로, '편의점'은 두 가지 발음이 가능하다는 설명은 적절하다.
> ④ 띄고[띠고]: 1문단에 따르면, 초성이 자음인 음절의 'ㅢ'는 [ㅣ]로 발음해야 한다. 따라서 '띄고'의 'ㅢ'는 초성이 자음이므로, '띄고'는 한 가지 발음만 가능하다는 설명은 적절하다.

POINT 05 형태소와 단어의 개념

개념 확인 01 × 02 ① 6 ② 4 ③ 3

01 × 이 문장의 형태소를 분석하면 '밤/하늘/에/별/이/밝/게/빛/나/았/다'이다.

02 ① 6 물/을/아끼/어/쓰/어라 → 6개
② 4 물/을/아껴/써라 → 4개
③ 3 물을/아껴/써라 → 3개

유형 확인

01 ④ 출전 임지룡 외, 《학교 문법과 문법 교육》, 수정
2문단에 따르면, '바다가'의 '가'와 '푸르다'의 '-다'는 문법적 기능을 하는 형태소이다. 〈보기〉의 '이'는 제시문의 '가'처럼 문법적 기능을 하는 형식 형태소이다. 그러나 '맑-'은 제시문의 '푸르-'처럼 실질적 의미를 가지고 있는 실질 형태소에 해당한다.

> 오답 풀이 ① 형태소: 가을/하늘/이/맑/다 → 5개
> ② 1문단에 따르면, '바다'는 '바'와 '다'가 뜻을 가지지 않으므로 '바다' 전체가 하나의 형태소가 된다. 〈보기〉의 '가을'과 '하늘' 또한 이와 마찬가지이다. 즉 더 이상 분석할 수 없다.
> ③ 제시문에 따르면, '푸르다'의 '푸르-'는 실질적인 의미를 지니고 있는 실질 형태소이면서 항상 다른 형태소에 기대어 쓰이는 의존 형태소이다. 〈보기〉의 '맑-' 또한 실질적인 의미는 지니고 있으나 자립하여 쓰일 수 없으므로 실질 형태소이면서 의존 형태소이다.

POINT 06 품사의 구별 ① : 체언·수식언·독립언

개념 확인 01 × 02 × 03 ×

01 × '자기'는 앞에서 이미 말하였거나 나온 바 있는 사람을 도로 가리키는 3인칭 대명사이고, '당신'은 3인칭 대명사인 '자기'를 아주 높여 이르는 말이므로 역시 3인칭이다.

02 × '하나'는 수사로도, 명사로도 쓰이는데, ㉠에서 '하나'는 '수효를 세는 맨 처음 수'를 나타내는 수사로 쓰였다. ㉡의 '한'은 그 수량이 하나임을 나타내는 관형사이다.

03 × '그러나, 그런데' 등과 같이 체언과 체언, 문장과 문장을 이어 주는 말의 품사는 (접속) 부사이다. 접속사는 국어의 품사에 해당하지 않는다.

유형 확인

01 ④ 1문단에 따르면, 관형사는 체언 앞에 놓여서 그 체언의 내용을 꾸며 주는 품사인데, '저 헌 집'과 같이 관형사가 두 개 이상 쓰일 때는 '저'가 '헌'을 꾸미는 것이 아니라 명사구 '헌 집' 전체를 꾸며 준다. 따라서 관형사 두 개가 연달아 쓰이는 경우에 앞에 오는 관형사가 바로 뒤에 오는 관형사를 꾸며 준다는 설명은 적절하지 않다.

> 오답 풀이 ① 제시문에 따르면, 관형사는 형태 변화를 하지 않고 수식 기능만 갖는다. '갖은'은 형태 변화를 하지 않고 뒤에 오는 '고생'을 수식하는 기능만 가지고 있으므로 관형사이다.
> * 갖은: 골고루 다 갖춘. 또는 여러 가지의
> ② 1문단에 따르면, 관형사에는 조사가 붙지 않는다. '모든'에는 '모든이, 모든을'과 같은 조사가 붙을 수 없으므로, '모든'은 관형사임을 알 수 있다.
> * 모든: 빠짐이나 남김이 없이 전부의
> ③ '다른'은 2문단의 '어떤'과 마찬가지로 형용사 '다르다'의 활용형으로도, 관형사로도 쓰인다. ③의 '다른'은 주어를 서술하는 기능이 없고 단순 수식 기능만 가지므로 관형사임을 알 수 있다.
> * 다른: 당장 문제 되거나 해당되는 것 이외의. ≒딴

POINT 07 품사의 구별 ②
: 동사·형용사의 모든 것

개념 확인 01 ○ 02 ○ 03 ✕

01 ○ '밝다'는 동사와 형용사로 모두 쓰일 수 있는데, 첫 번째 문장의 '밝구나'는 '빛깔의 느낌이 환하고 산뜻하다'의 의미인 형용사이다. 두 번째 문장의 '밝는'은 '밤이 지나고 환해지며 새날이 오다'의 의미인 동사이다. 현재 시제 관형사형 어미 '-는'이 결합한 것으로도 동사임을 알 수 있다.

02 ○ '주워서 버렸다'는 '줍다'와 '버리다'의 의미가 모두 살아 있으므로 '본용언+본용언'의 구성으로 본다.

03 ✕ '흘렀다(흐르다)'는 '흘러 - 흐르니'로 활용하는 '르' 불규칙 용언이다. '르' 불규칙 용언은 어간의 끝음절 '르'가 어미 '-아', '-어' 앞에서 'ㄹㄹ'로 바뀌는 불규칙 활용을 한다. 반면, '잠가야(잠그다)'는 어간의 '으'가 어미 '-아'나 '-어' 앞에서 탈락하는 'ㅡ' 탈락 용언으로, '잠가 - 잠그니' 등으로 활용한다. 'ㅡ' 탈락은 보편적인 음운 규칙으로 설명되는 규칙 활용에 해당한다.

04 라면은 불면 → **불으면** 맛이 없는데 오래 끓여서 분 → **불은** 라면을 주다니.

05 산타 할아버지는 하늘을 날으는 → **나는** 썰매를 타고 어린이들에게 선물을 노놔 → **노나** 주며 사랑을 베품 → **베풂**.

06 집에서 직접 담군 → **담근** 막걸리를 팔으니 → **파니** 맛이 좋아요.

07 아버지는 큰 시험을 무사히 치뤄 → **치러** 낸 아이가 자랑스런 → **자랑스러운** 모양이다.

유형 확인

01 ③ [출전] 임지룡 외,《학교 문법과 문법 교육》, 수정
1문단에 따르면, ㉠ '해가 떠오르다'의 '떠오르다'는 동사이다. 동사는 현재 시제 선어말 어미 '-는-/-ㄴ-'과 현재 시제 관형사형 어미 '-는'이 결합할 수 있는데, '청소를 다 하다'의 '하다'는 '한다, 하는' 등으로 쓸 수 있다. 따라서 '하다'의 품사도 동사임을 알 수 있다.

[오답 풀이] ① '읽고'는 '읽는다, 읽는 책'과 같이 현재 시제 선어말 어미 '-는-'과 현재 시제 관형사형 어미 '-는'이 결합되므로 동사이다. '싶다'는 '싶는다(✕), 싶는(✕)'처럼 쓸 수 없으므로 형용사이다.

② 1문단에 따르면, '-ㄴ/-은'은 형용사·동사 모두와 결합이 가능한데, 형용사에 결합하면 현재 시제를, 동사에 결합하면 과거 시제를 나타낸다. 그런데 '본'은 '보는'과 같이 현재 시제 관형사형 어미 '-는'과의 결합이 가능하므로 동사임을 알 수 있다. 따라서 '본'은 과거 시제 관형사형 어미가 결합된 동사이다.

④ 2문단에 따르면, '사과를 먹어 버렸다'에서 '버렸다'는 보조 용언이다. 하지만 보조 용언은 두 개의 용언이 연속해서 나와야 한다. 반면 '쓰레기를 휴지통에 버렸다'에서 용언은 '버렸다' 하나뿐이므로 '버렸다'를 보조 용언으로 볼 수 없다.

02 ③ [출전] 이관규,《국어 교육을 위한 국어 문법론》, 수정
마지막 문단에 따르면, '흐르-+-어 → 흘러'와 같이 어간의 '르'가 'ㄹㄹ' 형태로 바뀌는 것은 어간이 불규칙하게 변하는 '르' 불규칙이고, '푸르-+-어 → 푸르러'와 같이 어미 '-어'가 '-러'로 바뀌는 것은 어미가 불규칙하게 변하는 '러' 불규칙이다. '부르-+-어 → 불러'는 '흘러'와 같은 '르' 불규칙이므로 어간이 불규칙하게 변하는 사례에 해당하지만, '이르-+-어 → 이르러'는 '푸르러'와 같은 '러' 불규칙이므로 어미가 불규칙하게 변하는 사례에 해당한다.

[오답 풀이] ① 1문단에 따르면, 문장의 주어를 서술하는 기능을 가진 용언은 활용을 통해 문장에서 요구되는 기능을 수행한다. 이러한 용언은 활용할 때 어간이나 어미의 기본 형태가 달라지는 경우가 있다.

② 1문단에 따르면, 규칙 활용은 용언의 어간이나 어미의 기본 형태가 달라지는 현상을 일정한 규칙으로 설명할 수 있다. 또한 2문단에 따르면, 규칙 활용에는 'ㅡ' 탈락이 있으며, 'ㅡ' 탈락은 '바쁘-+-아 → 바빠'처럼 용언의 어간 '으'가 어미 '-아'나 '-어' 앞에서 탈락한다. '치르-+-어 → 치러' 또한 '바빠'와 같은 'ㅡ' 탈락 용언이므로 어간의 변화를 일정한 규칙으로 설명할 수 있다.

④ 마지막 문단에 따르면, 어간과 어미가 모두 바뀌는 것은 'ㅎ' 불규칙으로, 'ㅎ' 불규칙은 '좋다'를 제외한 형용사에만 나타난다. 따라서 형용사 '하얗다'에는 'ㅎ' 불규칙이 나타나지만 동사 '놓다'에는 'ㅎ' 불규칙이 나타나지 않는다.

POINT 08 품사의 구별 ③
: 조사의 종류와 올바른 쓰임

개념 확인 01 ✕ 02 ○ 03 ○

01 ✕ 주격 조사는 문장 안에서 해당 체언이 서술어의 주어임을 표시하는 격 조사이다. '이/가', '께서', '에서' 따위가 있는데, 이러한 조사는 문장에서 반드시 주격 조사로만 쓰이는 것이 아니므로 문맥을 파악해야 한다. '영수가'의 '가'는 주격 조사이지만, '학생이'는 '아니다'라는 서술어 앞에 쓰였기 때문에 보어이며, 따라서 '학생이'의 '이'는 보격 조사이다.

02 ○ '동창회에서 장학금을 모교에 전달했다'의 '에서'는 단체를 나타내는 명사 뒤에 붙어 앞말이 주어임을 나타내는 주격 조사로

쓰였다. '어느 학교 동창회에서 있었던 일이다'의 '에서'는 장소를 뜻하는 부사격 조사로 쓰였다.

03 ○ ㉠ '과'는 둘 이상의 체언(구, 절)을 같은 자격으로 이어 주는 접속 조사로 쓰였다. 그러나 ㉡ '과'는 '같다' 앞에서 다른 것과 비교하거나 기준으로 삼는 대상임을 나타내는 부사격 조사로 쓰였다.

유형 확인

01 ③ 출전 임지룡 외, 《학교 문법과 국어 교육》, 수정
2문단에 따르면, 접속 조사 '와'로 연결된 문장인 '나는 사과와 배를 좋아한다'는 '나는 사과를 좋아한다'와 '나는 배를 좋아한다'로 나눌 수 있다. 이와 마찬가지로, '훈민과 정음은 국어를 잘한다'는 '훈민은 국어를 잘한다'와 '정음은 국어를 잘한다'의 두 문장으로 분리할 수 있으며, 이때의 '과'는 접속 조사이다.
오답풀이 ① 마지막 문단에 따르면, 보조사 '는'은 앞 체언에 '대조'의 의미를 더하는 기능을 한다. '국어는'의 '는' 또한 영희가 국어를 좋아하지만 다른 과목은 좋아하지 않는다는 의미를 더해 준다.
② 마지막 문단에 따르면, 문법적 관계는 격 조사가 담당한다. 따라서 '다른 사람에게는'에서 문법적 자격을 부여하는 것은 부사격 조사인 '에게'이다.
④ 1문단에 따르면, '우리 학교에서 우승을 차지했다'의 '에서'는 체언이 문장 속에서 주어로서의 자격을 가지도록 해 주는 주격 조사에 속한다. '정부에서'의 '에서' 또한 '정부'가 주어로서의 자격을 가지도록 해 주는 주격 조사이다.

POINT 09 품사의 통용

개념 확인   01 ○ 02 ✕ 03 ○

01 ○ '만큼'이 체언 뒤에 붙을 경우에는 조사이므로, '철수만큼'의 '만큼'은 조사이다. 또한 '만큼'이 용언의 관형사형 뒤에 쓰일 경우에는 의존 명사이므로, '먹을 만큼'의 '만큼'은 의존 명사이다. 따라서 첫 번째 문장과 두 번째 문장에 쓰인 '만큼'은 ㉠ '품사의 통용'의 예로 적절하다.

02 ✕ '다른'은 관형사로도, 형용사로도 쓰인다. '다른 사람들은'에서 '다른'은 '당장 문제 되거나 해당되는 것 이외의. ≒딴'의 뜻을 지니는 관형사이다. '나와 생각이 다른 사람'에서 '다른'은 '생각이 다르다'처럼 서술성이 있으므로 형용사 '다르다'의 활용형이다.

03 ○ '백'은 수사와 관형사로 쓰이는데, 뒤에 조사가 붙으면 수사이고, 직접 체언을 꾸미면 관형사이다. ㉠은 뒤에 조사 '이면'이 붙었으므로 수사이고, ㉡은 직접 체언을 꾸미고 있으므로 관형사임을 알 수 있다. 따라서 ㉠과 ㉡의 품사는 같지 않다.

유형 확인

01 ④ 제시문에 따르면, ㉠ '동음이의 현상'은 서로 무관한 두 의미가 우연히 같은 형태로 나타난 것이다. '모자를 쓰고'의 '쓰다'는 '모자 따위를 머리에 얹어 덮다'의 의미로, '시를 쓰고'의 '쓰다'는 '머릿속의 생각을 종이 혹은 이와 유사한 대상 따위에 글로 나타내다'의 의미로 쓰였다. 각각 '쓰다²'와 '쓰다¹'의 의미로 쓰인 것이므로 ㉠의 사례로 적절하다. 나머지 ①·②·③은 모두 하나의 단어가 둘 이상의 품사로 사용되는 품사 통용의 사례에 해당한다.
오답풀이 ① '비교적'은 명사로도, 관형사로도, 부사로도 쓰인다.
· 비교적 관점: 뒤에 오는 체언을 수식하고 있으므로 관형사이다.
· 비교적 편리한: 뒤에 오는 용언을 수식하고 있으므로 부사이다.
② '크다'는 형용사로도, 동사로도 쓰인다.
· 언니보다 키가 크다: '사람이나 사물의 외형적 길이, 넓이, 높이, 부피 따위가 보통 정도를 넘다'의 의미로 쓰인 형용사이다.
· 풀이 크다: '동식물이 몸의 길이가 자라다'의 의미로 쓰인 동사이다.
③ '오늘'은 명사로도, 부사로도 쓰인다.
· 오늘이: 뒤에 조사가 붙었으므로 명사이다.
· 오늘 갈 것이라: 뒤에 오는 용언을 수식하고 있으므로 부사이다.

POINT 10 단어의 형성 : 파생어와 합성어

개념 확인   01 ✕ 02 ○ 03 ✕ 04 ✕ 05 ○

01 ✕ '살펴보다'는 살피+어+보다'와 같이 연결 어미로 이어진 통사적 합성어이다. '순수하다'는 형용사를 만드는 접미사 '-하다'가 붙은 파생어이다.

02 ○ '정답게'의 기본형 '정답다'에서 '-답다'는 (일부 명사 뒤에 붙어) '성질이 있음'의 뜻을 더하고 형용사를 만드는 접미사이다. 즉 '정답다'는 명사 어근 '정' 뒤에 접미사 '-답다'가 붙어 형용사로 품사가 바뀐 것이다.

03 ✕ '알부자'는 '진짜, 알짜'의 뜻을 더하는 접두사 '알-'과 어근 '부자'의 결합으로 만들어진 파생어이다.

04 ✕ '회덮밥'은, 관형사형 어미가 생략된 비통사적 합성어인 '덮밥'에 새로운 어근 '회'가 결합된 합성어이다.

05 ○ '넓히다'의 '-히-'와 '높이다'의 '-이-'는 (일부 형용사 어간 뒤

에 붙어) '사동'의 뜻을 더하고 동사를 만드는 접미사이다.

06 풋사랑 `파생어`, 꿈같은 `통사적 합성어`, 첫사랑 `통사적 합성어`

07 출입구 `파생어`, 비행기 `파생어`, 외국인 `파생어`

08 젊은이 `통사적 합성어`, 굳센 `비통사적 합성어`, 믿음 `파생어`, 스며들었다 `통사적 합성어`

유형 확인

01 ④ ㉠ 1문단에 따르면, 직접 구성 요소를 분석한 결과, 둘 중 하나가 접사이면 파생어이다. '쓴웃음'에는 접사 '-음'이 있으니까 ㉠이라는 문맥이므로, ㉠에는 '파생어'가 들어가야 한다.
㉡ '웃음'은 파생어이지만 '쓴웃음'이라는 단어 형성에 참여할 때는 ㉡으로 참여하므로 '쓴웃음'이 파생어가 아니라는 문맥이다. 1문단에 따르면, 합성어는 '어근 + 어근'의 구성이므로, ㉡에는 '어근'이 들어가야 한다.

02 ② '흰'은 용언 '희다'의 어간에 관형사형 어미 '-ㄴ'이 붙은 용언의 관형사형이다. 따라서 '흰머리'는 용언의 관형사형(흰) + 명사(머리)로 구성된 합성 명사로, 통사적 합성어이다.
오답 풀이 ① '큰아버지'는 용언의 관형사형(큰) + 명사(아버지)로 구성된 합성 명사로, 앞 성분이 뒤 성분을 수식하는 종속 합성어이다.
③ '늙은이'는 용언의 관형사형(늙은) + '사람'의 뜻을 나타내는 명사(이)로 구성된 통사적 합성어이다.
④ '먹거리'는 용언의 어간(먹) + 의존 명사(거리)로 구성된 합성 명사이다. 용언 어간과 명사의 결합은 국어 문장 구성에 없는 배열법이므로 비통사적 합성어에 속한다.

03 ③ ㉠ 작은아버지: 관형어 + 체언의 구성인 통사적 합성어이므로 ㉠의 예로 적절하다.
㉡ 검버섯: 관형사형 어미가 생략된 비통사적 합성어이므로 ㉡의 예로 적절하다.
오답 풀이 ① ㉠ 꺾쇠: 관형사형 어미가 생략된 비통사적 합성어이므로 ㉡의 예에 해당한다.
㉡ 뛰놀다: 용언을 이어 주는 연결 어미가 생략된 비통사적 합성어이므로 ㉡의 예로 적절하다.
② ㉠ 애쓰다: 조사가 생략된 통사적 합성어이므로 ㉠의 예로 적절하다.
㉡ 잡아먹다: 연결 어미로 이어진 통사적 합성어이므로 ㉠의 예에 해당한다.
④ ㉠ 부슬비: 부사 + 명사로 구성된 비통사적 합성어이므로 ㉡의 예에 해당한다.
㉡ 돌보다: 용언을 이어 주는 연결 어미가 생략된 비통사적 합성어이므로 ㉡의 예로 적절하다.

POINT 11 문장 성분과 서술어의 자릿수

개념 확인   01 ○ 02 ✕ 03 ✕

01 ○ '정부에서'의 '에서'는 단체를 나타내는 명사 뒤에 붙어 앞말이 주어임을 나타내는 주격 조사이므로, '정부에서'는 주어이다. 그러나 '우리 회사에서는' 뒤에 오는 용언 '개발되었다'를 수식하는 부사어로 쓰였다.

02 ✕ '시골의'는 '시골(체언) + 의(관형격 조사)'의 형태로, 뒤에 오는 체언 '풍경'을 수식하는 관형어이다. '군인인' 또한 '군인(체언) + 이(서술격 조사) + -ㄴ(관형사형 어미)'의 형태로, 뒤에 오는 체언 '형'을 수식하는 관형어이다.

03 ✕ '말은 바로 해라'는 '말을 바로 해라'와 같이 목적격 조사가 들어가는 것이 자연스러우므로 '말은'의 문장 성분은 목적어이다. 그러나 '호랑이도(호랑이가) ~ 온다'에서 알 수 있듯이 '호랑이도'의 문장 성분은 주어이다.

유형 확인

01 ④ 출전 임지룡 외,《학교 문법과 문법 교육》
2문단에 따르면, 보어는 보격 조사 '이/가'가 붙어서 만들어지므로 '물이 얼음으로 되었다'의 '얼음으로'는 보어가 아니다. 이와 마찬가지로, '그는 배우가 되고 싶었다'의 '배우가'는 '되다' 앞에 보격 조사 '가'가 붙어서 만들어진 보어이지만, '내 꿈이 물거품으로 되어 버렸다'의 '물거품으로'는 보어가 아니다.
오답 풀이 ① '다시'는 뒤에 오는 용언인 '말하지만'을 수식하는 부사어이고, '분명한'은 뒤에 오는 체언인 '사실'을 수식하는 관형어이다. 2문단에서 주성분에는 주어, 서술어, 목적어, 보어가 있다고 하였으므로, '다시'와 '분명한'은 주성분이 아니다. 참고로 부사어와 관형어는 부속 성분에 속한다.
② '민서가'는 동작의 주체가 되는 주어이고, '동생을'은 서술어의 동작 대상이 되는 목적어, '깨웠다'는 주어의 동작을 풀이하는 서술어이다. 따라서 '민서가, 동생을, 깨웠다'는 모두 주성분이다.
③ 2문단에 따르면, 보조사 '은/는'은 주격 조사, 목적격 조사, 보격 조사 자리에 두루 쓰인다. '노력은(노력을) 하는데'와 '실력은(실력이) 그대로이다'와 같이 보조사 '은' 자리에는 각각 목적격 조사와 주격 조사가 들어가는 것이 자연스럽다. 즉, '노력은'은 목적어이고 '실력은'은 주어로 보는 것이 타당하므로 둘의 문장 성분은 서로 다르다.

POINT 12 홑문장과 겹문장

개념 확인 01 × 02 ○ 03 ○ 04 × 05 ○ 06 ×

01 × '빨간'이 뒤에 오는 체언 '모자'를 수식하는 관형어의 역할을 하는 관형절을 안은 문장이다.

02 ○ 안긴문장은 문장 안에 작은 문장(절)이 들어가 안겨 있는 경우를 말한다. 제시된 문장은 '해진이는 울산에 산다'라는 문장과 '초희는 광주에 산다'라는 문장이 대등적 연결 어미인 '-고'로 연결된 대등하게 이어진 문장이고 각각의 문장에는 안긴문장이 들어 있지 않다.

03 ○ 명사절 '숙소로 돌아가기'는 목적격 조사 '를'과 결합하여 안은 문장의 목적어로 쓰이고 있다.

04 × '아이들이 놀다 간'이라는 안긴문장이, 뒤에 오는 체언인 '자리'를 수식하는 관형어의 역할을 한다. 관형어는 부속 성분이므로 제시된 문장은 안긴문장이 주성분으로 쓰인 것으로 볼 수 없다.

05 ○ ㉠ '내가 어제 책을 산'은 '내가 어제 (서점에서) 책을 사다'라는 문장에서 부사어가 생략된 관계 관형절이다. 그러나 ㉡은 '제가 직접 그분을 만나다 = 기억'의 구성을 보이므로, 관형절 내에 생략된 성분이 없는 동격 관형절이다.

06 × '사실이'가 '아니다' 앞에 놓인 보어이므로 이 문장은 홑문장이다.

유형 확인

01 ② 그는 [동생이 합격하기]를 바라고 있다.: 명사절로 안긴 문장인 '동생이 합격하기'가 목적격 조사 '를'과 결합하여 안은문장에서 목적어의 역할을 하고 있다.

오답풀이 ① 2문단에 따르면, 서술절을 안은 문장은 주어가 두 개인 것처럼 보인다. 그러나 '나는 공무원이 되었다'는 '주어+보어+서술어'의 배열을 보이는 홑문장이다. '공무원이'는 '되다' 앞에 놓인 보어이다.

③ 형은 [그 아이가 정직함]을 믿었다.: 안은문장의 주어는 '형은'이고, 명사절로 안긴 문장인 '그 아이가 정직함'의 주어는 '그 아이가'이므로 안은문장의 주어와 안긴문장의 주어가 다르다.

④ 그는 [내가 전혀 모르는] 노래를 불렀다.: 관형절로 안긴 문장인 '내가 전혀 모르는'에는 관형어가 들어 있지 않다. '전혀'는 부사어이다.

POINT 13 문법 요소의 이해 ① : 종결법·시제법·사동 표현·피동 표현

개념 확인 01 ○ 02 ○ 03 ○ 04 × 05 × 06 ○

01 ○ 선어말 어미 '-겠-'은 '미래의 일이나 추측을 나타내는 어미 / 주체의 의지를 나타내는 어미 / 가능성이나 능력을 나타내는 어미' 등으로 쓰인다. 첫 번째 문장의 경우, 철수가 자신이 갈 것이라는 의지를 나타내고 있으므로, '-겠-'은 주체의 의지를 나타내는 어미로 쓰였다. 그러나 두 번째 문장에서 '-겠-'은 미래의 일이나 추측을 나타내는 어미로 쓰였다.

02 ○ '보이다'는 피동사와 사동사의 형태가 동일한 동사로, 문맥상의 의미나 문장의 형식 등을 통하여 파악해야 한다. ㉠ '보였다(보이다)'는 '눈으로 대상의 존재나 형태적 특징을 알게 하다'의 의미인 '보다'의 사동사로 쓰였다. ㉡ '보였다(보이다)'는 '눈으로 대상의 존재나 형태적 특징을 알게 되다'의 의미인 '보다'의 피동사로 쓰였다.

03 ○ '마당이 넓다'와 같이 주동문에서 주동사가 형용사 또는 자동사이면, '인부들이 마당을 넓힌다'와 같이 사동문이 되었을 때 주동문의 주어는 사동문의 목적어가 된다. 따라서 주동문의 주어는 사동문에서 다른 문장 성분으로 나타날 수 있다.

04 × '-시키다'를 '-하다'로 바꾸어도 의미의 변화가 없으면 과도한 사동 표현으로 보는데, '해소하다'는 '-하다'를 그대로 써도 의미의 변화가 없으므로 무리하게 '-시키다'를 결합하지 않는다. 그러나 '입원하다'는 아이가 스스로 입원하는 것이 아니라 아이를 입원하게 하는 것이므로 '입원시키다'처럼 쓰는 것이 자연스럽다.

05 × 놓여진(×) → 놓인(○): '놓여진(×)'은 피동 접사 '-이-, -히-, -리-, -기-' 뒤에 다시 통사적 피동문의 표현인 '-어지다'를 사용한 이중 피동의 오류를 보이는 표현이다.

06 ○ '믿겨지다(×), 읽혀지다(×), 열려지다(×), 풀려지다(×)'는 모두 이중 피동의 오류를 보이는 잘못된 표현이다.

유형 확인

01 ④ '잊히다'는 '잊다'의 피동사로 바르게 쓰였다. '한번 알았던 것이 기억에서 없어지다'의 의미이다.

오답풀이 ① 소개시켜(×) → 소개해(○): '-시키다'를 '-하다'로 바꾸어도 의미의 변화가 없으면 과도한 사동 표현으로 본다.

② 생각되어진다(×) → 생각된다(○): '-되어지다'는 피동문의 표현을 중복하여 사용한 이중 피동의 오류이다.

③ 개인(×) → 갠(○): '흐리거나 궂은 날씨가 맑아지다'의 의미로는 '개다'가 바른 표기이고, '개이다(×)'는 비표준어이다. 사동 접사를 의미상 불필요한 경우에 과도하게 사용하지 않는다.

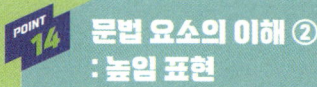

문법 요소의 이해 ②
: 높임 표현

개념 확인
01 ✕ 02 ◯ 03 ✕ 04 ◯ 05 ✕ 06 ✕ 07 ✕

01 ✕ 대화의 상대를 높인 표현은 서술어 '될까요'에 쓰인 보조사 '요'에서, 서술어의 객체를 높인 표현은 '어머니'를 높이는 조사 '께'와 객체를 높이는 특수 어휘인 '드리다'에서 찾아볼 수 있다. 그러나 서술어의 주체인 '저(제)'를 높인 표현은 찾아볼 수 없다.

02 ◯ · 주체인 '영희'를 높이는 표현은 나타나지 않으므로 '−주체'이다.
· '할머니께'의 '께'와 '드리다'에서 객체 높임이 나타났으므로 '+객체'이다.
· '드렸다'의 '−다'는 반말 격식 해라체이므로 '+상대'이다.

03 ✕ 조사 '께서'를 사용하여 주체인 '할아버지'를 높이고 있고, '어두우시다'에서는 주체를 간접적으로 높이기 위해 주체의 신체에 대해 '−시−'를 넣어서 표현하는 간접 높임이 사용되었다. 그러나 객체 높임법은 나타나지 않는다.

04 ◯ '어울리시네요'에는 부장님의 소유물(넥타이)을 높여 주체인 부장님을 간접적으로 높인 간접 높임 표현이 사용되었다.

05 ✕ '말씀'은 회장님과 연관된 대상이므로 간접 높임을 써서 '말씀이 있으시겠습니다'로 써야 한다.

06 ✕ '만 원이세요(✕)', '품절이십니다(✕)'와 같이 고객을 존대하려는 의도로 불필요하게 '−시−'를 넣는 것은 잘못된 표현이다. 특히 '사이즈, 포장, 품절' 등은 간접 높임의 대상이 되지 않는다. '만 원입니다', '품절입니다'와 같이 쓴다.

07 ✕ 윗사람이나 남에게 말할 때 자기와 관계된 부분을 낮추어 '저희 회사'처럼 쓸 수 있다. 다만 '나라'에 대해서는 '저희 나라(✕)'를 쓰지 않고 '우리나라'를 쓴다.

유형 확인

01 ③ ㉠ '간접 존경'은 주체 높임법 중 간접 높임을 말한다. 문장의 주체와 밀접하게 연관이 있는 주어를 높임으로써 주체를 간접적으로 높이는 표현법이다.
'아버지가 너무 건강을 염려하시다'에서 주어는 '아버지'이고 서술어 '염려하시다'는 '앞일에 대하여 여러 가지로 마음을 써서 걱정하다'의 의미인 '염려하다'에 주체 높임 선어말 어미 '−시−'가 쓰인 것이다. 따라서 ㉠ '간접 존경'이 아니라 주어를 직접 존경하는 직접 존경이 쓰인 표현이다. 나머지 ①·②·④는 모두 ㉠의 사례에 해당한다.

오답 풀이 ① 고모는 자식이 있으시다.: '자식'이 주어이지만 존경의 대상인 '고모'와 긴밀한 관련을 가지는 인물이므로 '있다'가 아니라 '있으시다'로 간접 존경 표현을 했다.

② 할머니는 다리가 아프셔서: '다리'가 주어이지만 존경의 대상인 '할머니'와 긴밀한 관련을 가지는 신체 부위이므로 '아프다'가 아니라 '아프시다'로 간접 존경 표현을 했다.

④ 할아버지는 수염이 많으셨다고: '수염'이 주어이지만 존경의 대상인 '할아버지'와 긴밀한 관련을 가지는 신체 부위이므로 '많다'가 아니라 '많으시다'로 간접 존경 표현을 했다.

읽기 자료

01 ② 출전《국어학 입문》, 부산대학교 국어학교실, 수정
1문단에 따르면, 능동문인 '철수가 사슴을 잡았다'를 접사 파생을 통해 피동문 '사슴이 철수에게 잡히었다'로 만들면, 능동문의 목적어가 피동문의 주어가 되어 피동문에는 목적어가 없다. 반면 주동문이 형용사문이나 자동사문일 경우, 본래 주동문의 주어가 사동문의 목적어로 바뀌므로 사동문에 목적어가 있다. 또한 주동문이 타동사문일 경우, 사동문에도 주동문의 목적어가 그대로 있다. 따라서 접사 파생을 통해 실현된 사동문에는 목적어가 존재한다.

오답 풀이 ① 1문단의 '사슴이 철수에게 잡히었다'를 보면, 능동문의 주어('철수가')는 피동문에서 부사격으로 실현된다. 또한 마지막 문단에 따르면, 타동사문이 접사에 의해 사동문이 될 경우 본래 주동문의 주어는 '에게'로 표현, 즉 부사격이 된다. 따라서 사동문도 피동문처럼 본래 문장의 주어가 부사격으로 바뀌어 실현될 수 있음을 추론할 수 있다.

③ 1문단에 따르면, 접사 파생에 의한 피동법보다 '−어지다'에 의한 피동법에 어휘적인 제약이 거의 없다. 또한 마지막 문단에 따르면, 접사 파생에 의한 사동법보다 '−게 하다'에 의한 사동법에 어휘적인 제약이 없다. 따라서 사동문과 피동문 모두 접사 파생의 방식보다 통사적 구성에 의한 방식이 제약이 더 적음을 추론할 수 있다.

④ '얼음이 녹았다'는 (2)와 마찬가지로 자동사문이다. 따라서 이를 접사 파생으로 사동문을 만들 경우, '불이 얼음을 녹였다'처럼 '불이'와 같은 새로운 주어가 도입된다.

02 ③ 출전 임지룡 외,《학교 문법과 문법 교육》
마지막 문단에 따르면, 높임법의 존대를 [+]로, 비존대를 [−]로 나타낼 수 있다. '나는 친구에게 선물을 주었어'는 주체인 '나'와 객체인 '친구', 청자 모두를 높이지 않고 있다. 따라서 [주체−], [객체−], [상대−]로 표시할 수 있다. 하지만 1문단에 따르면, 높임법은 말하는 이가 듣는 이나 다른 대상을 높이거나 낮추는 정도를 표현하는 문법 요소이므로, 비존대([−])한다고 해서 높임법이 나타나지 않는다고 볼 수는 없다.

오답 풀이 ① 2~3문단에 따르면, 주체 높임법에는 주격 조사 '께서'가 쓰이기도 하고, 주어를 직접 높이는 직접 높임의 경우 특수 어휘가 사용되기도 한다. 또한 객체 높임법은 '모시다, 드리다'와 같은 특수 어휘와 조사 '께'가 사용될 수 있다. 반면 상대 높임법은 종결 표현으로 실현된다.

② 2문단에 따르면, 직접 높임은 '계시다'와 같은 특수 어휘에 의해 실현되는 경우도 있지만, 간접 높임은 특수 어휘를 쓰지 않고 '-(으)시-'를 붙인다. '교장 선생님의 인사 말씀이 계시겠습니다(×)'의 경우, 높이는 대상이 교장 선생님과 밀접한 관련을 맺고 있는 '인사 말씀'이므로 간접 높임에 해당한다. 따라서 간접 높임에 특수 어휘인 '계시겠습니다'를 쓴 문장은 서술어를 잘못 사용한 것이다. 참고로 해당 문장에는 '-(으)시-'를 사용한 '있으시겠습니다'를 써야 한다.

④ '어머니, 이모가 할머니를 모시고 목욕탕에 가셨어요'는 청자인 어머니, 주체인 이모, 객체인 할머니에 대한 높임 표현이 모두 나타난다. 따라서 주체, 객체, 상대 높임법이 모두 적용된 문장이다.

POINT 15 문맥에 맞는 의미의 사용

개념 확인
01 × 02 ○ 03 × 04 ○ 05 ○ 06 ○ 07 ×

01 × 상하 관계는 한 단어의 의미가 다른 단어의 의미를 포함하는 관계이다. 예를 들어 '제비'는 '조류'의 하위어이고 '조류'는 '제비'의 상위어이다. 그러나 '할아버지'와 '손자'는 이처럼 한 단어의 의미가 다른 단어의 의미를 포함하는 상하 관계라고 보기는 어렵다. '할아버지 : 손자'는 두 단어가 상대적 관계를 형성하면서 의미상 대칭을 이루는 방향(대칭) 반의어의 예로 볼 수 있다.

02 ○ '살다-죽다'는 반의어가 속한 의미 영역이 상호 배타적으로 둘로 나누어지는 상보 반의어이다. 그러나 '뜨겁다-차갑다'는 반의 관계에 있는 단어들이 양쪽 극단에 있고 그 사이에 중간 상태가 있어 등급을 나눌 수 있는 등급(정도) 반의어이다.

03 × '크다/작다'는 정도(등급) 반의어이다. 정도(등급) 반의어는 중간 상태가 있기 때문에 한쪽을 부정하는 것이 다른 쪽을 긍정하는 것이 아니다. 즉 '크지 않다'는 크지도 않고 작지도 않은 중간 상태가 있기 때문에 반드시 '작다'를 의미하는 것은 아니다. 따라서 '크지도 않고 작지도 않다'처럼 동시 부정이 가능하다.

04 ○ 한 단어가 다른 단어를 포함하는 경우, 포함하는 단어를 상의어, 포함되는 단어를 하의어라 한다. '웃음'이 '미소'를 포함하므로 '웃음'이 상의어, '미소'가 하의어가 된다.

05 ○ 방향(대칭) 반의어는 마주 선 방향에 따라 관계나 이동의 측면에서 대립을 이루는 반의어이다. 방향 반의어는 두 단어가 상대적 관계를 형성하며 의미상 대칭을 이룬다. '부모-자식', '아래-위', '주다-받다', '가다-오다' 등을 예로 들 수 있다.

06 ○ ㉠은 '타다²'의 뜻인 '바람이나 물결, 전파 따위에 실려 퍼지다'의 의미이다. ㉡은 '타다⁴'의 뜻인 '복이나 재주, 운명 따위를 선천적으로 지니다'의 의미이다. 즉 ㉠과 ㉡은 동음이의어로 서로 의미가 다르다.

07 × '선물을 싸다'의 '싸다'는 '물건을 안에 넣고 보이지 않게 씌워 가리거나 둘러 말다'의 의미로 쓰인 것이다. 그러나 '책가방을 싸다'의 '싸다'는 '어떤 물건을 다른 곳으로 옮기기 좋게 상자나 가방 따위에 넣거나 종이나 천, 끈 따위를 이용해서 꾸리다'의 의미이므로 서로 문맥적 의미가 같지 않다.

유형 확인

01 ④ ㉠ '일어나다'는 '어떤 일이 생기다'의 뜻으로 쓰였다. 이와 가장 가까운 의미로 쓰인 것은 ④이다.
오답 풀이 ① 물보라가 일어나다: 위로 솟거나 부풀어 오르다.
② 불꽃이 일어나다: 약하거나 희미하던 것이 성하여지다.
③ 아침 일찍 일어나다: 잠에서 깨어나다.

연습하기

01 ③ 목숨, 명예 따위를 담보로 삼거나 희생할 각오를 하다.
오답 풀이 ① 의논이나 토의의 대상으로 삼다. - 다의어
② 벽이나 못 따위에 어떤 물체를 떨어지지 않도록 매달아 올려놓다. - 다의어

02 ② 잘못되거나 틀린 것을 바로잡다.
오답 풀이 ① 본디의 것을 손질하여 다른 것이 되게 하다. - 다의어
③ 고장이 나거나 못 쓰게 된 물건을 손질하여 제대로 되게 하다. - 다의어

03 ③ 말이나 이야기, 인사 따위를 주고받다.
오답 풀이 ① 하나를 둘 이상으로 가르다. - 다의어
② 즐거움이나 고통, 고생 따위를 함께하다. - 다의어

04 ① 물을 건너거나 또는 한편의 높은 곳에서 다른 편의 높은 곳으로 건너다닐 수 있도록 만든 시설물
오답 풀이 ② 물체의 아래쪽에 붙어서 그 물체를 받치거나 직접 땅에 닿지 아니하게 하거나 높이 있도록 버티어 놓은 부분 - 동음이의어
③ 둘 사이의 관계를 이어 주는 사람이나 사물을 비유적으로 이르는 말 - 다의어

05 ① 무엇을 덧대거나 뒤에 받치다.
오답 풀이 ② 다른 사람과 신체의 일부분을 닿게 하다. - 다의어
③ 무엇을 어디에 닿게 하다. - 다의어

06 ① 다른 사람의 말이나 소리에 스스로 귀 기울이다.
오답 풀이 ② 사람이나 동물이 소리를 감각 기관을 통해 알아차리다. - 다의어
③ 주로 윗사람에게 꾸지람을 맞거나 칭찬을 듣다. - 다의어

07 ② 어떤 일에 돈, 시간, 노력, 물자 따위가 쓰이다.
[오답 풀이] ① 빛, 별, 물 따위가 안으로 들어오다. - 다의어
③ 설명하거나 증명하기 위하여 사실을 가져다 대다. - 동음이의어

08 ① 사람이 본래부터 지닌 성격이나 품성
[오답 풀이] ② 사람이 어떤 일에 대하여 가지는 관심 - 다의어
③ 사람의 생각, 감정, 기억 따위가 생기거나 자리 잡는 공간이나 위치 - 다의어

09 ③ 해답을 요구하는 물음
[오답 풀이] ① 논쟁, 논의, 연구 따위의 대상이 되는 것 - 다의어
② 귀찮은 일이나 말썽 - 다의어

10 ① 기압의 변화 또는 사람이나 기계에 의하여 일어나는 공기의 움직임
[오답 풀이] ② 어떤 일이 이루어지기를 기다리는 간절한 마음 - 동음이의어
③ 공이나 튜브 따위와 같이 속이 빈 곳에 넣는 공기 - 다의어

11 ② 불빛 따위가 환하다.
[오답 풀이] ① 분위기, 표정 따위가 환하고 좋아 보이거나 그렇게 느껴지는 데가 있다. - 다의어
③ 생각이나 태도가 분명하고 바르다. - 다의어

12 ② 눈으로 대상의 존재나 형태적 특징을 알다.
[오답 풀이] ① 책이나 신문 따위를 읽다. - 다의어
③ 눈으로 대상을 즐기거나 감상하다. - 다의어

13 ③ 사람의 팔목 끝에 달린 부분
[오답 풀이] ① 다른 곳에서 찾아온 사람 - 동음이의어
② 어떤 사람의 영향력이나 권한이 미치는 범위 - 다의어

14 ③ 내기나 시합, 싸움 따위에서 재주나 힘을 겨루어 상대에게 꺾이다.
[오답 풀이] ① 불이 타 버려 사위어 없어지거나 빛이 희미하여지다. - 동음이의어
② 책임이나 의무를 맡다. - 동음이의어

15 ② 상황을 헤아려 어떠할 것으로 짐작하다.
[오답 풀이] ① 여럿 중에 하나를 꼭 집어 가리키다. - 다의어
③ 바닥이나 벽, 지팡이 따위에 몸을 의지하다. - 다의어

16 ③ 생명이 없어지거나 끊어지다.
[오답 풀이] ① 움직이던 물체가 멈추어 제 기능을 하지 못하다. - 다의어
② 물체의 어느 부분이 꼿꼿하거나 날카롭지 못하고 가라앉거나 뭉툭한 상태가 되다. - 동음이의어

17 ② 몸에 닿은 물체나 대기의 온도가 낮다.
[오답 풀이] ① 일정한 공간에 사람, 사물, 냄새 따위가 더 들어갈 수 없이 가득하게 되다. - 동음이의어
③ 발을 힘껏 뻗어 사람을 치다. - 동음이의어

18 ③ **19** ① **20** ②

POINT 16 중의적 표현과 잉여적 표현

개념 확인 01 ✗ 02 ✗ 03 ✗ 04 ○ 05 ○ 06 ○ 07 ✗

01 ✗ 수정한 문장은 시장이 [건설업계 관계자들과 시민 모두의 안전]에 관하여 논의한 것인지, 건설업계 관계자들과 함께 [시민의 안전]에 관하여 논의한 것인지 명확하지 않다. 원래의 문장이 중의적으로 해석되지 않고 자연스러운 문장이므로 고치지 않고 그대로 두어야 한다.

02 ✗ 사람들이 아무도 오지 않은 것인지, 오긴 했는데 모두 오지는 않은 것인지 명확하지 않은 중의적인 문장이다.

03 ✗ 원래 문장의 경우 '할머니'가 마음씨가 좋은 것인지 '그(손자)'가 마음씨가 좋은 것인지 분명하지 않다. 그런데 고친 문장 또한 생략된 조사를 넣었을 뿐, 중의성을 분명히 해소하지 못했다. 따라서 바로 다음 말과 직접적인 관계에 있지 않음을 나타내는 문장 부호인 쉼표(,)를 넣어 수식 관계를 명확하게 하여, '그는 마음씨가 좋은, 할머니의 손자이다' 정도로 고치는 것이 좋다.

04 ○ 제시된 문장은 동생은 형을 좋아하는 것보다 장난감을 더 좋아한다는 것인지, 동생은 형이 장난감을 좋아하는 것보다 더 장난감을 좋아한다는 것인지 알 수 없는 중의적 문장이다. 즉 비교의 대상이 '형과 장난감'인지, '동생과 형'인지 모호하여 어색한 문장이 되었다.

05 ○ '안내'는 '어떤 내용을 소개하여 알려 줌. 또는 그런 일'을 뜻하고, '알림'은 '알게 하는 일. 또는 그 내용'을 뜻한다. '안내'와 '알림'이 비슷한 뜻이므로 둘 중 하나만 쓴다.

06 ○ '마다'는 '낱낱이 모두'의 뜻을 나타내고 '각각'은 '사람이나 물건의 하나하나마다'의 의미이다. 둘 다 '낱낱'의 의미를 지닌다.

07 ✗ '도보(徒步)'가 '탈것을 타지 않고 걸어감'의 의미이므로 '걸었다'와 의미가 중복된다.

유형 확인

01 ② [오답 풀이] ① '똑똑한'이 수식하는 대상이 '그녀'인지 '언니'인지 명확하지 않다.
③ 훈민이가 모임에 자기 혼자만 안 간 것인지, 혼자서 안 가고 다른 사람과 함께 간 것인지 명확하지 않다.
④ '웃으면서'가 아기의 행위인지 아빠의 행위인지 명확하지 않다.

02 ① [오답 풀이] ② '과반수(過半數)'는 '절반이 넘는 수'를 의미하고 '이상(以上)'은 '수량이나 정도가 일정한 기준보다 더 많거나 나음'을 의미한다. 즉 '과반수'에 '이상'의 의미가 포함되어 '과반수 이상'은 의미가 중복된 표현이다.
③ '여가(餘暇)'는 '일이 없어 남는 시간'을 뜻하므로 '남은'과 의미가 중복된다.
④ '재론(再論)'은 '이미 논의한 것을 다시 논의함'을 뜻하므로 '다시'와 의미가 중복된다.

PART 2 공문서 수정하기

POINT 01 공문서 수정하기 ① : 올바른 문장 쓰기

유형 확인

01 ② 대등한 것끼리 접속할 때에는 구조가 같은 표현을 사용해야 한다. 따라서 '표준적인 언어생활을 확립하고 일상적인 국어 생활을 향상하기 위해'와 같이 앞뒤의 문장 구조를 맞추어 수정해야 한다.
[오답 풀이] ① 안내 알림(×) → 안내(○)/알림(○): 중복되는 표현은 삼가야 한다. '안내'는 '어떤 내용을 소개하여 알려 줌. 또는 그런 일'을 뜻하고, '알림'은 '알게 하는 일. 또는 그 내용'을 뜻한다. '안내'와 '알림'이 비슷한 뜻이므로 둘 중 하나만 쓴다.
③ 주어와 서술어를 호응시켜야 한다. 따라서 주어인 '본원은'과 호응할 수 있도록 ⓒ의 서술어를 '제공하고'로 고친 것은 적절하다.
④ 필요한 문장 성분이 생략되지 않도록 해야 한다. '개선하다'는 '…을 개선하다'의 형태로 쓰이므로 ⓒ에 '의약품 용어를 ~ 알기 쉬운 표현으로 개선하여'와 같이 적절한 목적어를 넣어 주어야 한다.

연습하기 1 01 × 02 ○ 03 × 04 ○ 05 × 06 ○

01 × '덕'은 '베풀어 준 은혜나 도움'을 뜻하므로 문맥에 맞지 않는다. 주로 부정적인 현상이 생겨난 까닭이나 원인과 관련이 있는 '탓'을 그대로 쓰는 것이 자연스럽다.

02 ○ 주어가 '관형어 + 체언'으로 이루어진 경우, 서술어도 이에 맞추는 것이 좋다.

03 × 주술 호응을 고려하여 문장을 고쳐야 하는 것은 맞지만, '암 연구소는 ~ 미세 먼지 등에 의해서 암이 유발될 수 있다' 또한 주술 호응의 오류를 보이는 문장이다. '암 연구소'가 암을 유발하는 것이 아니므로 '암 연구소는 ~ 미세 먼지 등이 암을 유발할 수 있다고 보고 있다' 정도로 고치는 것이 적절하다.

04 ○ 앞뒤 문장의 구조를 맞추어 고쳐 쓰는 것이 자연스럽다.

05 × 주술 호응에 맞게 '우려되는 문제는 ~ 치러지고 있다는 것(점)이다' 정도로 고쳐야 한다. 주어가 '관형어 + 체언'으로 이루어진 경우, 서술어도 이에 맞추는 것이 좋다.

06 ○ '참여하다'와 호응할 수 있는 주어를 넣어 주어야 한다.

07 → 생선의 신선도는 눈보다는 아가미를 보면 알 수 있다.

08 → 내 생각은 집을 사서 이사하는 것이 좋겠다는 것이다. / 나는 집을 사서 이사하는 것이 좋겠다고 결정했다.

09 → 현재의 복지 정책은 앞으로 손질이 불가피할 것으로 전망됩니다.

10 → 문학은 다양한 삶의 체험을 보여 주는 예술의 장르로서 인간은 문학을 즐길 예술적 본능을 지닌다.

11 → 이 난로는 그을음을 없애고 열효율을 높이기 위하여 개발되었다.

12 → 학교에서는 학생들의 건강을 지키고 쾌적한 교실 환경을 조성하기 위하여 공기 청정기를 설치하기로 하였다.

13 → 이 연극에서 배우들이 자신의 능력을 얼마나 발휘하고, 무대 장치들이 기능을 얼마나 발휘할지 모르겠다.

14 → 길을 다니거나 길에서 놀 때에는 차를 조심해야 한다.

15 → 회사는 방송 판매를 통해 얻은 수익금 일부를 불우 이웃 돕기에 활용할 방침이다.

16 → 신은 인간을 사랑하기도 하지만 인간에게 시련을 주기도 한다.

17 → 사고 원인을 파악하고 재발 방지 대책을 조속히 마련하겠습니다.

18 → 신록의 계절에 귀하의 건승과 가정의 평안을 기원합니다.

19 → 카메라 기능은 빼고 문서 작성 기능만 살렸습니다.

20 → 1반 축구팀은 수비가 불안하고 문전 처리가 미숙하여 2반 축구팀에 패배하였다.

연습하기 2

01 → 우리 연구부는 기술 개발의 산실로서 그 역할을 다하고 있습니다.

02 → 선거를 앞두고 후보자들은 진지한 연설로써 청중들을 설득했다.

03 → 정부 지원 단체의 비리가 발견되어 시민 단체에 고발된 것이 이번으로(써) 세 번째다.

04 → 시민 단체는 정부 당국에 건의 사항을 전달했다.

05 → ○○구청은 가로수 보호를 위해 나무에 물을 주는 기계식 분사 장치를 구비하기로 하였다.

06 → 서울시는 영유아에 한하여 무료 검진 서비스를 제공하기로 하였다.

07 → 설계도에서 정한 기준에 따라 건축 면적을 산정해 보아라.

08 → 콩이 폐경 전 여성의 유방암 발병을 억제한다고 알려져 있다.

09 → A 후보자는 B 후보자의 정책이 옳지 않다고 토론회에서 강하게 주장하였다.

10 → 대규모 소요 사태가 일어난 후 A는 "사람들이 매우 흥분해서 상황이 좋지 않았다."라고 말했다.

11 → 그는 절전형 기기 보급 제도가 에너지의 합리적이고 효율적인 이용을 증진한다고 말했다.

12 → 여러분과 여러분 가정에 행운이 가득하기를 기원하는 것으로 치사를 갈음합니다.

13 → 이것은 숙취 해소에 좋은, 우리나라의 배를 갈아 만든 주스입니다.

14 → 이번 기회에 작업복을 튼튼하고 활동하기에 편한 것으로 바꾸어야 한다.

15 → 기자는 사회의 모순과 비리를 파헤치는 것에 앞장서야 한다.

16 → 이곳에 마음대로 출입하거나 쓰레기를 무단으로 투기하는 행위는 법에 저촉됩니다.

17 → A 정치가는 술에 너무 많이 취해서 기억이 안 난다고 말하면서 혐의를 부정했다.

18 → ○○부는 이번 인사는 능력과 세대교체를 가장 염두에 두었다고 발표했다.

19 → 정부는 금리를 올리든지 내리든지, 확고한 결단을 내려야 한다.

20 → 이 일은 고도의 기술이 필요하므로 기존의 인력이 전문 인력으로 대체되었다.

21 → 검찰이 성역 없는 수사를 한다고 하니 수사 결과를 두고 보겠다.

22 → 기상청은 당분간 하늘이 맑게 갠 포근한 날씨가 계속될 것이라고 예보했다.

23 → 비가 그친 것이 하늘이 곧 맑아질 것처럼 보입니다.

24 → 행정부 관계자는 주요 산업 육성을 위해 좋은 인재가 있으면 소개해 달라고 요청했다.

25 → 이는 환경 보호를 위한 조치를 강화한 대표적인 예라고 할 수 있다.

26 → 올해는 지난해 하위 팀들이 좋은 성적을 거둘 것으로 예상됩니다.

27 → 화재가 발생했지만 비상문이 열려 있어 신속하게 대피할 수 있었다.

28 → 요즘 리셋 증후군이 인터넷 중독의 한 유형으로 꼽히고 있다.

29 → 인사 혁신처의 주무관은 국어 출제 담당자와 함께 영어 출제 담당자를 만났다.

30 → 국민의 안전을 지키는, 여러분의 경찰이 될 것입니다.

31 → 부채 비율 축소나 계열사 정리 등으로 여력이 없는 재벌이 당장 투자에 눈을 돌리기는 어려울 것이다.

32 → 참석자의 과반수가 그 안건에 찬성하였다. / 참석자의 반수 이상이 그 안건에 찬성하였다.

33 → 그 문제에 대해서는 더 이상 재론할 필요가 없다.

34 → 요즘 들어 여러 가지 문제들이 한국 사회를 힘들게 한다. / 요즘 들어 제반 문제들이 한국 사회를 힘들게 한다.

35 → 언어의 의미 변화가 왜 일어나는가를 살펴보기로 한다.

36 → 이곳은 사유지로 무단 출입을 금합니다. / 이곳은 개인이 소유하고 있는 토지로 무단 출입을 금합니다.

37 → 우리 부서는 사치 풍조를 근절하기 위해 노력하는 홍보 행사에 앞장서기로 했다.

38 → 연소자는 탑승할 수 없습니다.

39 → 국방부는 어린이날을 기념하여 하늘을 나는 신형 전투기를 새로이 공개하였다.

40 → 경기 침체가 가속화되자 지자체들은 소상공인 지원 행사를 엶으로써 지역 경제를 살리려 했다.

41 → 정부 관계자는 지금이 경기 부양책을 펴기에 알맞은 시점이라고 발표했다.

42 → 계속된 중미 무역 분쟁으로 인해 결국 세계 경제는 엄청난 대가를 치러야 할 위기에 처했다.

43 → 우리 정부는 이번 한미 관세 협약에서 만족스러운 결과를 얻었다고 발표했다.

44 → 지금까지는 문제를 회피하기만 했지만 이제는 문제 해결 방법을 찾을 때도 되었다. / 지금까지는 문제를 회피하기만 했지만 이제는 문제 해결 방법을 찾을 때도 되었다고 생각한다.

45 → 다음의 통계 자료를 살펴보면, 2000년대 이후 복지 정책에 큰 변화가 일어나고 있음을 알 수 있다.

46 → 정부의 경제 활성화 대책은 손질이 불가피할 것으로 전망됩니다.

47 → 해안선에서 200미터 이내의 수역을 제외한 상태에서 논의를 진행하도록 하겠습니다.

48 → 이 진공청소기는 소음을 줄이고 제동력을 높이기 위해 개발된 제품이다.

49 → 엘리베이터가 멈추었을 때 문에 기대거나 강제로 문을 열려고 하면 안 됩니다.

50 → 가능한 한 빠른 시일 내에 일을 마무리 짓도록 하시오.

51 → 이 제품을 사용하다가 궁금한 점이 있거나 고장이 났을 때에는 바로 연락을 주시기 바랍니다.

52 → 작성 내용의 수정이 있거나 또는 신청인의 서명이 없는 서류는 무효입니다.

53 → 공단기는 정확한 수험 정보를 제공하며 높은 적중률을 자랑합니다.

54 → 여야 간에 대화의 시도는 계속되고 있으나, 불필요한 공방으로 인하여 협상이 지연되고 있다.

55 → 주민들은 현재 보상을 거부하고 토지 재평가를 주장하고 있습니다.

56 → 사회 현실을 직시하고 사회적 책임을 다하는 것이 공직자의 바른 자세이다.

57 → 사고 원인을 파악하고 재발 방지 대책을 조속히 마련할 것을 지시하였습니다.

58 → 소외된 이웃에 대한 인식이 변화되고 관심이 높아지고 있다.

59 → 우리가 플라스틱의 사용을 줄인다면 자원의 낭비를 막고 깨끗한 환경도 유지할 수 있다.

60 → 당국은 다음과 같은 정책 과제를 중점적으로 추진하겠다고 밝혔다.

61 → 교통 통제로 인하여 전 구간 차량의 진행이 더딥니다. / 교통 통제로 인하여 전 구간 차량이 더디게 진행하고 있습니다.

62 → 그는 권장 도서 목록의 선정 기준을 알 수 없다고 불만을 터뜨렸다.

63 → 오늘 오후에 팀 전체가 모여 회의하겠습니다. / 오늘 오후에 팀 전체가 모여 회의를 하도록 하겠습니다.

64 → 이번 방학에 외가댁을 방문할 계획이다.

65 → 이러한 주장은 지역 이기주의나 다름없다. / 이러한 주장은 지역 이기주의라 할 만하다.

POINT 02 공문서 수정하기 ②: 올바른 문장 부호

개념 확인 01 × 02 × 03 ○ 04 ○ 05 ×

01 × 아라비아 숫자만으로 연월일을 표시할 때에는 '2025. 9. 19.'와 같이 마지막에도 마침표(.)를 찍는다.

02 × 한 문장 안에 몇 개의 선택적인 물음이 이어질 때는 '너는 중학생이냐, 고등학생이냐?'와 같이 맨 끝의 물음에만 물음표(?)를 쓴다.

03 ○ 마침표(.)는 서술, 명령, 청유 등을 나타내는 문장의 끝에 쓰지만, 제목이나 표어에는 쓰지 않음을 원칙으로 한다.

04 ○ 고유어나 한자어에 대응하는 외래어나 외국어 표기임을 나타낼 때에는 대괄호([ ])를 쓴다. → 자유 무역 협정[FTA]

05 × 우리말 표기와 원어 표기를 아울러 보일 때에는 소괄호(( ))를 쓰고, 괄호 안에 또 괄호를 쓸 필요가 있을 때 바깥쪽의 괄호로 대괄호([ ])를 쓴다.

06 너는 학생이냐, 군인이냐, 사회인이냐? → 한 문장 안에 몇 개의 선택적인 물음이 이어질 때는 맨 끝의 물음에만 물음표(?)를 쓴다.

07 지금 필요한 것은 '지식'이 아니라 '실천'이다. → 문장에서 중요한 부분을 두드러지게 하기 위해서는 작은따옴표(' ')나 드러냄표(˙) 또는 밑줄(__)을 쓴다.

08 그는 글에 적절한 낱말[單語]을 사전(辭典)에서 찾고 있다. → 고유어에 대응하는 한자어를 함께 보일 때는 대괄호([ ])를 쓰고, 우리말 표기와 원어 표기를 아울러 보일 때는 소괄호(( ))를 쓴다.

09 〈서시〉는 윤동주의 유고 시집 《하늘과 바람과 별과 시》에 수록되어 있다. → 소제목, 그림이나 노래와 같은 예술 작품의 제목, 상호, 법률, 규정 등을 나타낼 때는 홑화살괄호(〈 〉)를 쓰고, 책의 제목이나 신문 이름 등을 나타낼 때는 겹화살괄호(《 》)를 쓴다. 홑화살괄호 대신 홑낫표(「 」)나 작은따옴표(' ')를 쓸 수 있고, 겹화살괄호 대신 겹낫표(『 』)나 큰따옴표(" ")를 쓸 수 있다. 따라서 '「서시」는 윤동주의 유고 시집 『하늘과 바람과 별과 시』 ~' 또는 ''서시'는 윤동주의 유고 시집 "하늘과 바람과 별과 시" ~'로도 표기할 수 있다.

유형 확인

01
제목 : 3 / 4 분기 직무 연수 안내
　　제목: 3/4①
우리 부 직원들의 정보화 및 사무 자동화 능력 향상을 통해 업무 효율화에 기여하고자 아래와 같이 직무 연수를 진행합니다. 원활한 진행을 위해 신청 기간(20○○. 10. 8.(화)~20○○. 10. 11.(금))을 엄수하여 주시기 바랍니다.
　　[20○○. 10. 8.(화)~
　　20○○. 10. 11.(금)]②

- 아래 -
1. 신청 방법: 온라인 신청
2. 신청 기간: 20○○. 10. 8[화] ~ 10. 11[금]
　　20○○. 10. 8.(화)~10. 11.(금)③
3. 연수 일시: 20○○. 10. 25.(금) 14: 00~18: 00
　　　　　　　　　　　　　　　　14:00~18:00④
4. 연수 대상: 우리 부 직원 누구나, 나이(年齡) 제한 없음.
　　　　　　　　　　　　　　　　나이[年齡]⑤
5. 연수 장소: 5층 소회의실
6. 연수 비용: 무료
　　　　　　　　　　《OA, 어렵지 않아요!》⑥
7. 혜택: 연수를 수료하시는 분들에게는 〈OA, 어렵지 않아요!〉 책을 증정합니다.

① 쌍점(:)의 앞은 붙여 쓰고, 뒤는 띄어 쓴다. 빗금(/)의 앞뒤는 붙여 쓴다.

② 괄호 안에 또 괄호를 쓸 필요가 있을 때 바깥쪽의 괄호는 대괄호([ ])를 쓴다.

③ 아라비아 숫자만으로 연월일을 표시할 때는 '연, 월, 일'을 생략하고 그 자리에 마침표(.)를 쓴다. 주석이나 보충적인 내용을 덧붙일 때에는 소괄호(( ))를 쓴다. 물결표(~)는 앞말과 뒷말에 붙여 쓴다.

④ 시와 분을 구별할 때 쌍점(:)을 쓰는데, 이때에는 쌍점의 앞뒤를 붙여 쓴다.

⑤ 고유어에 대응하는 한자어를 함께 보일 때에는 대괄호([ ])를 쓴다.

⑥ 책의 제목이나 신문 이름 등을 나타낼 때에는 겹낫표(『 』)나 겹화살괄호(《 》) 또는 큰따옴표(" ")를 쓴다. 홑낫표(「 」), 홑화살괄호(〈 〉), 작은따옴표(' ')는 소제목, 그림이나 노래와 같은 예술 작품의 제목, 상호, 법률, 규정 등을 나타낼 때 쓴다.

POINT 03 공문서 수정하기 ③: 문법성에 따라 구별되는 표기

개념 확인 01 ○ 02 × 03 ○

01 ○ 크데(○): '-데'는 해할 자리에 쓰여, 과거 어느 때에 직접 경험하여 알게 된 사실을 현재의 말하는 장면에 그대로 옮겨 와서 말함을 나타내는 종결 어미이다. 제시문은 화자인 '내'가 직접 경험한 사실을 말하는 것이므로 '-데'를 쓰는 것은 적절한 표기이다. '-데'는 화자가 직접 경험한 사실을 나중에 보고하듯이 말할 때 쓰이는 말로 '-더라'와 같은 의미를 전달하는 데 비해, '-대'는 직접 경험한 사실이 아니라 남이 말한 내용을 간접적으로 전달할 때 쓰이거나, 어떤 사실을 주어진 것으로 치고 그 사실에 대한 의문을 나타낼 때 쓰인다.

02 ✕ 그러고 나서(○) / 그리고 나서(✕): '그러고'는 '그리하고'가 줄어든 말이다. 이 문장에서 '나다'는 동사 뒤에서 '-고 나다' 구성으로 쓰여 '앞말이 뜻하는 행동이 끝났음'을 나타내는 보조 동사로 쓰였다. 따라서 동사 '그러다'의 연결형 뒤에 쓰인 '그러고 나서'는 바르게 쓰였다. 한편 '-고 나서' 앞에는 동사만이 오기 때문에 접속 부사 '그리고'에 '나서'를 결합하여 쓰는 것은 잘못이다.

03 ○ 대응하므로써(✕) → 대응함으로써(○): 어떤 일의 수단이나 도구, 이유 등을 나타내는 격 조사인 '으로써'를 쓴다. '-(으)므로'는 '-기 때문에'라는 까닭을 나타내는 어미이다. '-(으)ㅁ으로(써)'는 명사형 어미 또는 명사화 접미사 '-(으)ㅁ'에 조사 '으로(써)'가 붙은 형태로, 수단 또는 방법의 의미를 나타낸다. '-므로'는 '-므로써'가 되지 않지만 '-ㅁ으로'는 '우리 선조들은 민요를 부름으로써 노동의 고단함을 이겨 나갔다'처럼 '-ㅁ으로써'가 가능하다.

유형확인

01 ② [출전] 국립국어원, 〈한글 맞춤법〉 제56항~제57항 해설, 수정
춥대(○)/춥데(✕): 3문단에 따르면, '-데'는 화자가 직접 경험한 사실을 나중에 보고하듯이 말할 때 쓰이는 말이고, '-대'는 남이 말한 내용을 간접적으로 전달하거나 어떤 사실에 대한 의문이나 못마땅함 등을 나타내는 말이다. 문맥상, 어떤 사실에 대한 못마땅함을 나타내는 말인 '-대'를 그대로 사용하는 것이 적절하다.
[오답 풀이] ① 쓰느라고(✕) → 쓰노라고(○): 2문단에 따르면, '-느라고'는 앞의 내용이 뒤에 오는 내용의 목적이나 원인이 됨을 나타내는 말이다. 이 문장에서는 자기 나름대로 꽤 노력했음을 나타내는 말인 '-노라고'를 쓰는 것이 적절하다.
③ 검토하던지 말던지(✕) → 검토하든지 말든지(○): 4문단에 따르면, '-던지'는 과거 경험과 관계된 말이므로 문맥에 맞지 않는다. 이 문장에서는 선택의 의미를 지닌 말인 '-든지'를 쓰는 것이 적절하다.
④ 눈물로서(✕) → 눈물로써(○): 마지막 문단에 따르면, '(으)로서'는 '지위나 신분, 자격'을 나타내는 말이다. 이 문장에서는 '재료, 수단, 도구' 등을 나타내는 말인 '로써'를 쓰는 것이 적절하다.

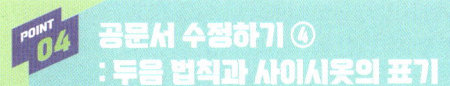

POINT 04 공문서 수정하기 ④ : 두음 법칙과 사이시옷의 표기

개념확인 01 ○ 02 ✕ 03 ✕ 04 ○

01 ○ 흡입량(○), 구름양(○), 정답란(○), 칼럼난(○): 모두 두음 법칙과 관련이 있는 예들이다. '량(量)', '란(欄)'이 단어의 첫머리 이외에 올 경우에는 두음 법칙을 적용하지 않으므로 '흡입량(吸入量)', '정답란(正答欄)'은 맞는 표기이다. 한편, 고유어나 외래어에 붙을 경우에는, 두음 법칙은 한자음에서 적용되므로, 두음 법칙을 적용하여 '구름양(구름量)', '칼럼난(column欄)'으로 쓴 것도 맞는 표기이다.

02 ✕ · 회계년도(✕) → 회계 연도(○): '年', '年度'의 경우, 의존 명사는 '년, 년도'로 표기하고 명사는 '연, 연도'로 표기한다. '회계 연도'에 쓰인 '연도'는 '사무나 회계 결산 따위의 처리를 위하여 편의상 구분한 일 년 동안의 기간 또는 앞의 말에 해당하는 그해'를 뜻하는 명사로, 두음 법칙에 따라 '회계 연도'로 적고 '회계연도'로 붙여 쓸 수 있다.
· 신년도(○): '신년도'는 발음이 [신년도]이며 '신년-도'로 분석되므로 두음 법칙이 적용되지 않는다.

03 ✕ · 흡연률(✕) → 흡연율(○): 모음이나 'ㄴ' 받침 뒤에 이어지는 '렬, 률'은 '열, 율'로 적는다.
· 담뱃값(○): '담뱃값'은 사잇소리가 나는 단어이므로 사이시옷을 받쳐 적는다.

04 ○ 머릿말(✕) → 머리말(○): 사이시옷은 전제 조건인 사잇소리가 나지 않으면 표기할 수 없다. '머리말'은 사잇소리가 나지 않는 단어이므로 사이시옷을 표기하지 않는다.

05 그가 양궁에서 거의 백발백중의 명중율 → **명중률** 을 보이자 상대 팀의 분위기가 급속히 냉랭해졌다.

06 그는 에너지양에 대해 설명하는 글을 잡지의 어린이난에 기고하였다. (○)

07 고냉지 → **고랭지** 배추의 출하 시기가 다가옴에 따라 요즘 산지(産地)에서는 작업양 → **작업량** 과 수확양 → **수확량** 이 크게 증가하고 있다.

08 그는 아랫층 → **아래층** 의 아랫방을 셋방으로 내어 주고 셋돈을 받았다.

유형확인

01 ④ 마지막 문단에 따르면, '高冷地'는 발음이 [고랭지]이고 '고랭-지'로 분석되므로 '고냉지(✕)'가 아니라 '고랭지'로 적는다. 즉 [붙임 2]에 따라 두음 법칙을 적용한 형태로 적는 경우에 해당하지 않는다.

[오답 풀이] ① 1~2문단에 따르면 한자음 '락'이 단어의 첫머리에 올 적에는 두음 법칙에 따라 '낙'으로 적고, 단어 첫머리 이외의 경우는 본음대로 적는다. '낙원(樂園)'에서는 '樂'이 단어의 첫머리에 와서 '낙'으로 적고, '쾌락(快樂)'에서는 단어의 첫머리가 아니므로 '락'으로 적었음을 알 수 있다. 즉 한자음의 위치가 표기에 영향을 준 것이다.

② 2문단에 따르면, '왕릉(王陵)'에 쓰이는 '릉(陵)'은 한 음절 한자어 형태소가 한자어 뒤에 결합한 것으로 하나의 단어로 인식되지 않는다. 즉 '릉'이 단어의 첫머리 이외에 온 경우에 해당하므로 본음대로 적는 것이다. '태릉(泰陵)'도 이와 마찬가지로 표기에 두음 법칙을 적용하지 않는다.

③ 2문단에 따르면, '독자란(讀者欄)'에 쓰이는 '란(欄)'에는 두음 법칙을 적용하지 않고 본음대로 적는다. '가정란(家庭欄)'도 이와 마찬가지이므로 [붙임 1]에 따라 '가정란'으로 표기해야 한다는 설명은 적절하다.

02 ① [출전] 국립국어원, 〈한글 맞춤법〉 제30항 해설, 수정
'위 + 면(面)'은 [윈면]과 같이 뒷말의 첫소리 'ㄴ, ㅁ' 앞에서 'ㄴ' 소리가 덧나는 경우에 해당하므로 '윗면'으로 적는다. 그러나 '위 + 편(便)'은 뒷말인 '편'의 첫소리가 된소리로 나거나, 'ㄴ' 소리가 덧나는 경우가 아니기 때문에 사이시옷을 받쳐 적지 않고 '위편'으로 적는다.

[오답 풀이] ② 마지막 문단에 따르면, 사이시옷을 받쳐 적기 위해서는 합성어를 이루는 구성 요소 중에서 적어도 하나는 고유어여야 한다. 즉 순우리말로 된 합성어인 '뒷일'뿐만 아니라 순우리말과 한자어로 된 합성어인 '훗일' 또한 사이시옷을 받쳐 적을 수 있는 조건에 해당하는 것이다. '훗일[훈:닐]'은 뒷말의 첫소리 모음 앞에서 'ㄴㄴ' 소리가 덧나는 경우에 해당하므로 사이시옷을 받쳐 적어야 한다.

③ '전셋집(傳貰집)[전세찝/전섿찝]'은 순우리말과 한자어로 된 합성어로서 앞말이 모음으로 끝난 경우, 뒷말의 첫소리가 된소리로 나는 것은 사이시옷을 받쳐 적는다는 규정에 따라 '전셋집'으로 적는다. 그러나 마지막 문단에 따르면, '전세방(傳貰房)'은 구성 요소 중에서 적어도 하나는 고유어여야 한다는 조건을 만족시키지 못하므로 사이시옷을 받쳐 적지 않는다.

④ '個數'는 '개수'가 바른 표기이나 이는 사이시옷을 받쳐 적기 위한 음운론적 현상이 나타나지 않기 때문이 아니다. 마지막 문단에서 언급한, 구성 요소 중에서 적어도 하나는 고유어여야 한다는 조건을 만족하지 못하기 때문에 사이시옷을 적지 않는 것이다. 참고로 '개수'의 표준 발음은 [개:쑤]이다.

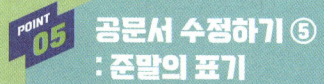

POINT 05 공문서 수정하기 ⑤ : 준말의 표기

개념 확인 01 ○ 02 × 03 ×

01 ○ 선발토록(○): 어간의 끝음절 '하'의 'ㅏ'가 줄고 'ㅎ'이 다음 음절의 첫소리와 어울려 거센소리로 될 적에는 거센소리로 적는다.

02 × 생각컨대(×) → 생각건대(○): 어간의 끝음절 '하'가 아주 줄 적에는 준 대로 적는다.

03 × 선뵜어도(×) → 선뵀어도(○): '선보다'의 사동사 '선보이다'는 '선뵈다'로 줄 수 있다. '선뵈다'의 어간 '선뵈-'에 '-었-+-어도'가 결합하면 '선뵈었어도 → 선뵀어도'가 된다.

04 설을 쇘으니/쇘으니 내일은 할머니를 찾아가 봬요/뵈요.

05 그는 지게를 벗어 작대기로 괘/괴 놓고는 바람을 쐐/쐬 가며 땀을 식혔다.

06 이제 밥만 푸면 됐는데/되는데 국을 쏟는 바람에 밥상이 엉망이 됐다/됬다.

07 이 지역 지리에 익숙지/익숙치 않을 텐데도 일찍 오다니, 그는 정말 부지런타/부지런타.

유형 확인

01 ② ㉠ 간편하게 → 간편케(○): 마지막 문단에 따르면, '하'의 'ㅎ'이 남아 뒤에 오는 말의 첫소리와 어울려 거센소리가 될 경우에는 소리 나는 대로 적는다. '간편하게'는 '하' 앞의 받침소리가 [ㄱ, ㄷ, ㅂ]이 아니므로 'ㅎ'이 남는 경우에 해당한다.

㉢ 변변하지 않다 → 변변찮다(○): 2문단에 따르면, '-하지' 뒤에 '않-'이 어울려 '-찮-'이 될 적에는 준 대로 적는다.

㉤ 생각하다 못해 → 생각다 못해(○): 마지막 문단에 따르면, '하'가 통째로 줄어드는 경우 소리 나는 대로 적는다. '생각하다 못해'는 '하' 앞의 받침 소리가 [ㄱ]이므로 '하'가 통째로 주는 경우에 해당한다.

[오답 풀이] ㉡ 깨끗하지 않다 → 깨끗치 않다(×)/깨끗지 않다(○): '하' 앞의 받침 소리가 [ㄷ]이므로 '하'가 통째로 줄어 '깨끗지 않다'로 적어야 한다.

㉣ 만만하지 않다 → 만만잖다(×)/만만찮다(○): '-하지' 뒤에 '않-'이 어울려 '-찮-'이 된 경우이므로 '만만찮다'로 적어야 한다.

POINT 06 공문서 수정하기 ⑥
: 주요 공문서 띄어쓰기

개념 확인 01 ✗ 02 ○ 03 ○ 04 ✗ 05 ○

01 ✗ · 한번 실패했더라도(✗) → 한∨번(○): '한번'이 일의 횟수를 나타내어 '두 번'으로 바꾸어도 뜻이 통하므로 띄어 써야 한다.
· 노래나 한번(○): 어떤 일을 시험 삼아 시도함을 나타내는 말

02 ○ 제∨일장(✗) → 제일∨장(○)(원칙)/제일장(○)(허용): '제-'는 '그 숫자에 해당되는 차례'의 뜻을 더하는 접두사로 뒷말에 붙여 써야 한다. 단위를 나타내는 명사는 앞말과 띄어 쓰는 것이 원칙이나, 수 관형사 뒤에 단위 명사가 붙어서 차례를 나타내는 경우에는 앞말에 붙여 쓰는 것을 허용한다. 따라서 '제일∨장(원칙)'과 '제일장(허용)' 모두 쓸 수 있다.

03 ○ · 안됐어(○): '안되다'가 '섭섭하거나 가엾어 마음이 언짢다'의 의미인 형용사로 쓰였으므로 붙여 쓴다.
· 안∨돼(○): '안'이 '아니'를 뜻하는 부정 부사로 쓰일 때에는 뒷말과 띄어 쓴다.

04 ✗ '데'가 용언의 관형사에 뒤에 쓰여 '곳, 장소, 일, 것, 경우' 등을 나타내는 경우는 의존 명사이므로, '폐기하는∨데'와 같이 앞말과 띄어 써야 한다.

05 ○ '시행한 바'는 '시행한 일'의 뜻이고, '시행한 바가'와 같이 조사가 결합할 수 있으므로, '시행한∨바'와 같이 앞말과 띄어 써야 한다.

유형 확인

01 ① 출전 국립국어원, 《한눈에 알아보는 공공 언어 바로 쓰기》, 수정
'대로'가 체언 뒤에 붙을 경우는 조사이므로 ㉠ '기호 순서대로'는 수정하지 말고 그대로 써야 한다. 참고로, '약속한 대로 이행하다'와 같이 '대로'가 용언의 관형사형 뒤에 쓰일 경우는 의존 명사이므로 띄어 써야 한다.
오답 풀이 ② '훼손하다'는 '…을 훼손하다'의 형태로 쓰이고, '철거하다'도 '…을 철거하다'의 형태로 쓰인다. 따라서 ㉡에는 '선거 벽보를 훼손하거나 철거하면'과 같이 생략된 목적어를 넣어 주어야 한다.
③ '발급(發給)되다'는 '신청에 따라 증명서 따위가 발행되어 주어지다'의 의미이므로 홍보물에 쓰이는 것은 어색하다. 따라서 ㉢을 '물건, 편지, 서류 따위가 우편이나 운송 수단을 통해 보내지다'의 의미인 '발송(發送)됩니다'로 수정하는 것은 적절하다.
④ '뿐'이 체언 뒤에 붙어서 한정의 뜻을 나타낼 때에는 보조사이고 '만'도 보조사이다. 조사가 둘 이상 겹쳐지는 경우에는 모두 붙여 쓰므로 ㉣을 '후보자의∨인적∨사항뿐만∨아니라'로 고쳐 쓰는 것은 적절하다.

POINT 07 공문서 수정하기 ⑦
: 주요 공문서 외래어 표기

개념 확인

01 서울시가 **컨소시엄**/콘소시엄 ①consortium을 이루어 참여한 미술관이 내일 개관을 한다. 미술관 개관에 맞추어 현대 미술 **컬렉션**/콜렉션 ②collection을 공개하는 전시회가 열린다. 이번 전시회의 **컨셉**/**콘셉트** ③concept은/는 '화합'이다.
개관을 기념하여 주말에는 화합의 **컨서트**/**콘서트** ④concert도 열릴 예정이다. 또한 전국의 중·고·대학생 및 일반인 등을 대상으로 사진 **컨테스트**/**콘테스트** ⑤contest도 진행한다고 한다. 아울러 이번 전시회의 내용을 **컨텐츠**/**콘텐츠** ⑥contents로 제작해 각급 학교에 무상으로 제공할 예정이다.

유형 확인

01 ③ '위탁(委託)하다'는 '남에게 사물이나 사람의 책임을 맡기다'라는 뜻이고, '수주(受注)하다'는 '주문을 받다'라는 뜻이다. 문맥상 평가 기관에 조사를 맡기는 것이므로, ㉢ '위탁하며'를 고치지 않고 그대로 두어야 한다.
오답 풀이 ① 생소한 외래어나 외국어는 우리말로 다듬어야 하므로, ㉠ '마스터플랜'을 '기본 계획'으로 수정한 것은 적절하다.
② ㉡ '기업을 대상으로 합니다'와 호응하는 주어가 '본 조사의 대상은'이므로, 주어와 서술어의 관계를 명확하게 표현하여 ㉡을 '기업입니다'로 수정한 것은 적절하다.
④ ㉣은 명사만 나열하여 표현이 부자연스럽고 의미를 정확하게 파악하기 어렵다. 따라서 적절한 조사와 어미를 사용하여, ㉣을 '학교 현장의 교수 학습 환경을 개선하는 정책을 개발하고'와 같이 수정한 것은 적절하다.

POINT 08 공문서 수정하기 ⑧
: 어휘

개념 확인 01 ○ 02 ✗ 03 ○

01 ○ 부치는(○): '모자라거나 미치지 못하다'의 의미로는 '부치다'를 쓴다.

02 ✗ 겉잡아서(✗) → 걷잡아서(○): '겉으로 보고 대강 짐작하여 헤아리다'의 의미로는 '겉잡다'를 쓰는 것이 올바르다. '걷잡다'는 '한 방향으로 치우쳐 흘러가는 형세 따위를 붙들어 잡다 / 마음을 진정하거나 억제하다'의 의미로, '걷잡을 수 없는 사태'처럼 쓰인다.

03 ○ 가름(○): '승부나 등수 따위를 정하는 일'의 의미로는 '가름'이 바른 표기이다.

04 소에게 받치니/**받히니** 설움이 **북받쳐**/북받혀 집에서 술을 **밭쳐**/바쳐 먹었다.

05 그의 답안지를 정답과 **맞춰**/맞혀 보니 모든 문제의 답을 다 **맞혔다**/맞혔다.

06 여행 계획을 비밀에 **부쳤는데**/붙였는데 어떻게 알았는지 동생이 자기도 부쳐/**붙여** 달라고 졸랐다.

07 그는 시골구석에서 재능을 썩이고/**썩히고** 있으면서 부모의 속을 **썩였다**/썩혔다.

08 나는 여기에 좀 더 이따가/**있다가** 갈 거야. **이따가**/있다가 3시에 집 앞에서 만나자.

09 ○○○ 차관은 "지역 활성화를 위해 민관이 협업함으로서/**협업함으로써** 지역의 문화·역사 자원을 **늘리는**/늘이는 것이 중요하다."라고 강조하였다.

연습하기

01 기상청은 비가 오는 날에는 강수량/**강우량**을 측정해서 각국에 보도 자료를 배부한다.
  - 강수량(降水量): 비, 눈, 우박, 안개 따위로 일정 기간 동안 일정한 곳에 내린 물의 총량
  - 강우량(降雨量): 일정 기간 동안 일정한 곳에 내린 비의 분량

02 세계 각국은 코로나 백신 **개발**/계발에 총력을 기울이고 있다.
  - 개발(開發): 토지나 천연자원 따위를 유용하게 만듦. / 지식이나 재능, 산업이나 경제 따위를 발전하게 함. / 새로운 물건을 만들거나 새로운 생각을 내어놓음.
  - 계발(啓發): 슬기나 재능, 사상 따위를 일깨워 줌.

03 주가가 반등세를 보이며 연중 최고치 갱신/**경신**이 가능할 것으로 보인다.
  - 갱신(更新): 이미 있던 것을 고쳐 새롭게 함. / 법률관계의 존속 기간이 끝났을 때 그 기간을 연장하는 일 / 기존의 내용을 변동된 사실에 따라 변경·추가·삭제하는 일
  - 경신(更新): 이미 있던 것을 고쳐 새롭게 함. / 기록경기 따위에서, 종전의 기록을 깨뜨림. / 어떤 분야의 종전 최고치나 최저치를 깨뜨림.

04 우리 부서는 복잡한 **결재**/결제 절차를 단순화하여 일의 효율을 높였다.
  - 결재(決裁): 결정할 권한이 있는 상관이 부하가 제출한 안건을 검토하여 허가하거나 승인함.
  - 결제(決濟): 일을 처리하여 끝을 냄. / 증권 또는 대금을 주고받아 매매 당사자 사이의 거래 관계를 끝맺는 일

05 이번에 새로이 발명된 이 약품은 암 치료에 **계기**/전기를 마련하였다.
  - 계기(契機): 어떤 일이 일어나거나 변화하도록 만드는 결정적인 원인이나 기회
  - 전기(轉機): 전환점이 되는 기회나 시기
  - **TIP** '계기'가 어떤 것을 움직이게 하는 '원인'에 초점을 둔다면, '전기'는 다른 상태로 바뀌는 '시기'에 초점을 둔다.

06 관계 당국은 경기 침체로 조세 납부/**수납**에 차질을 빚고 있다고 말했다.
  - 납부(納付/納附): 세금이나 공과금 따위를 관계 기관에 냄.
  - 수납(收納): 돈이나 물품 따위를 받아 거두어들임.

07 전문가들은 올해 경장 성장률이 2%를 **넘기**/능가하기 힘들 것으로 전망했다.
  - 넘다: 일정한 기준이나 한계 따위를 벗어나 지나다.
  - 능가(凌駕)하다: 능력이나 수준 따위가 비교 대상을 훨씬 넘어서다.

08 ○○부는 내년의 물가 상승률을 정확히 맞춰서/**맞혀서** 올바른 경제 지표 자료를 마련하고자 한다.
  - 맞추다: 서로 떨어져 있는 부분을 제자리에 맞게 대어 붙이다. / 둘 이상의 일정한 대상들을 나란히 놓고 비교하여 살피다. 등
  - 맞히다: 문제에 대한 답을 틀리지 않게 하다.
  - **TIP** '맞히다'에는 '적중하다'의 의미가 있어서 정답을 골라낸다는 의미를 가지지만 '맞추다'는 대상끼리 서로 비교한다는 의미를 가져서 '답안지를 정답과 맞추다'와 같은 경우에만 쓴다.

09 환율이 오르고 원화 가치가 떨어졌다는 것은 경제가 안 좋아졌다는 것을 반증한다/**방증한다**.
  - 반증(反證): 어떤 사실이나 주장이 옳지 아니함을 그에 반대되는 근거를 들어 증명함. 또는 그런 증거 / 어떤 사실과 모순되는 것 같지만, 거꾸로 그 사실을 증명하는 것
  - 방증(傍證): 사실을 직접 증명할 수 있는 증거가 되지는 않지만, 주변의 상황을 밝힘으로써 간접적으로 증명에 도움을 줌. 또는 그 증거

10 그는 악의적인 내용을 유포한 사람들에 대해서 수사 의뢰까지도 **불사하겠다는**/불사하지 않겠다는 입장을 밝히며 선처는 없다고 말했다.
  - 불사(不辭)하다: 사양하지 아니하다. 또는 마다하지 아니하다.

11 공무원은 불편부당한/불편부당하지 않은 태도를 가져야 한다.
- 불편부당(不偏不黨)하다: 아주 공평하여 어느 한쪽으로 치우치지 아니하다.

12 선수들의 정신력이 경기의 성패/승패 를 좌우하기도 한다.
- 성패(成敗): 성공과 실패를 아울러 이르는 말
- 승패(勝敗): 승리와 패배를 아울러 이르는 말

13 대통령은 대표적인 피해 지역을 방문해 이번 호우로 발생한 이재민의 슬픔/애환 을 위로하였다.
- 슬픔: 슬픈 마음이나 느낌
- 애환(哀歡): 슬픔과 기쁨을 아울러 이르는 말

14 그 사건은 아직까지도 인류 역사상 가장 끔찍한 일 중 하나로 여겨지고/회자되고 있다.
- 회자(膾炙)되다: 칭찬을 받으며 사람의 입에 자주 오르내리게 되다.
  TIP '회자(膾炙)'는 긍정적인 의미를 갖는 어휘이다.

15 코로나바이러스로 인해 공무원 시험이 석 달 뒤로 연기되었다/연장되었다 .
- 연기(延期): 정해진 기한을 뒤로 물려서 늘림.
- 연장(延長): 시간이나 거리 따위를 본래보다 길게 늘림. / 어떤 일의 계속. 또는 하나로 이어지는 것 등

16 신용 카드 대금 연체 시 연 10%의 연체 이자/이자율 을/를 납부하여야 합니다.
- 이자(利子): 남에게 돈을 빌려 쓴 대가로 치르는 일정한 비율의 돈
- 이자율(利子率): 원금에 대한 이자의 비율

17 그에 따른 일절/일체 비용은 회사가 부담한다.
- 일절(一切): 아주, 전혀, 절대로의 뜻으로, 흔히 행위를 그치게 하거나 어떤 일을 하지 않을 때에 쓰는 말
- 일체(一切): 모든 것 / '전부' 또는 '완전히'의 뜻을 나타내는 말

18 정부는 수출 부진을 전개하기/타개하기 위해 새로운 경기 부양책을 내놓았다.
- 전개(展開): 시작하여 벌임. / 내용을 진전시켜 펴 나감. / 책이나 종이 따위를 열어서 펴거나 널찍하게 폄. 등
- 타개(打開): 매우 어렵거나 막힌 일을 잘 처리하여 해결의 길을 엶.

19 ○○구청은 보조금을 수령할 구민들은 관련 서류를 구청으로 접수하라는/제출하라는 통지를 발송했다.
- 접수(接受): 신청이나 신고 따위를 구두(口頭)나 문서로 받음. / 돈이나 물건 따위를 받음.
- 제출(提出): 문안(文案)이나 의견, 법안(法案) 따위를 냄.

20 의료 복지는 보편주의와 평등주의를 지양해야/지향해야 한다.
- 지양(止揚): 더 높은 단계로 오르기 위하여 어떠한 것을 하지 아니함.
- 지향(志向): 어떤 목표로 뜻이 쏠리어 향함. 또는 그 방향이나 그쪽으로 쏠리는 의지

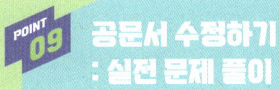

POINT 09 공문서 수정하기 ⑨ : 실전 문제 풀이

01 ① '환수(還收)하다'가 '도로 거두어들이다'라는 뜻이므로 문맥에 맞지 않는다. ㉠에 따라 '도로 돌려주다'의 의미인 '환급(還給)하다'를 고치지 않고 그대로 쓰는 것이 적절하다.
[오답 풀이] ② '-하다'를 쓸 수 있는 말에 무리하게 '-시키다'를 결합하지 않는다. 따라서 ㉡에 따라 '배제시켜야'를 '배제해야'로 수정한 것은 적절하다.
③ 수정 전 문장은 시 의회가 [관련 단체와 시민들을] 초청하기로 결정한 것인지, 시 의회가 관련 단체와 함께 [시민들]을 초청하기로 결정한 것인지 명확하지 않다. 따라서 ㉢에 따라 '시 의회는 관련 단체와 협의하여 시민들을 초청하기로 결정하였다'로 수정한 것은 적절하다.
④ 대등한 것끼리 접속할 때는 구조가 같은 표현을 사용해야 하므로, ㉣에 따라 '사업 전체 목표를 수립하고 세부 사업별 추진 전략을 제시한다'와 같이 앞뒤의 문장 구조를 맞추어 수정한 것은 적절하다.

02 ② 중의적 문장이란 여러 가지 뜻으로 해석될 수 있는 문장을 말한다. ②에서 ㉡에 따라 수정한 문장은, 시장이 [건설업계 관계자들과 시민 모두의 안전]에 관하여 논의한 것인지, 건설업계 관계자들을 만나 [시민의 안전]에 관하여 논의한 것인지 명확하지 않다. 따라서 ②는 원래의 문장이 중의적으로 해석되지 않고 자연스러운 문장이므로 고치지 않고 그대로 두어야 한다.
[오답 풀이] ① 능동과 피동의 관계를 정확하게 사용하여 주어와 서술어의 관계를 명확하게 표현해야 한다. 따라서 ㉠에 따라 '~ ○○○명이 선출되었다'로 수정한 것은 적절하다. '~ ○○○명을 선출하였다'로 고칠 수도 있다.
③ 수식 어구가 무엇을 수식하는지를 분명히 알 수 있는 표현을 사용해야 한다. 따라서 '5킬로그램 정도'가 수식하는 것이 명확하도록 ㉢에 따라 '금 5킬로그램 정도를 담은 보관함'으로 수정한 것은 적절하다. 의미하

> 는 바에 따라 '금을 담은 5킬로그램 정도의 금 보관함'으로 고칠 수도 있다.
> ④ 대등한 구조를 보여 주는 표현을 사용해야 한다. 따라서 ㉣에 따라 '음식물의 신선도를 유지하고, 부패를 방지해야 한다'와 같이 앞뒤의 문장 구조를 맞추어 수정한 것은 적절하다.

01 ② 출전 국립국어원, 《한눈에 알아보는 공공 언어 바로 쓰기》, 수정
대등한 것끼리 접속할 때는 구조가 같은 표현을 사용해야 한다. 따라서 '제도를 정비하고 시범 실시 기관에 행정적인 지원을 강화하기 위해'와 같이 앞뒤의 문장 구조를 맞추어야 한다. ②의 수정한 문장은 이러한 문제점이 해결되지 않았다.

오답 풀이 ① 알림 안내(×) → 알림(○)/안내(○): 중복되는 표현은 삼가야 한다. '안내'는 '어떤 내용을 소개하여 알려 줌. 또는 그런 일'을 뜻하고, '알림'은 '알게 하는 일. 또는 그 내용'을 뜻한다. '안내'와 '알림'이 비슷한 뜻이므로 둘 중 하나만 쓴다.
③ 매뉴얼(×) → 지침(○)/설명서(○)/안내서(○): 낯선 외래어나 외국어를 남용하면 의미를 쉽게 파악하기 어려우므로 가능한 한 쉬운 우리말로 표현한다.
④ 개재하여(×) → 게재하여(○): '개재(介在)하다'는 '어떤 것들 사이에 끼어 있다'의 의미이므로 문맥에 맞지 않는다. ㉣에는 '글이나 그림 따위를 신문이나 잡지 따위에 싣다'의 의미인 '게재(揭載)하다'를 쓰는 것이 적절하다.

02 ① 출전 국립국어원, 《예문으로 알아보는 보도 자료 바로 쓰기》, 수정
주어가 '민속놀이 체험장이'이므로 주술 호응에 맞추어 서술어는 피동형인 '운영된다'를 써야 하므로, 원래의 문장을 수정하지 않고 그대로 두어야 한다.

오답 풀이 ② 대등한 것끼리 접속할 때는 구조가 같은 표현을 사용해야 한다. 따라서 '공사 대금을 즉시 지급하고, 민원을 신속하게 처리하는 등'과 같이 앞뒤의 문장 구조를 맞추어 수정한 것은 적절하다.
③ '으로서'는 '지위나 신분 또는 자격을 나타내는 격 조사'이므로, 이를 (주로 '-ㅁ/음' 뒤에 붙어) 어떤 일의 이유를 나타내는 격 조사인 '으로써'로 수정한 것은 적절하다.
④ '법치주의를 이해하는'과 호응할 수 있는 주어가 생략되었으므로 '청소년들이'와 같이 적절한 주어를 넣어 주어야 한다.

03 ① 출전 국립국어원, 《한눈에 알아보는 공공 언어 바로 쓰기》, 수정
'-시키다'는 사동의 뜻을 더하고 동사를 만드는 접미사로, '-하다'를 쓸 수 있는 말에 무리하게 '-시키다'를 결합하지 않는다. 하지만 '발전하다'는 목적어가 필요하지 않은 자동사이므로 ㉠이 포함된 문장에 쓰는 것은 적절하지 않다. ㉠의 '발전시키다'는 고치지 않고 그대로 두어야 한다.

오답 풀이 ② '전년'은 '지난해'로, '대비'는 비교를 나타내는 조사 '보다'로 바꾸어 쓰는 것이 좋다. 따라서 ㉡ '전년 대비'를 '지난해보다'로 고쳐 쓴 것은 적절하다.
③ 명사 뒤에 오는 '뿐'은 조사이므로 앞말에 붙여 쓰고, '뿐' 뒤에 오는 '만' 또한 조사이므로 앞말에 붙여 써야 한다. 따라서 ㉢ '선양 활동∨뿐만 아니라'를 '선양 활동뿐만 아니라'로 고쳐 쓴 것은 적절하다.
④ 명사 '지속' 뒤에 '추진하다'라는 서술어가 오고 있으므로 '지속적으로'와 같이 서술어를 수식할 수 있는 부사어의 형태가 오는 것이 자연스럽다.

04 ④ '일체(一切)'는 '모든 것'이라는 뜻으로 문맥에 맞지 않는다. '아주, 전혀, 절대로의 뜻으로, 흔히 행위를 그치게 하거나 어떤 일을 하지 않을 때에 쓰는 말'인 '일절(一切)'을 고치지 않고 그대로 쓰는 것이 문맥에 맞는다.

오답 풀이 ① '○○청 발표에 따르면'과 '늦을 것으로 예상했다'는 호응이 맞지 않는다. 따라서 '○○청 발표에 따르면'을 '○○청은'으로 바꾸고, 서술어도 이에 맞게 '늦을 것이라고 발표했다'로 수정한 것은 적절하다.
② '약'은 '대강', '대략'의 뜻으로, 그 수량에 가까운 정도임을 나타내는 말이고, '-여'는 '그 수를 넘음'의 뜻을 더하는 접미사이므로 '약 30여 명'을 '30여 명'으로 수정한 것은 적절하다. '약 30명'으로 고쳐 쓸 수도 있다.
③ '희망하다'는 '…을 희망하다 / -기를 희망하다'의 형태로 쓰인다. 문맥상 '법인 사업을 희망하는 창업자'를 의미하므로 '이를(법인 사업을)'과 같이 적절한 목적어를 넣어 주어야 한다.

05 ① 출전 국립국어원, 《한눈에 알아보는 공공 언어 바로 쓰기》, 수정
대등한 것끼리 접속할 때는 구조가 같은 표현을 사용해야 한다. 그러나 ①의 수정한 문장 또한 이러한 문제가 해결되지 않았다. ㉠은 '섞어 심기 재배 기술을 교육하고 저수분 발효 사료 수확 작업을 선보이며'와 같이 앞뒤의 문장 구조를 맞추어야 한다.

오답 풀이 ② ㉡의 주어가 '국내 거친 사료 생산의 경제성이'이므로 호응하는 서술어를 '확보된다'로 수정한 것은 적절하다.
③ '파종하다'와 '수확하다'는 '…을 파종하다'와 '…을 수확하다'의 형태로 쓰이므로 모두 목적어를 필요로 한다. 따라서 ㉢의 '파종하면' 앞에 '작물을'과 같은 적절한 목적어를 넣어 주어야 한다.
④ ㉣은 필요한 조사 '과'가 빠져 의미가 제대로 전달되지 않는다. 또한 '절감이 가능하다'보다는 '줄일 수 있다'가 더 자연스러운 우리말 표현이다. 따라서 ㉣을 '노동력과 경영비를 줄일 수 있다'로 수정한 것은 적절하다.

06 ② 출전 국립국어원, 《한눈에 알아보는 공공 언어 바로 쓰기》, 수정

'년도'는 의존 명사로 '(해를 뜻하는 말 뒤에 쓰여) 일정한 기간 단위로서의 그해'를 뜻한다. 여기서는 '(흔히 일부 명사 뒤에 쓰여) 앞말이 이루어진 특정한 해의 뜻을 나타내는 말'인 '연도'를 그대로 쓰는 것이 적절하다.

오답 풀이 ① 대등한 것끼리 접속할 때는 구조가 같은 표현을 사용해야 한다. 따라서 ㉠을 '혁신 도시 건설 사업이 지연되고 지방 이전 사업이 중단될 우려'와 같이 앞뒤의 문장 구조를 맞추어 수정한 것은 적절하다.

③ '추진되어지다(×)'는 피동문의 표현을 중복하여 사용한 이중 피동의 오류를 보이는 표현이다. 따라서 ㉢의 '추진되어질'을 '추진될'로 수정한 것은 적절하다.

④ '신속'은 명사이므로 뒤에 오는 용언을 수식하는 것은 어색하다. 따라서 ㉣의 '신속'을 '신속히'와 같은 부사어의 형태로 수정한 것은 적절하다.

07 ③ 출전 국립국어원, 《한눈에 알아보는 공공 언어 바로 쓰기》, 수정

'유무(有無)'는 '있음과 없음'의 의미이므로 문맥에 맞지 않는다. 연결된 사이트 주소와 정상 사이트가 일치하는지 일치하지 않는지를 확인하는 것이므로 ㉢에는 '그러함과 그러하지 아니함'의 의미인 '여부(與否)'를 그대로 쓰고 수정하지 않는 것이 적절하다.

오답 풀이 ① '사칭(詐稱)하다'는 '이름, 직업, 나이, 주소 따위를 거짓으로 속여 이르다'의 뜻으로, '…으로 사칭하다 / …을 사칭하다 / -고 사칭하다'와 같이 앞에 주로 신분이나 자격을 나타내는 말이 나타난다. 따라서 ㉠에 문맥상 적절한 부사어인 '○○청으로'를 '사칭하는' 앞에 넣어 주어야 한다.

② ㉡은 명사만 나열하여 표현이 부자연스럽고 의미를 정확하게 파악하기 어렵다. 따라서 적절한 조사와 어미를 사용하여 문장을 자연스럽게 고쳐 주어야 한다.

④ 대등한 것끼리 접속할 때는 구조가 같은 표현을 사용해야 한다. 따라서 ㉣을 '백신 프로그램은 최신 버전으로 유지하고 출처가 불분명한 첨부 파일은 주의하여 실행하시기'와 같이 앞뒤의 문장 구조를 맞추어 수정한 것은 적절하다.

08 ② 출전 행정 안전부, 〈경북·경남·울산 지역 산불 피해 복구 지원단 가동〉, 수정

대등한 것끼리 접속할 때는 구조가 같은 표현을 사용해야 한다. 그런데 수정한 문장인 '구체적인 실행 방안 마련 및 이행 사항을 지속적으로 관리한다' 역시 이러한 문제가 해결되지 않았다. ㉡은 '구체적인 실행 방안을 마련하고 이행 사항을 지속적으로 관리한다'와 같이 앞뒤의 문장 구조를 맞추어 수정하는 것이 적절하다.

오답 풀이 ① '라고'는 앞말이 직접 인용 되는 말임을 나타낸다. 앞말이 간접 인용 되는 말임을 나타내는 격 조사는 '고'이므로 ㉠을 '운영한다고 밝혔다'로 고쳐 쓴 것은 적절하다.

③ '가능한'은 용언 '가능하다'의 관형사형이므로 뒤에 수식할 수 있는 체언이 이어지는 것이 어법에 맞는다. 따라서 ㉢에 명사 '한'을 넣어 '가능한 한'의 형태로 고쳐 쓴 것은 적절하다.

④ '-지게 되다'는 피동문의 표현을 중복하여 사용한 과도한 피동 표현이다. 따라서 ㉣의 '이루어지게 될 수 있도록'을 '이루어질 수 있도록'으로 고쳐 쓴 것은 적절하다.

09 ② 출전 행정 안전부, 〈"위기 가구 발굴·지원" 홍보 분위기 지역 확산〉, 수정

주어가 '추진단은'이므로 주어와 서술어의 호응을 고려하여 ㉡의 '다양한 정책과 사업들을 추진하고 있다'는 고치지 않고 그대로 두는 것이 적절하다.

오답 풀이 ① ㉠은 추진단이 [축제 준비 위원회 실무자들과 홍보 책임자]를 각각 만난 것인지, 축제 준비 위원회 실무자들과 함께 [홍보 책임자]를 만난 것인지 명확하지 않다. 따라서 이를 하나의 뜻으로 해석되는 표현으로 수정한 것은 적절하다.

③ 대등한 것끼리 접속할 때는 구조가 같은 표현을 사용해야 한다. 따라서 ㉢을 '읍·면·동 직원의 단순·반복적 업무를 경감하고 위기 가구를 효과적으로 발굴하는'과 같이 앞뒤의 문장 구조를 맞추어 수정한 것은 적절하다.

④ 앞말이 직접 인용 되는 말임을 나타내는 격 조사는 '라고'이므로 ㉣을 '~ 기대한다."라고 밝혔다'로 수정한 것은 적절하다. '고'는 앞말이 간접 인용 되는 말임을 나타내는 격 조사이다.

10 ③ 출전 국립국어원, 《예문으로 알아보는 보도 자료 바로 쓰기》, 수정

'긴급 상황임이'가 주어이므로 '긴급 상황임이 ~ 전송한다'는 주술 호응이 맞지 않는다. 따라서 '긴급 상황임이 ~ 전송된다'와 같이 피동형의 서술어를 그대로 두고 수정하지 않는 것이 적절하다.

오답 풀이 ① 명사만 계속 나열되면 뜻이 쉽게 파악되지 않으므로, 지나친 명사 나열은 피하고 뜻이 분명하도록 필요한 요소를 보충하여 수정한 것은 적절하다.

② 대등한 것끼리 접속할 때는 구조가 같은 표현을 사용해야 한다. 따라서 '해양 주권을 수호하고 국민의 안전을 책임지기 위해'와 같이 앞뒤의 문장 구조를 맞추어 수정한 것은 적절하다.

④ '간편하고 적은 비용'과 같이 '간편하고'와 '적은'은 대등적 의미를 나타내는 '고'로 연결되어 있지만 '간편한 비용'은 어색한 표현이다. 따라서 '간편한 절차와'와 같이 생략된 내용을 넣어 수정한 것은 적절하다.

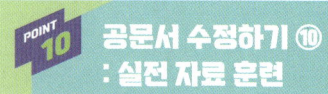
POINT 10 공문서 수정하기 ⑩ : 실전 자료 훈련

01 ❶ 재단 법인으로서
지위나 신분 또는 자격을 나타낼 때에는 조사 '(으)로서'를 쓴다. '(으)로써'는 재료나 수단, 도구 등을 나타낸다.

❷ 의약품 정보에 대한 국민의 알권리를 충족하고 ~
대등하게 연결되는 문장 구조의 앞뒤를 확인하여, 병렬 관계를 살펴보아야 한다. 따라서 앞뒤의 문장 구조를 맞추어 '국민의 알권리를 충족하고'로 수정하는 것이 적절하다.

❸ 알기 쉬운 표현으로 개선하고자
'-시키다'를 '-하다'로 바꾸어도 의미의 변화가 없으면 과도한 사동 표현으로 본다.

❹ 귀 원에 자문하니
'자문'은 '어떤 일을 좀 더 효율적이고 바르게 처리하려고 그 방면의 전문가나, 전문가들로 이루어진 기구에 의견을 물음'을 뜻하므로 전문가의 의견을 묻는 경우에는 '자문을 하다'나 '자문하다'가 바른 표현이다.

02 ❶ 개인 정보를 적극적으로 보호하고 ~
대등하게 연결되는 문장 구조의 앞뒤를 확인하여, 병렬 관계를 살펴보아야 한다. 앞뒤의 문장 구조를 맞추어 '개인 정보를 적극적으로 보호하고'로 수정하는 것이 적절하다.

❷ 소속 기관에 이를 알려 드리오니
'알리다'는 '…에/에게 …을 알리다 / …에/에게 -고 알리다'의 형태로 쓰이므로 '이를'과 같이 생략된 목적어를 넣어 주어야 한다.

❸ 워크샵(×) → 워크숍(○)

❹ 서식이 있는 내규 모두를 개정하고 나서
어려운 한자어 대신 이해하기 쉬운 말로 표현해야 한다. 또한 '내규 일체 개정 완료 후'는 과도한 명사화 구성으로 어색한 표현이다. '일체(一切)'는 '모든 것'을 뜻하므로 '서식이 있는 내규 모두를 개정하고 나서' 정도로 풀어 쓰는 것이 적절하다.

03 ❶ 20○○. 11. 11.(화)까지
아라비아 숫자만으로 연월일을 표시할 때에는 마지막에도 '일'을 나타내는 마침표(.)를 찍는다.

❷ 가능한 한 빨리 회신해 주실 것을
'가능한'은 형용사의 관형사형이므로 뒤에 수식할 수 있는 체언이 와야 한다. 따라서 명사 '한'을 넣어 '가능한 한'의 형태로 수정해야 한다.

❸ 관광업계의 경영난을 해소하고 관광 산업 활성화를 도모하고자
'경영난을 도모하고자'로 해석될 수 있으므로 '경영난을 해소하고'와 같이 문맥에 맞는 서술어를 넣어 주어야 한다.

❹ 국내 여행업을 운영하고 있는
'~을 ~ 중인'은 '~을 하고 있는'으로 바꾸는 것이 자연스럽다.

04 ❶ ~ 예산이 반영됨에 따라
'반영되어지다(×)'는 피동 표현을 중복하여 사용한 것이다. 따라서 '반영됨'으로 수정하는 것이 적절하다.

❷ ㉡: 제12조에 따라 귀 도에 이미 알려 드린
'의거(依據)'는 '어떤 사실이나 원리 따위에 근거함'이라는 뜻이고, '기(旣)'는 '이미', '통보(通報)하다'는 '통지하여 보고하다'라는 뜻이다. 쉬운 말을 써서 이해하기 쉽게 표현하여 '제12조에 따라 귀 도에 이미 알려 드린'으로 고쳐 쓰는 것이 적절하다.

㉢: 송부 → 보냄
'송부(送付)'는 '보냄, 물건 보냄'으로 다듬을 수 있다.

❸ ~ 적극/적극적으로 협조하여
뒤에 오는 용언을 수식하기 위해서는 '적극' 또는 '적극적으로'와 같이 부사어의 형태로 쓰는 것이 적절하다.

05 ❶ 경계에서 최고 단계인 심각으로 격상(11. 3.)함에 따라
목적어인 '단계를'과 서술어인 '격상됨'이 호응을 이루지 못하므로 '격상함'으로 수정하는 것이 적절하다.

❷ 설명회에 참석할 때에는
관형사형 어미 '-ㄴ'은 '앞말이 관형어 구실을 하게 하고, 사건이나 행위가 과거 또는 말하는 이가 상정한 기준 시점보다 과거에 일어남을 나타내는 어미 / 앞말이 관형어 구실을 하게 하고 사건이나 행위가 완료되어 그 상태가 유지되고 있음을 나타내는 어미 / 앞말이 관형어 구실을 하게 하고 현재의 상태를 나타내는 어미'이다. 설명회에 참석하는 것은 미래의 행위이므로 '설명회에 참석할'로 고치는 것이 적절하다.

❸ 연구소의 경쟁력을 강화하고 생산성을 향상하는 데에
대등하게 연결되는 문장 구조의 앞뒤를 확인하여 병렬 관계를 살펴보아야 한다. 앞뒤의 문장 구조를 맞추어 '경쟁력을 강화하고'로 수정하는 것이 적절하다.

❹ 직원들에게
'~에 대하여'는 영어 번역 투이다. 여기에서는 '에게'로 바꾸는 것이 좋다.

06 ❶ 감면을 신청하고 그 결과를 확인할 수 있는
대등하게 연결되는 문장 구조의 앞뒤를 확인하여, 병렬 관계를 살펴보아야 한다. 앞뒤의 문장 구조를 맞추어 '감면을 신청하고'로 수정하는 것이 적절하다.

❷ ㉡: 그∨동안(×) → 그동안(○)
'그동안'은 한 단어이므로 붙여 쓴다.

㉦: 시행한바∨있다(×) → 시행한∨바∨있다(○)
'바'는 '앞에서 말한 내용 그 자체나 일 따위를 나타내는 말'인 의존 명사이므로 앞말과 띄어 쓴다.

❸ 접수해야(×) → 제출해야(○)
'접수(接受)하다'는 '신청이나 신고 따위를 구두(口頭)나 문서

로 받다 / 돈이나 물건 따위를 받다'의 의미이다. 서류를 관계 기관에 내는 것이므로 '문안(文案)'이나 의견, 법안(法案) 따위를 내다'의 의미인 '제출(提出)하다'를 쓰는 것이 적절하다.

④ 매 1년마다(×) → 1년마다/매년/해마다(○)
'하나하나의 모든. 또는 각각의'를 뜻하는 '매'와 '마다'의 의미가 중복되었으므로 둘 중에서 하나만 쓰도록 한다.

⑤ 주민 자치 센터에 가서 요금 감면을 신청하고
'신청하다'는 '…에/에게 …을 신청하다'의 형태로 쓰이므로 적절한 목적어를 넣어 주어야 한다.

07 ❶ '한식 이미지 제고 과제(사업)'의 하나로
외래어인 '프로젝트'는 '과제' 또는 '사업'으로 바꾸어 쓴다.

❷ 음식 맛이 심하게 차이 나거나 종업원이 ~
'음식 맛의 심한 차이가 ~ 설명해 주다'는 어색하므로 적절한 서술어를 넣어 '음식 맛이 심하게 차이 나거나'로 수정하는 것이 자연스럽다.

❸ ~ 이들을 직접 교육할 예정이다
'-시키다'를 '-하다'로 바꾸어도 의미의 변화가 없으면 과도한 사동 표현으로 본다.

❹ 그 대상 지역을 확대하고 정례화하는 방향으로
대등하게 연결되는 문장 구조의 앞뒤를 확인하여, 병렬 관계를 살펴보아야 한다. 앞뒤의 문장 구조를 맞추어 '그 대상 지역을 확대하고'로 수정하는 것이 적절하다.

❺ ~ 협력해 나가고 있다."라고 덧붙였다
직접 인용을 나타내는 조사는 '라고'이다.

08 ❶ 마라톤 토론회를 개최한다고 밝혔다
'○○청'이 '마라톤 토론회'를 개최하는 것이므로 호응이 맞도록 '개최한다고'를 써야 한다.

❷ 새로운 아이디어를 발굴하고 구체적인 실천 계획을 세운다
'새로운 아이디어'와 호응하는 서술어가 생략된 문장이므로 주술 호응에 맞게 적절한 서술어를 넣어 주어야 한다.

❸ 단순히 업무 효율성을 향상하는 데에만 그치지 않고
명사를 나열하고 있어 뜻이 명확하지 않은 문장이다. 또한 '단순 업무 효율성 향상'은 '단순한 업무의 효율성 향상'의 의미로 해석될 수 있으므로 '단순'을 '단순히'와 같이 부사형으로 써서 '향상하는'을 수식하는 형태로 고치는 것이 자연스럽다.

09 ❶ 소통하므로써(×) → 소통함으로써(○)
'-(으)므로'는 '-기 때문에'라는 까닭을 나타내는 어미이다. '-(으)ㅁ으로(써)'는 '-(으)ㅁ'에 조사 '으로(써)'가 결합한 형태로, '-는 것으로(써)'라는 수단 또는 방법의 의미를 나타낸다. 어미 '-(으)므로'에는 '써'가 결합하지 않는다.

❷ ㉡: 결속력을
외래어인 '팀워크'는 '결속' 또는 '결속력'으로 바꾸어 쓴다.

㉤: 관찰하고/지켜보고

외래어는 쉬운 우리말로 바꾸어 쓴다.

❸ ㉢: 정책간(×) → 정책∨간(○)
'사이'를 나타내는 '간'은 앞말과 띄어 쓴다.

㉣: 총∨50여회의(×) → 총∨50여∨회의(○)
'그 수를 넘음'의 뜻을 더하는 접미사인 '-여'는 앞말에 붙여 쓰고, 횟수를 나타내는 의존 명사인 '회'는 앞말과 띄어 쓴다.

❹ 중기 대출 만기 지연(×) → 연장(○)
중소기업에 대출 기간을 더 길게 늘려 주는 것이므로 '무슨 일을 더디게 끌어 시간을 늦춤. 또는 시간이 늦추어짐'의 의미인 '지연(遲延)'보다는 '시간이나 거리 따위를 본래보다 길게 늘림'의 의미인 '연장(延長)'으로 수정하는 것이 적절하다.

❺ 대외 신인도를 유지하고 한국 경제에 대한 국외의 시각을 개선함
대등하게 연결되는 문장 구조의 앞뒤를 확인하여, 병렬 관계를 살펴보아야 한다. 앞뒤의 문장 구조를 맞추어 '대외 신인도를 유지하고'로 수정하는 것이 적절하다.

10 ❶ 신분으로써(×) → 신분으로서(○)
'(으)로써'는 재료나 수단, 도구 등을 나타내며, '(으)로서'는 지위나 신분, 자격 등을 나타낸다. 여기에서는 '계약직 신분'이라는 자격을 나타내므로 '(으)로서'를 써야 한다.

❷ 제∨4장(×) → 제4∨장(○)(원칙)/제4장(○)(허용)
'제-'는 '그 숫자에 해당되는 차례'의 뜻을 더하는 접두사이므로 뒤에 오는 말에 붙여 쓴다. 단위를 나타내는 명사는 띄어 쓰지만, 순서를 나타내는 경우나 숫자와 어울리어 쓰이는 경우에는 붙여 쓸 수 있다. 따라서 '제4∨장(원칙)', '제4장(허용)' 모두 쓸 수 있다.

❸ 지원서 기재 사항에 누락이 있거나 구비 서류를 제출하지 않으면
'지원서 기재 사항의 누락'과 호응하는 서술어가 생략된 문장이므로 '기재 사항에 누락이 있거나'와 같이 적절한 서술어를 넣어 주어야 한다.

❹ 일체(×) → 일절(○)
'일체(一切)'는 '모든 것 / 모든 것을 다'의 의미로 문맥에 맞지 않는다. 여기에서는 '아주, 전혀, 절대로의 뜻으로, 흔히 행위를 그치게 하거나 어떤 일을 하지 않을 때에 쓰는 말'인 '일절(一切)'을 써야 한다.

❺ 합격을 취소합니다
(부정행위자의) 합격을 취소할 수 있다는 말은 합격을 취소하지 않을 수도 있다는 뜻으로 해석될 수 있다. 따라서 '취소합니다'로 수정해 부정행위자에 대한 처벌 내용을 분명하게 나타내는 것이 적절하다.

❻ ~ 선발 예정 인원수와 같거나 그에 미달하더라도
'미달하다'는 '…에 미달하다'의 형태로 쓰이므로 '그에'와 같은

적절한 부사어를 넣어 주어야 한다.

11 ❶ ㄱ 사업장에서 안전 교육을 이수하고 ~ 이직한 때에는
앞뒤의 문장 구조를 맞추어 'ㄱ 사업장에서 안전 교육을 이수하고'로 고쳐 쓴다.

❷ ㄴ 사업장에는 처음 배치된 것이나
문맥상 '배치되다'로 고치는 것이 적절하다.

❸ 안전 관리자가 안전 교육을 받은 것으로 판단되어
'안전 관리자'를 주어로 하고 뜻이 바르게 전달될 수 있도록 문장을 고치는 것이 자연스럽다.

❹ 교육 대상자에 포함되지 않는 것이
'포함되다'는 '…에 포함되다'의 형태로 쓰인다. 이 문장에서는 문맥상 '교육 대상자에 포함되지 않는 것이'로 고치는 것이 자연스럽다.

12 ❶ 담당자의 문화 예술 전문 역량을 강화하고자
'~ 위한 ~ 위해 ~' 구성이어서 자연스럽지 않으므로 '담당자를 위한'을 '담당자의'로 고치고, 명사구를 다듬는다.

❷ ㉡ 열린 문화 공간을 조성하고 근무 환경을 개선하기 위해
앞뒤의 문장 구조를 맞추어 '열린 문화 공간을 조성하고'로 고쳐 쓴다.

㉢ 미술품을 대여받고자
'대여하다'는 '빌려주는' 것이므로 이 문장에서는 '대여받다'로 써야 한다.

13 ❶ ㉠: 수시로 가능하며(할 수 있으며)
'참가 등록은 ㉠ 등록이 수시로 가능하며'는 주어가 불필요하게 중복된 표현이므로 '등록이'는 생략하는 것이 자연스럽다.

㉡: 신청자에게(×) → 신청자에(○)
'어떤 조건, 범위에 제한되거나 국한되다'의 의미인 '한하다'는 '…에 한하다'의 형태로 쓰인다.

㉢: 제한 사항을 확인하고 ~ 계약서 등을 열람한 후
앞뒤의 문장 구조를 맞추어 '제한 사항을 확인하고'로 수정한다.

❷ 이를 확인하지 못한 책임은 ~
'확인하다'는 '…을 확인하다'의 형태로 쓰인다. 따라서 '이를'과 같이 적절한 목적어를 넣어 주어야 한다.

14 ❶ 조종하는(×) → 조정하는(○)
'조종(操縱)하다'는 '비행기나 선박, 자동차 따위의 기계를 다루어 부리다 / 다른 사람을 자기 마음대로 다루어 부리다'의 의미이므로 문맥에 맞지 않는다. '어떤 기준이나 실정에 맞게 정돈하다'의 의미인 '조정(調整)하다'를 쓰는 것이 적절하다.

❷ ㉡: ~ 신종 플루 감염으로 보임
'보여지다(×)'는 피동 접사와 통사적 피동문의 표현인 '-어지다'를 중복하여 사용한 이중 피동 표현이므로 '보임'으로

고치는 것이 적절하다.

㉢: 우리 부 내 감염 원인을 파악하고 ~ 대책을 조속히 마련하도록 하겠습니다
앞뒤의 문장 구조를 맞추어 '감염 원인을 파악하고'로 고치는 것이 적절하다.

❸ 감염 확산 방지를 철저히 해 주시기 바라며 / {감염 확산을/감염이 확산되지 않도록} 철저히 방지해 주시기 바라며
어렵고 상투적인 표현을 쉬운 표현으로 다듬어 쓴다. '기(期)하다'는 '이루어지도록 노력하다'의 의미이다.

❹ 적절한 조치를
'적의 조치(適宜措置)'는 '알맞게 처리, 적절한 조치'로 다듬을 수 있다.

15 ❶ 최근 통계 자료를 살펴보면, 2000년대 이후 정보화 정책에 상당히 큰 변화가 일어나고 있음을 알 수 있습니다
'살펴보면'의 주어와 '일어나고 있습니다'의 주어가 일치하지 않아서 어색하므로, '통계 자료를 살펴보면 ~ 일어나고 있음을 알 수 있습니다' 정도로 고치는 것이 자연스럽다.

❷ 경쟁력을 강화하고 업무 효율성을 개선하고자
앞뒤의 문장 구조를 맞추어 '경쟁력을 강화하고'로 수정하는 것이 적절하다.

❸ ㉢: 계획인∨바(×) → 계획인바(○)
뒤 절에서 어떤 사실을 말하기 위하여 그 사실이 있게 된 것과 관련된 상황을 미리 제시하는 데 쓰는 연결 어미인 '-ㄴ바'는 앞말에 붙여 쓴다.

㉣: 각∨기초반및∨활용반등(×) → 각∨기초반∨및∨활용반∨등(○)
문장에서 같은 종류의 성분을 연결할 때 쓰는 말인 '및'과 그 밖에도 같은 종류의 것이 더 있음을 나타내는 말인 '등'은 모두 앞말과 띄어 쓴다.

❹ 20○○. 11~12 중(×) → 20○○. 11.~12. 중(○)
'월'이나 '일'만 나타낼 때는 글자 대신 마침표(.)를 쓸 수 있다. 기간을 표시하면서 중복되는 부분은 생략할 수 있다.

16 ❶ ㉠: 혁신 도시 건설 사업이 지연되거나 중단될
앞뒤의 문장 구조를 맞추어 '혁신 도시 건설 사업이 지연되거나 중단될'로 고치는 것이 자연스럽다.

㉡: 추진한다는 점을 다시 한번 ~
주어가 '○○부'이므로 주술 호응에 맞게 '○○부는 ~ 추진한다는 점을 다시 한번 명확히 밝힙니다'로 쓴다.

❷ 이를 10부 범위 내에서 접수처에 제출하여야
'제출하다'는 '…을 …에/에게 제출하다'의 형태로 쓰이므로 '이를 10부 범위 내에서 접수처에 제출하여야'와 같이 적절한 목적어를 넣어 주어야 한다.

17 ❶ ㉠: 다양한 지식과 정보를 제공하기 위하여
'다양한 지식을 위하여'로 해석될 수 있으므로 자연스럽지

않다. 따라서 '다양한 지식과 정보를 제공하기 위하여'로 고치는 것이 적절하다.

ⓔ: 작성 내용의 정정이 있거나 신청인의 서명이 없는
'작성 내용의 정정'과 호응하는 서술어가 생략되었으므로 '작성 내용의 정정이 있거나'와 같이 적절한 서술어를 넣어 주어야 한다.

❷ 접수하신(×) → 제출하신(○)
'접수(接受)하다'는 '신청이나 신고 따위를 구두(口頭)나 문서로 받다 / 돈이나 물건 따위를 받다'의 의미이다. 문맥상 극장에 대관 신청을 하는 것이므로 '문안(文案)이나 의견, 법안(法案) 따위를 내다'의 의미인 '제출(提出)하다'로 고치는 것이 좋다.

❸ 우리 극장과 대관 계약을 체결하여
'체결하다'는 '계약이나 조약 따위를 공식적으로 맺다'의 의미로, '…과 …을 체결하다'의 형태로 쓰인다. 따라서 '우리 극장과 대관 계약을 체결하여'와 같이 적절한 목적어를 넣어 주어야 한다.

18 ❶ 푸른 산이 있고 맑은 물이 흐르는 ~
'푸른 산'과 '맑은 물'이 모두 '흐르는'이라는 서술어와 호응하고 있는데, '푸른 산이 흐르다'는 어색한 표현이다. 따라서 '푸른 산'과 호응할 수 있는 서술어를 넣어 '푸른 산이 있고'와 같이 고치는 것이 자연스럽다.

❷ ⓛ: 홈페이지 → 누리집
ⓒ: 다운로드 → 내려받기
'다운로드'와 그 준말인 '다운'은 '내려받기'로 순화해서 쓴다.
ⓔ: 이메일 → 전자 우편

19 ❶ ㉠: 범칙금을 부과받거나 형사 처벌을 받게 되고
앞뒤의 문장 구조를 맞추어 '범칙금을 부과받거나'로 수정하는 것이 적절하다.
ⓛ: 정상적인 외국인 고용을 제한받음
'불법 고용주는'이 주어이므로 주술 호응에 맞게 '제한받음'으로 수정하는 것이 자연스럽다.

❷ 다시 입국할 수 있도록 입국 규제가 완화됨
'완화되다'의 주어가 생략되었으므로 문맥에 맞게 '입국 규제가 완화됨'과 같이 적절한 주어를 넣어 주어야 한다.

20 ❶ 선도 도시로써의(×) → 선도 도시로서의(○)
지위나 신분 또는 자격을 나타내는 격 조사인 '로서'를 써서 '선도 도시로서의'로 수정하는 것이 적절하다. '로써'는 재료나 수단, 도구 등을 나타낸다.

❷ 마스터플랜 → 종합 계획 / 기본 계획 / 기본 설계

❸ 시민의 삶의 질을 개선하고 도시의 위상을 강화해 나갈
대등하게 연결되는 문장은 앞뒤의 문장 구조를 맞추어야 한다. 또한 '방향을 추진하다'는 어색한 표현이므로 '시민의 삶의 질을 개선하고 도시의 위상을 강화해 나갈' 정도로 수정하는 것이 적절하다.

21 ❶ 공동으로 실시하는
'공동'이 '실시하다'라는 동사를 자연스럽게 꾸며 줄 수 있도록 '공동'에 부사격 조사 '으로'를 붙인다.

❷ 조사 내용은 공통 조사 항목과 체류 자격에 따른 조사 항목으로 구성되어 있습니다
주어인 '조사 내용은'과 주술 호응이 되도록 '~로 구성되어 있습니다'와 같이 서술어를 고치고, 중복되는 표현도 간결하게 고친다.

❸ 여러 제반 법률적·행정적 기한을 → 여러/제반
'어떤 것과 관련된 모든 것'을 뜻하는 '제반(諸般)'과 '여러'의 의미가 중복되었으므로 둘 중 하나만 쓴다.

22 ❶ ○○○ 장관(×) → 장관 ○○○(○)
상대를 직접 부를 때는 직함이 뒤에 오지만, 소개할 때는 직함이 앞에 온다.

❷ ⓛ: 150여개(×) → 150∨개(○)
'-여'는 '그 수를 넘음'의 뜻을 더하는 접미사이므로 앞말에 붙여 쓰고, '개'는 낱으로 된 물건을 세는 단위인 의존 명사이므로 앞말과 띄어 쓴다.

ⓒ: 배출양(×) → 배출량(○)
'량(量)'이 한자어와 결합할 때는 두음 법칙을 적용하지 않는다. '먹이양', '에너지양'과 같이 고유어나 외래어와 결합할 때는 두음 법칙을 적용한 '양'으로 적는다.

ⓜ: 온실가스 감축 수단에 따른 저감 시나리오를 제공하여 ~
앞뒤의 문장 구조를 맞추어 '온실가스 감축 수단에 따른 저감 시나리오를 제공하여 ~ 감축 목표를 체계적으로 관리할 수 있다' 정도로 수정하는 것이 적절하다.

❸ 이 시스템을 본격적으로 운영할 예정이어서
'운영하다'는 '…을 운영하다'의 형태로 쓰이므로 '이 시스템을 본격적으로 운영할'과 같이 생략된 목적어를 넣어 주어야 한다.

23 ❶ 잡상 행위를 없앨 수 있습니다
목적어인 '잡상 행위를'과 호응할 수 있도록 서술어인 '근절될'을 '없앨' 정도로 고쳐 쓴다.

❷ 고객(×) → 승객(○)
'고객'은 상점 따위에 물건을 사러 오는 손님을 말한다. 교통수단을 이용하는 손님은 '승객'으로 표현하는 것이 적절하다.

❸ 스크린 도어(×) → 안전문(○)
'스크린 도어'는 '안전문'으로 다듬어 쓰는 것이 적절하다.

❹ 출입문에 기대거나 출입문을 강제로 열려고
부사어 '출입문에'가 '기대다'와 '열다'에 모두 호응하는 구조인데, '열다'는 '…을 열다'의 형태로 쓰이므로 '출입문에 기대거나 출입문을 강제로 열려고'와 같이 적절한 목적어를 넣어 주어야 한다.

24 ❶ ㉠: ~ 자전거 시대의 서막을 보여 주고 있다
'행렬'은 보이는 것이므로 '서막을 보여 주고'로 표현하는

것이 자연스럽다.

ⓔ: 안전등을 설치하고 가로등 점등 시간을 연장하였다. 그리고

'주요 건물마다 샤워실을 갖추고 있다'라는 뒤 문장과 호응을 이루려면 앞 문장도 '안전등을 설치하고 가로등 점등 시간을 연장하였다'와 같이 서술어로 연결하는 것이 좋다.

❷ ⓒ: 이날 행사에서는

문맥상 앞말이 행동이 이루어지는 처소임을 나타내는 '에서'를 써서 '에서는'으로 고치는 것이 자연스럽다.

ⓒ: 이용자의(×) → 이용자에게(○)

'제공하다'는 '…에/에게 …을 제공하다'의 형태로 쓰인다. 편의를 제공하는 대상이 '이용자'이므로 '이용자에게'로 써야 한다.

25 ❶ ㉠: ~ 도시 사진전을 개최합니다

주어가 '우리 시에서는'이므로 주술 호응에 맞게 서술어를 '개최합니다'로 고친다.

ⓒ: 지난달 수해로 인하여

'지난달 수해로 인한'이 뒤의 '준비 기간'을 수식하는 것은 문맥상 적절하지 않다. 수해 때문에 준비 기간이 짧았던 것이므로, 까닭이나 근거 따위를 나타내는 연결 어미인 '-여'를 써서 '지난달 수해로 인하여'로 고치는 것이 적절하다.

❷ 이를 시민들과 공유하기 위해 ~

'공유하다'는 '…과 …을 공유하다'의 형태로 쓰이므로 '이를 시민들과 공유하기 위해'와 같이 적절한 필수 부사어를 넣어 주어야 한다.

❸ 양지하여 주시기(×) → 이해하여 주시기(○)

'양지(諒知)하다'는 '살피다, 그리 알다, 이해하다'로 다듬을 수 있다.

26 ❶ 물품을 무대에 들여오거나 무대에서 내가려면

'들여오다'는 '…을 …에 들여오다', '…을 …으로 들여오다'의 형태로 쓰이므로 '물품을 무대에 들여오거나'와 같이 적절한 필수 부사어를 넣어 주어야 한다.

❷ ⓒ: 피면(×) → 피우면(○)

'피다'는 '구름이나 연기 따위가 커지다' 등의 의미이다. '어떤 물질에 불을 붙여 연기를 빨아들이었다가 내보내다'의 의미로는 '피우다'가 바른 표기이다.

ⓒ: 출입을 삼가 주십시오

'삼가하다(×)'가 아니라 '삼가다'가 바른 표기이다.

❸ [7. 28.(월)~7. 31.(목)]

괄호 안에 또 괄호를 쓸 필요가 있을 때에는 바깥쪽의 괄호로 대괄호([ ])를 쓰고, 아라비아 숫자만으로 연월일을 표시할 때에는 마지막에도 '일'을 나타내는 마침표(.)를 찍는다.

27 한일 과거사를 극복하고 미래 지향적인 양국 간 관계를 발전시키기 위한

'극복하고'와 '발전을 위한'의 병렬 관계가 맞지 않으므로 '발전을 위한'을 '발전시키기 위한'으로 수정한다.

28 자율화 방안을 차질 없이 추진하는 중 / 자율화 방안이 차질 없이 추진되는 중

'추진하다'는 추진하는 대상이 필요하고, '추진되다'는 추진되는 주체가 필요하다.

29 한 번 작물을 파종하면 두 번 수확할 수 있기 때문에

'파종하다'는 '…을 파종하다'의 구성으로 쓰이고, '수확하다'도 '…을 수확하다'의 구성으로 쓰이므로 필요한 목적어를 넣어 주어야 한다.

30 다른 선진국들과의 협력을 지속적으로 추진하여

'지속'이 뒤에 오는 '추진하여'를 수식할 수 있도록 '지속적으로'와 같은 부사어의 형태로 고쳐 쓰는 것이 자연스럽다.

31 노인 복지 종합 계획을 수립하여

조사나 어미, '-하다' 등을 지나치게 생략하면 비문이 된다.

32 건설업계 관계자들을 만나 시민의 안전에

시장이 [건설업계 관계자들과 시민 모두의 안전]에 관하여 논의한 것인지, 건설업계 관계자들을 만나 [시민의 안전]에 관하여 논의한 것인지 명확하지 않으므로 하나의 뜻으로 해석되는 문장으로 고친다.

33 평화를 수호하고 인권을 보장하는 것을 / 평화 수호와 인권 보장을

'-고', '-며', '와' 등으로 대등하게 접속되는 말에는 구조가 같은 표현을 사용해야 한다. 앞뒤의 문장 구조를 맞추어 수정하는 것이 적절하다.

34 구직자의 취업 기회 / 기업의 채용 기회

'취업'은 구직자가 하고, '채용'은 기업이 하는 것이므로 적절한 단어를 선택해야 한다.

35 추가적인 설치 신청이 예상되므로 이미 설치된 시설뿐 아니라 앞으로 설치될 시설의

'기 설치된'은 '이미 설치된'으로 다듬어 표현해야 한다. 또한 이미 설치된 시설이 예상되는 것은 아니므로 문맥에 맞게 문장을 자연스럽게 다듬어야 한다.

MEMO

MEMO

MEMO

MEMO

2026 선재국어

수비니겨
공문서와
문법 독해

선재국어

2026 선재국어

수비니겨
공문서와
문법 독해